PREMIÈRES DAMES

DU MÊME AUTEUR

Je serai président, Perrin, 2012.
Les Mitterrand, Perrin, 2009 ; coll. « Tempus », 2011.
Le Gâchis, Éditions Nouvelles François Bourin, 2005.
55, faubourg Saint-Honoré, entretiens avec Michel Charasse, Fayard, 1996.
Les Dernières Années, Seuil, 1994.
La Haine tranquille, Seuil, 1992 ; coll. « Points », 1993.
Michel Rocard, Stock, 1987.
Le Roman de la rose : d'Épinay à l'Élysée, l'aventure des socialistes, avec Albert du Roy, Seuil, 1982.

Robert Schneider

PREMIÈRES DAMES

Dans l'intimité de
Yvonne, Claude, Anne-Aymone,
Danielle, Bernadette,
Cécilia, Carla, Valérie…

PERRIN
www.editions-perrin.fr

12, avenue d'Italie
75013 Paris
Tél. : 01 44 16 09 00
Fax : 01 44 16 09 01
www.editions-perrin.fr

ISBN : 978-2-262-04064-2

Huit femmes

« La dernière Première dame » : est-ce ainsi que l'histoire nommera cette belle jeune femme, non épousée, non légitimée, mais – ceci explique peut-être cela – dotée d'un sacré caractère, Valérie Trierweiler ?

C'était la huitième de cette série inaugurée sous de Gaulle, non par la volonté du Général, mais par les *impedimenta* de la modernité. Yvonne de Gaulle, née Vendroux, tout habitée par son éducation religieuse et le « service » – chez les militaires, cela n'a rien de péjoratif – de ce dadet volontaire, timide, abstrait et déjà si imposant. « Laissez, Madame, laissez », avait-il coutume de dire lorsque la mère de ses trois enfants se risquait à une réflexion politique.

« Les temps changent. » Voilà une vraie phrase gaullienne et nous sommes en 1961. John F. Kennedy est en visite officielle à Paris. À son bras, une ravissante Américaine d'origine normande, que le président des États-Unis présente comme la « *First lady* », la « Première dame ».

Dame ! Est-elle l'élue du peuple, la descendante en droite ligne d'une noblesse imaginaire qui aurait régné sur Coca-Cola au temps des Indiens ? Non, elle est la « femme de » et cela suffit. Le Général fut, à ce qu'on dit, touché par sa grâce. Et après ? Jamais, au grand jamais, il ne se serait vu attribuer un tel rôle à celle que les Français appellent – respect ou moquerie ? – « Tante Yvonne ». D'autant que

«Jack», l'homme le plus puissant du monde, n'a pas fait dans la dentelle: «Je suis le type qui accompagne Jackie Kennedy», dit-il en préambule de son discours au dîner officiel de l'Élysée.

Et pourtant! Mme de Gaulle, dont le rôle traditionnel consiste, entre autres, à lui acheter, deux fois par an – hiver et été –, un costume au rayon grandes tailles du Bon Marché et à l'accompagner à la messe, à être une maîtresse de maison modèle, soumise, mais à la française, c'est-à-dire veillant au grain – cuisine et contrôle de l'emploi du temps, les messieurs sont si imprévisibles… La voilà donc, parce que «les temps changent» et que Mme Coty elle-même s'est fait photographier, une louche à la main, servant la soupe à son mari, devant une bouteille de Dumesnil, la bière de ménage… La voilà donc, Yvonne la secrète, Yvonne la sévère, promue, bombardée Première dame de France. La presse en a décidé ainsi…

Plus de cinquante ans ont passé… «Embrasse-moi (non, pas comme ça) sur la bouche!» C'est la première phrase que Valérie Trierweiler ait murmurée au président Hollande à la seconde où les photographes commençaient leur noria autour de lui, place de la Bastille.

Première dame? Elle veut l'être. Elle le demande. Elle l'implore. Elle l'exige. Pour ce socialiste, que l'on croit encore mou, voire bonasse, ce n'est qu'un petit gage qu'il offre à «la femme de sa vie». Il est trop politique pour ne pas savoir que cet adoubement est tout sauf républicain, trop bien élevé pour ignorer que cet oubli de la mère de ses quatre enfants est tout sauf élégant. Mais quoi, après tout, il ne s'engage pas. Cette dame ne sera pas sa femme et le reniement est moins compromettant que le divorce. Cela, c'est ce qu'on peut dire «après». Après que le hasard eut mis sur sa route une ravissante actrice… La cote de popularité de François est au plus bas, le monde est à feu et à sang et lui, déguisé en motard, se fait piéger sur un scooter. Le Général avait raison: les temps changent!

Ils ont tellement changé qu'aujourd'hui Première dame est devenu un « job impossible ». *Elle*, qui s'y connaît en condition féminine, l'affirme. C'est que le rôle avait été taillé sur mesure pour des filles de la bourgeoisie et de l'aristocratie catholique et conservatrice, formatées pour être épouses, mères de famille, maîtresses de maison. Pour passer de l'autorité d'un père à celle d'un mari.

Claude Pompidou, Anne-Aymone Giscard d'Estaing et Bernadette Chirac sont entrées sans trop de difficultés dans les habits d'Yvonne de Gaulle.

Danielle Mitterrand ne le pouvait pas. Ni bourgeoise ni catho, cette fille d'enseignants laïcs, socialistes et francs-maçons n'a pas été élevée pour servir un mari. Résistante à 18 ans, rebelle à vie, elle a tracé sa propre route, sentimentale et politique, mené à travers le monde son combat obstiné pour les droits de l'homme. Quitte à provoquer de graves incidents diplomatiques.

Longtemps « servante du seigneur », Bernadette Chirac a été saisie sur le tard par le démon de la politique. Moins pour s'émanciper de la tutelle de son Jacques que pour l'épater, lui montrer qu'elle pouvait être utile, elle « qui ratait tout et faisait tout rater aux autres », comme il le lui avait dit méchamment à leurs débuts.

Au-delà de leurs différences, ces cinq femmes-là, élevées à l'ancienne, unies à leur homme pour le meilleur et pour le pire, ont résisté à tout. Yvonne de Gaulle a échappé de peu à la mort au côté du Général, dans la voiture criblée de balles par des tireurs de l'OAS. Claude Pompidou, ignoblement calomniée dans l'affaire Markovic, a songé au suicide. Anne-Aymone Giscard d'Estaing, raillée, accusée de se prendre pour la reine parce qu'elle était la fille d'une princesse, s'est réfugiée dans la prière. Danielle Mitterrand, caricaturée en *pasionaria* gauchiste, a survécu par miracle à un attentat au Kurdistan irakien, avant de subir l'humiliation des révélations sur la seconde famille de son mari. Bernadette Chirac, marginalisée par son époux et sa propre fille pendant les sept années du premier mandat, a rongé son frein, répétant : « Je ne suis personne. »

Toutes ont été critiquées quoi qu'elles fassent. Étaient-elles discrètes ? Elles étaient des potiches qui n'avaient rien à dire ! Émettaient-elles un avis ? De quoi se mêlaient-elles, à quel titre parlaient-elles ! Elles sont restées droites sous le feu des critiques. Elles ont « tenu le coup », pour reprendre l'expression de Bernadette Chirac. Même lorsque leurs maris les trompaient.

Mais les temps ont encore changé. Voici venu celui des femmes libres. Les cadres anciens – le mariage, la famille, la place seconde, forcément seconde de la femme – ont volé en éclats. Ces premières dames-là ont vécu, aimé, enfanté, accédé à une certaine notoriété bien avant de connaître leurs maris présidents. Mannequin cabine, Cécilia Sarkozy a d'abord épousé l'un des hommes les plus célèbres de France, l'animateur de télévision Jacques Martin, dont elle a eu deux filles. Top-modèle, l'un des plus en vue de la planète, Carla Bruni-Sarkozy, mère d'un garçon, a longtemps défrayé la chronique en collectionnant les amants célèbres. Mariée deux fois, divorcée deux fois, mère de trois fils, Valérie Trierweiler, journaliste pendant vingt ans à *Paris Match*, faisait partie du microcosme politico-médiatique. Comme elle paraît loin, Tante Yvonne !

« *First lady*, cela me rase. » Cécilia Sarkozy a désacralisé le rôle. Elle a imposé le divorce à un chef d'État. Elle fut pourtant la plus influente de toutes. Mais il lui fallait plus. Elle avait conscience d'avoir « un immense ascendant » sur son homme dont elle disait parfois : « C'est un enfant ! » Elle aurait voulu partager le pouvoir avec lui. C'était impossible, elle le savait. Alors elle est partie. Cécilia est une femme de son temps, qui met son bonheur personnel au-dessus de tout.

Le profil de sa remplaçante, Carla, la Don Juane, paraissait plus incompatible encore avec une fonction désuète.

Et pourtant... Loin de faire éclater les codes, la belle Italienne a, au contraire, surjoué la femme soumise, s'est effacée au service de son mari, mettant sa vie d'artiste en veilleuse, créant un personnage de nunuche énamourée à l'opposé de sa vraie personnalité autrement plus riche et plus originale. Elle en est sortie brisée.

Valérie Trierweiler voulait réinventer le rôle, elle l'a tué avec son tweet assassin. Après le rappel à l'ordre de Hollande – ce fut sa fête le 14 juillet ! –, elle a filé doux. Trop tard. Hollande aura profité de la révélation de ses escapades motorisées pour lui signifier son congé.

Yvonne la prude et Carla la délurée, Anne-Aymone, fille de la princesse de Faucigny-Lucinge, et Valérie, fille de la caissière de la patinoire d'Angers, Bernadette la catholique et Danielle la laïque, Claude, fidèle pendant trente ans à la mémoire de son mari, et Cécilia qui a quitté le sien cinq mois seulement après son élection... Huit femmes, on ne peut plus différentes. Elles ont pourtant affiché une étonnante solidarité, chacune sachant mieux que personne ce que les autres ont enduré. Yvonne de Gaulle, qui ne pardonnait pas à Georges Pompidou et à Valéry Giscard d'Estaing d'avoir trahi le Général, a toujours bien accueilli Claude et Anne-Aymone. Elles ont même compté parmi les rares personnalités qu'elle a autorisées à se recueillir devant sa dépouille. Mesdames Pompidou et Chirac furent les meilleures amies du monde. Toutes deux ont détesté Giscard, mais elles n'ont pas eu un mot désagréable pour Anne-Aymone. Cette dernière, qui a toujours craint son mari, n'a pas caché son admiration pour Danielle Mitterrand qui, elle, savait tenir tête au sien. Bernadette a été agacée par Cécilia qui, à la fin des années Chirac, l'a éclipsée : « Il n'y en a plus que pour elle ! » Mais elle n'a pas hésité à se montrer à son côté lors des meetings du candidat Sarkozy en 2007. Tout en étant élogieuse avec celle qui aurait pu devenir la première présidente de la République, Ségolène Royal. Plus tard, elle qui y aura vécu douze ans conseillera à Carla Bruni de ne pas habiter l'Élysée, « ce palais de glace où tout se sait ». Cécilia n'a pas critiqué celle qui l'a remplacée, se contentant d'un sobre : « Carla, c'est une artiste. » Elle a même minimisé l'importance du tweet de Valérie : « Une petite chose. » Bernadette Chirac dit avoir eu une pensée amicale pour celle qui venait d'être congédiée. Mais elle n'a pas pu s'empêcher d'ajouter : « Elle a empoisonné la vie de François Hollande. »

Comment ces huit femmes ont-elles vécu leur destin exceptionnel auquel elles n'étaient ni prédestinées ni préparées ? Comment ont-elles tenu leur place auprès du monarque républicain ? Comment ont-elles réagi face à la malveillance, à la haine, à la calomnie ? Quelle a été leur influence au-delà de la sphère privée ? Pourquoi, à l'exception de Bernadette Chirac, ont-elles toutes affirmé avoir été malheureuses à l'Élysée, ce palais prestigieux où elles étaient servies comme des reines ? En pénétrant leur intimité, on découvre huit femmes de chair et de sang, loin des clichés sur papier glacé, loin des caricatures dont elles ont été victimes, loin aussi de l'image qu'elles ont tenté de donner d'elles-mêmes. Huit femmes dont la vie raconte un demi-siècle d'histoire de France. Voici la leur.

Yvonne de Gaulle

« Tout le monde est chez soi à l'Élysée,
sauf nous. »

Elle suit le président à l'Élysée. Comme elle a suivi le militaire de garnison en garnison, l'homme du 18 Juin à Londres, le héros national au gouvernement à la Libération. Dans son ombre, dans ses pas, un peu en arrière, discrète, le plus discrète possible. À la place que son mari attribue à la femme d'un homme public : la seconde. Elle l'accepte d'autant plus volontiers que toute son éducation l'y a préparée.

Jusqu'à son entrée à l'Élysée, elle avait réussi à passer inaperçue, ou presque. Même à la Libération, alors que le Général était au faîte de sa gloire, elle parvenait à faire ses courses sans être reconnue. Personne ne connaissait alors le visage de la femme du « plus illustre des Français ». Et pour cause : elle n'est alors apparue que sur une seule série de photographies, un seul film. Le tournage a eu lieu en 1943, à Londres, à la demande insistante de Churchill qui voulait faire connaître de Gaulle à la presse internationale. « Pour votre standing en Angleterre et pour votre image dans le monde, il est important que vous soyez photographié comme on l'est dans la société britannique et comme on le fait des lords ou de la famille royale.» Charles est réticent, Yvonne plus encore. Ils finiront par accepter à condition que leurs enfants n'apparaissent pas. Yvonne refuse les services d'un coiffeur, d'une maquilleuse, d'un couturier. On la voit, visiblement mal à l'aise, faisant la vaisselle, le ménage, la cuisine, jouant du piano, écoutant son mari lui lire un livre, allumant sa cigarette ou posant à la fenêtre à une distance respectable de Charles, le regard dans le vague. Ce sont les images d'une femme au foyer, pas celles d'une reine, ni même d'une femme de lord ! Le Général gardera un souvenir détestable de cette séance de pose qu'il n'a pas pu refuser à Churchill. «S'il y a bien une chose qu'il ne voulait pas revoir de sa vie en exil, c'était bien ce reportage[1]... », écrira son fils. Personne en France ne verra ces clichés.

Lorsque Charles de Gaulle, nommé chef du gouvernement le 1er juin 1958 par l'Assemblée nationale, s'installe à Matignon, Yvonne parvient encore à préserver son anonymat. Il faut dire que les médias ne s'intéressent alors, à juste titre, qu'au drame algérien et au débat sur les institutions qui vont fonder la Ve République. «Le premier des Français est désormais le premier en France», selon la formule de René Coty, mais il n'est pas encore président et sa femme reste une inconnue. Une seule photo d'elle est parue pendant la longue traversée du désert du Général. En 1954, Charles de Gaulle a accepté d'ouvrir les portes de sa maison aux reporters de *Paris Match*, à l'occasion de la sortie du premier tome de ses Mémoires. Ce sera la première et la dernière fois que des photographes entreront à La Boisserie. L'exclusivité coûtera cher à l'hebdomadaire : 4 millions de francs, selon Claude Guy, l'aide de camp du Général, reversés à la fondation Anne de

1. Philippe de Gaulle, *Mon père en images*, entretiens avec Michel Tauriac, Michel Lafon, 2006, p. 84.

Gaulle. Quant à la voix d'Yvonne, personne ne l'entendra jamais. Elle s'est toujours refusée à toute intervention à la radio et à la télévision. Frédérique Neau-Dufour, auteur d'une biographie très documentée d'Yvonne de Gaulle[2], note qu'il faudra attendre le 18 janvier 1959 pour que Mme de Gaulle apparaisse dans *Le Canard enchaîné* alors que le Général y est croqué dans chaque numéro et dans plusieurs pages. Le journal satirique ne connaît qu'une seule passion à Charles : Marianne !

Quand elle entre à l'Élysée, Yvonne comprend qu'elle ne pourra plus rester dans l'ombre. Les nouvelles institutions voulues par Charles de Gaulle font du président un monarque républicain dont l'élection au suffrage universel, en 1962, renforcera encore le pouvoir. Elle n'est pas l'épouse d'un président inaugurateur de chrysanthèmes – c'est ainsi que son mari définissait ses prédécesseurs de la IVe –, elle est la femme de César. Ce qui change tout. Oh, certes, la nouvelle Constitution, tout comme celle de la IVe, ne définit ni son statut ni son rang ! Yvonne n'a pas plus d'existence légale, pas plus de pouvoir que Michelle Auriol ou Germaine Coty, les épouses des deux présidents de la IVe. Elle est femme de. C'est son mari qui décidera du rôle qu'elle doit jouer. Elle suivra. Comme toujours.

Lorsque le 23 décembre 1958, quarante-huit heures après son élection à la présidence de la République par un collège de quatre-vingt mille électeurs, Charles de Gaulle est reçu à l'Élysée par son prédécesseur, René Coty, il demande à Yvonne de l'accompagner. Il juge que les Français ont le droit de faire la connaissance de sa femme. En revanche, le 8 janvier 1959, lors de la cérémonie protocolaire de passation des pouvoirs qui marque son entrée officielle en fonctions, il estime que la présence

2. Frédérique Neau-Dufour, *Yvonne de Gaulle*, Fayard, 2010.

d'Yvonne n'a pas lieu d'être. C'est lui qui a été élu, lui qui désormais incarne la France, et lui seul.

N'empêche ! C'est un couple, avec ses trente-huit ans de vie commune, qui entre à l'Élysée. Yvonne avait 20 ans lorsqu'elle a fait la connaissance de Charles. Petite, le visage ravissant, avec ses traits fins, son nez retroussé, son teint pâle, ses cheveux noirs, son sourire charmant, elle est discrète, mais elle a du caractère. Enfant, elle ne souriait qu'aux gens qui lui plaisaient. À 18 ans, élève des religieuses, elle prend son bain nue, sans sa chemise de nuit, contrairement au règlement qui lui paraît stupide puisqu'elle est seule dans une cabine individuelle. Dès la première rencontre, organisée comme il se doit alors dans leur milieu par leurs parents, elle est sensible à la prestance et à la distinction du capitaine. Seule la différence de taille, 40 centimètres, l'inquiète. Une visite au Salon d'Automne au Grand Palais, accompagnée des parents, un bal à Saint-Cyr où son frère, Jacques Vendroux, lui sert de chaperon, et elle est conquise. Avant de rencontrer Charles, elle disait : « Je n'épouserai jamais un militaire. » Désormais, elle confie à son frère : « Ce sera lui ou personne. » On connaît la suite : une visite officielle de Charles à Calais, où réside la famille d'Yvonne, et ce sont les fiançailles. Puis, après le retour de Charles de Pologne, le mariage, le 7 avril 1921. Yvonne passe sans transition de l'autorité parentale à la tutelle d'un mari.

Les deux jeunes gens partagent une même éducation, une même foi, une même conception du devoir. Mais ils se connaissent à peine. Ils apprendront, au fil des années et des épreuves, dont la plus cruelle sera le handicap de leur fille Anne, née trisomique. Ils ne se décevront pas. La jeune fille gaie a « rangé sa propre individualité à l'arrière-plan et se montre acquise à son époux », selon l'expression de son frère. Charles sera l'amour de sa vie, un amour à ce point exclusif que leurs enfants eux-mêmes en souffriront. Elle sera l'épouse qui va lui permettre de trouver l'équilibre nécessaire à la réalisation de son destin.

Pourtant, lorsque les de Gaulle prennent possession de l'Élysée, ils ne sont pas à l'unisson. Il a tout fait pour y parvenir, piaffant depuis des années de revenir au pouvoir. Elle a tout fait pour l'en dissuader. Son fils la revoit regardant fixement la statuette de sainte Anne posée au-dessus de sa tête et, abandonnant brusquement sa broderie, lancer à son mari d'une voix sèche et presque plaintive : « Mais, Charles, vous ne trouvez pas que ça suffit comme ça ? Vous allez recommencer. On n'aura que des embarras[3]. » Il n'a pas répondu, s'installant devant sa table de bridge et étalant ses cartes à jouer pour sa réussite quotidienne. A-t-elle mesuré à quel point il a rongé son frein depuis son départ du pouvoir, en janvier 1946 ? Il avait prédit un rapide retour et confiera à son neveu, Michel Cailliau : « J'ai fait au moins une erreur politique dans ma vie : mon départ de janvier 1946... Je croyais que les Français me rappelleraient très vite[4]... » On sait qu'il n'en fut rien. A-t-elle compris qu'il a vécu ces douze années de traversée du désert dans le seul espoir d'un possible retour à la tête de l'État ? « On concevait que cette légitimité [la sienne] restât latente au cours d'une période sans angoisse. Mais on savait qu'elle s'imposerait, par consentement général, dès lors que le pays courrait le risque d'être, encore une fois, déchiré et menacé[5] », écrit-il dans ses *Mémoires de guerre*.

Pour que cette « légitimité » cesse d'être « latente », pour que le peuple français le rappelle enfin, il faudra donc un drame, comme en 1940. Yvonne a entendu maintes fois Charles prédire l'apocalypse, la Troisième Guerre mondiale, l'affrontement entre l'Est et l'Ouest dotés

3. Philippe de Gaulle, *De Gaulle, mon père*, tome 1, Plon, 1997, p. 545.

4. Jean Lacouture, *De Gaulle*, tome 2, *Le Politique*, Seuil, 1985, p. 249.

5. Charles de Gaulle, *Mémoires de guerre*, tome 3, *Le Salut*, Plon, 1989, p. 227.

l'un et l'autre de l'arme atomique. Ce sont, plus modestement, les événements d'Algérie qui le ramènent au pouvoir. La IVe République s'épuise depuis quatre ans dans une guerre qui ne dit pas son nom. Dès le 1er janvier, Charles de Gaulle écrit au fidèle Pierre Lefranc : « Si l'ambiance venait à changer, alors, oui, il faudrait agir. Cette ambiance nouvelle, que ceux qui le peuvent la préparent dès maintenant[6]. » Le feu vert est donné à ses fidèles pour souffler sur les braises. Yvonne assiste, impuissante, au défilé des proches du Général à Colombey. Elle se résigne. Même son fils, hostile au départ, comme elle, est désormais partisan du retour de son père aux affaires. Tout se passe à La Boisserie, transformée en QG, d'où le Général tire les ficelles. Cernée par une meute de journalistes, la maison d'Yvonne ne lui appartient plus ! Colombey devient « la seconde capitale politique de la France et La Boisserie son hôtel Matignon », peut-on lire dans *Jours de France*. C'est en effet de La Boisserie que de Gaulle officialise, le 27 mai, son retour au pouvoir : « J'ai entamé hier le processus régulier... » Cette fois, plus de doute, son mari lui échappe à nouveau, happé par le grand vent de l'Histoire. Philippe de Gaulle écrira : « Ma pauvre mère ! Je l'entends encore maugréer à son adresse [celle de Charles], tout en tricotant un pull-over blanc pour son dernier petit-fils : "Dans quoi allez-vous vous fourrer, une nouvelle fois ?" [...] De toute façon, elle sait depuis le 19 mai 1958 que les dés sont jetés[7]. » Ce jour-là, Charles a lancé son fameux : « Ce n'est pas à soixante-huit ans que je vais commencer une carrière de dictateur ! »

Soixante-huit ans ! C'est bien ce qui inquiète Yvonne. Le Général a pris de l'embonpoint. Il mange trop et mal. Il ne sait pas résister à ce que Georges Pompidou, qui les

6. Frédérique Neau-Dufour, *Yvonne de Gaulle*, *op. cit.*, p. 346.
7. Philippe de Gaulle, *De Gaulle, mon père*, tome 1, *op. cit.*, p. 547.

appréciait aussi, appelait les plats canailles. Tiendra-t-il physiquement le choc du pouvoir? Déjà, en 1947, lorsqu'il envisage de lancer le RPF, elle craint pour sa santé: «Nous sommes trop vieux maintenant. À notre âge, il faut rester chez soi...», ne cesse-t-elle de répéter à Claude Guy, l'aide de camp de son mari. Pourtant, le Général n'a alors que 57 ans. Onze ans plus tard, comment ne redouterait-elle pas davantage encore les handicaps de l'âge? Le 1er juin 1958, elle écrit à sa belle-sœur, Madeleine Vendroux: «C'est une lourde tâche! Dieu veuille que si la force morale ne manque pas, il en soit de même de la force physique. C'est un métier infernal! Et on n'a plus vingt ans.» Yvonne va suivre, comme toujours. Après tout, il paraît si heureux, son Charles! Il rajeunirait presque. Sa longue silhouette s'est redressée, son pas s'est fait plus vif. Mais elle pressent les futurs tourments, qui soupire: «La France l'a repris. C'était inéluctable [...]. Maintenant il va me falloir veiller deux fois plus sur lui[8].»

Lorsqu'elle franchit la porte de l'Élysée, elle songe à tout ce qu'elle laisse derrière elle. Ce que son gendre, Alain de Boissieu, appelle «son paradis.» Sa vie simple à Colombey. Loin de l'agitation parisienne. Sa maison, lieu de ralliement de la famille, son parc, ses fleurs, la présence des petits-enfants l'été et surtout les longs tête-à-tête avec son mari: «À Colombey, ma belle-mère revivait, rayonnait[9].»

Dès le premier coup d'œil, le Château, comme on l'appelle, ne lui plaît pas. Elle a encore en tête la formule de Charles, grommelant: «Un palais de la main gauche.» Il lui a conté comment le président Félix Faure y était mort dans les bras de sa maîtresse, Mme Steinheil. Sans oublier la réponse du valet de chambre à l'archevêque de Paris venu administrer les derniers sacrements au chef de l'État

8. *Ibid.*, p. 556.
9. Alain de Boissieu, *Pour servir le Général*, Plon, 1982, p. 200.

et demandant s'il avait encore sa connaissance: «Oh non, on l'a fait sortir par-derrière!» Lorsque Pierre Lefranc, faisant les honneurs de la résidence présidentielle à Yvonne, lui montre le salon d'argent, il a la surprise de l'entendre, montrant du doigt une petite porte, lui dire en riant: «C'est par là que le président perdit sa connaissance[10].» Jean Lacouture croit pouvoir écrire que le palais était «hanté par tout ce que Charles de Gaulle détestait – la finance, la défaite, la noce et même le coup d'État[11]». Il est vrai que l'Élysée fut bâti par un affairiste, le duc d'Évreux, racheté plus tard par un financier, habité par la marquise de Pompadour et la princesse Eugénie; vrai aussi que Napoléon y signa son acte d'abdication après Waterloo et que Louis Napoléon y prépara le coup d'État du 2 décembre. Sans oublier l'épectase de Félix Faure! Un passé si peu honorable était propre à scandaliser la très catholique et très prude Yvonne de Gaulle.

Contrairement à ses prédécesseurs de la IIIe République – sauf Émile Loubet – et de la IVe, qui avaient leur bureau au rez-de-chaussée, le Général décide d'installer le sien et ceux de ses principaux collaborateurs au premier étage, ainsi que la salle du Conseil et ses appartements privés. La première réaction d'Yvonne en découvrant les lieux en dit long sur son état d'esprit: «La maison ici manque de gaîté! Enfin, cela ne fait jamais que notre vingt-troisième demeure[12].» Comment mieux désacraliser les lieux où elle va devoir vivre désormais? L'appartement présidentiel se compose de cinq pièces: le salon jaune, meublé d'une table bureau, d'un grand canapé, de fauteuils et d'un téléviseur, le petit salon qui devient le bureau d'Yvonne et communique avec la chambre à coucher et deux chambres d'amis

10. Jean Lacouture, *De Gaulle*, tome 3, *Le Souverain*, Seuil, 1986, p. 13.

11. *Ibid.*

12. Frédérique Neau-Dufour, *Yvonne de Gaulle*, *op. cit.*, p. 358.

destinées aux hôtes officiels. Le chancelier allemand Konrad Adenauer y dormit. Les cinq pièces donnent sur la rue de l'Élysée et sont exposées au regard des habitants d'en face. Pour protéger son intimité, Yvonne fait installer d'épais rideaux qui assombrissent l'appartement et accentuent sa tristesse. Les de Gaulle disposent encore de quatre salons en enfilade au rez-de-chaussée, où ils reçoivent leurs invités. Ils y déjeunent souvent en tête-à-tête. Mais les cuisines étant à l'autre bout du palais, les repas arrivent au mieux tièdes, souvent froids.

Yvonne aurait pu aménager ses appartements privés à son goût, faire venir des meubles personnels, des tableaux, des bibelots, ou en commander au Mobilier national. Mais non ! Elle ne change rien, ou presque. Elle se contente d'une modification fonctionnelle : elle remplace les deux lits Empire en acajou de la chambre par deux lits-divans longs – il fallait 2,10 mètres pour le Général – et étroits. Et de deux notes personnelles : elle fait installer son secrétaire dans le petit salon, derrière la table de bridge où le Général se tient souvent. Une manière de recréer un peu de l'atmosphère de La Boisserie. Et elle commande une *Pietà* au Mobilier national, qu'elle fait placer dans la chambre au-dessus de leurs deux lits. Elle n'a pas oublié qu'elle fut, selon l'expression de son frère, « vouée à la Sainte Vierge » lors de son baptême et qu'elle ne fut vêtue pendant son enfance que de bleu ciel et de blanc. La mère du Christ veillera sur elle et sur son époux.

Yvonne résume d'une formule ce qu'elle éprouve en prenant possession de ses appartements : « Nous voilà donc en meublé[13] ! » Sa vraie maison continue d'être La Boisserie. Charles et elle « occupent leur logement de fonction comme une chambre d'hôtel », écrit Frédérique Neau-Dufour. Ce désintérêt pour son cadre de vie, fût-il

13. Marcel Jullian, *Madame de Gaulle*, Stock, 1982, p. 167.

provisoire – il dura quand même plus de dix ans –, étonne de la part d'une fille de famille qui a vécu son enfance dans un cadre luxueux et raffiné, partagée entre la vaste demeure du XVIIIe siècle dans la vieille ville de Calais, une vingtaine de pièces confortables meublées avec goût ; la propriété de Coulogne, une belle construction d'allure châtelaine, au cœur de huit hectares, avec son parc anglais, ses trois étangs, ses jardins fleuris et son petit bois traversé d'un cours d'eau ; et le château de Notre-Dame de Sept-Fontaines dans les Ardennes, une ancienne abbaye des Prémontrés, de style Louis XIII, avec sa longue façade de cinquante mètres flanquée de deux tours hexagonales entourées de cent cinquante hectares de prés et de forêts.

Les parents d'Yvonne sont de grands bourgeois aux goûts raffinés qui mènent grand train. Ils vivent comme des aristocrates anglais. Alors que les de Gaulle, nobles sans titres, sans terres, sans blason, vivent comme des bourgeois de robe. Jacques-Philippe Vendroux, le père d'Yvonne, président de la fabrique de biscuits familiale et de la Chambre de commerce, est le descendant de huit générations d'armateurs. Consul de plusieurs pays dont les bateaux font escale à Calais – États-Unis, Brésil, Pays-Bas, Espagne –, il fait venir son tailleur de Paris, se parfume à l'Eau de Lubin et conduit sa De Dion-Bouton 4 HP, modèle 1898. La mère d'Yvonne, issue d'une lignée d'industriels et de notaires ardennais, s'habille chez les grands couturiers, se parfume à la violette d'Houbigant. Grande, blonde, sportive, sixième femme française titulaire d'un permis de conduire automobile, elle sera infirmière major pendant la Grande Guerre et recevra la croix de guerre en mars 1919, sur la place d'Armes de Calais, en même temps que son fils.

Yvonne, devenue Mme de Gaulle, s'est vite habituée aux déménagements fréquents, au confort relatif et au train de vie modeste d'une femme d'officier. Elle sait le

Général peu sensible à son cadre de vie, indifférent au style, à la décoration, aux bibelots, attaché aux objets à la seule condition qu'ils évoquent des souvenirs personnels. Va donc pour l'Élysée qui n'est après tout qu'un logement de fonction.

Ce qui lui pèse, c'est moins le caractère impersonnel de l'appartement que la difficulté de séparer sa vie intime de celle du palais, symbolisée par la disposition des lieux. Une seule pièce – l'ex-salle de bains de la princesse Eugénie – permet au Général de passer de ses appartements privés au bureau présidentiel. Ce qui est pratique pour Charles et contraignant pour Yvonne. Elle ne s'appartient plus : « Tout le monde est chez soi à l'Élysée, sauf moi. » Elle s'en échappe parfois avec la complicité de ses deux chauffeurs. Tassée à l'arrière de la DS noire pour qu'on ne la reconnaisse pas, elle se rend à la Maison de la truffe où elle se fournit en produits du Périgord, dont Charles raffole, file acheter de la mimolette, puis va au Bon Marché, son magasin préféré. Elle paye rarement en chèque de peur d'être reconnue.

Si Yvonne souffre d'être aussi peu libre de ses mouvements, elle ne se pose pas de questions existentielles sur son rôle. Ce n'est pas elle qui dirait « je ne veux pas être une potiche ». Elle a été élevée comme les jeunes filles de bonne famille l'étaient alors. Son avenir était tracé : fonder un foyer, tenir une maison, élever des enfants. Toute son éducation l'a conduite à assurer la double fonction d'épouse et de mère dans le strict respect de la morale chrétienne. Maîtresse de maison, elle le reste à La Boisserie. Après son accession à l'Élysée, le Général s'amusait à prendre sa famille à témoin : « Vous voyez, je suis soi-disant le premier en France, mais ici c'est votre mère qui commande. » Son gendre, Alain de Boissieu, qui rapporte ce propos, confirme : « C'était bien la vérité. Autant le séjour à l'Élysée était pour elle une charge, autant la vie à Colombey était son paradis, surtout quand ses enfants et petits-enfants étaient là[14].» Elle donne ses ordres aux domestiques, compose les menus en évitant une nourriture trop riche, trop grasse ou trop salée pour la santé de Charles, paye les factures, tient le budget. Bref, elle veille à tout, surveille tout. Le Général, qui ne sait rien faire de ses dix doigts, pas même planter un clou, se désintéresse de l'intendance domestique, se félicite de cette répartition des rôles. «Là [à La Boisserie], elle pouvait coiffer son monde, régenter, avoir tout un chacun sous sa coupe», affirme Henriette de Gaulle, sa belle-fille.

Maîtresse de maison, Yvonne le sera aussi à l'Élysée. C'est le Général qui le lui demande. Évoquant les dîners donnés en l'honneur de chefs d'État étrangers ou de monarques qui revêtaient à ses yeux une très grande importance, Charles de Gaulle écrit: «Tout compte s'il s'agit du prestige de l'État. Je tiens pour important qu'à cet égard les choses se passent avec ampleur et mesure, bonne grâce et dignité. C'est bien ce que veut la maîtresse de maison, ma femme. Nos réceptions sont donc fréquentes et nous tâchons qu'elles soient de bon ton[15].» Yvonne choisit les menus, décide du plan de table, de la décoration florale. Elle a la haute main sur le personnel, pas moins de quatre cents personnes, dix maîtres d'hôtel et autant de cuisiniers sont à sa disposition. Comme à La Boisserie, elle s'efforce de tout vérifier. Notamment le budget pour frais de réception qui lui paraît faramineux – 470 000 francs.

En liaison avec le protocole et les cuisiniers, elle prépare toutes les réceptions officielles, même celles auxquelles elle n'est pas conviée. Le chef de cuisine, un officier de

---

14. Alain de Boissieu, *Pour servir le Général*, *op. cit.*, p. 200.

15. Charles de Gaulle, *Mémoires d'espoir*, tome 1, *Le Renouveau*, Plon, 1970, p. 310.

marine, est en contact quotidien avec elle. Il raconte qu'avant chaque repas officiel, Yvonne lui faisait passer un petit mot : « Elle y indiquait l'entrée, le plat et le dessert qu'elle désirait voir servis. Elle tirait ses recettes de la presse féminine et surtout d'un livre de cuisine, le fameux *Guide culinaire* d'Escoffier que nous connaissions bien. Le chef, dès réception des ordres, qui ne se discutaient pas, se reportait à la page de la recette concernée[16]. » Pour chaque repas, officiel ou privé, Yvonne cherche à la fois à satisfaire les goûts de Charles et à veiller sur sa santé. Elle harcèle les cuisiniers : « Pas trop de sel, mon mari doit faire attention. » Frédérique Neau-Dufour rapporte une anecdote que lui a racontée la femme d'un des proches collaborateurs de De Gaulle. Elle en dit long sur la manière dont Yvonne surveillait Charles, ce qui ne manquait pas d'agacer ce dernier, pas dupe. « Lors des déjeuners intimes de l'Élysée, j'étais toujours assise à gauche du Général. Au moment du dessert, Mme de Gaulle me foudroyait du regard pour que je ne me resserve pas, car son mari aurait alors eu un prétexte pour se resservir aussi. Il adorait tout particulièrement l'omelette norvégienne – que je n'aimais guère – et j'étais alors partagée entre le désir de lui plaire et celui de ne pas déplaire à Mme de Gaulle. Je me resservais une fois sur deux[17] ! »

Grâce aux archives du protocole de l'Élysée, on sait qu'au cours de l'année 1965 Yvonne de Gaulle participe à cinquante-deux cérémonies ou repas officiels sur soixante-quatorze[18]. Le Général juge la présence d'Yvonne nécessaire pour toutes les manifestations où les épouses sont invitées. C'est ainsi qu'elle fera la connaissance de Farah Diba, de Jackie Kennedy, et qu'elle appréciera

16. Joël Normand et Pierre Doncieux, *La Vᵉ République aux fourneaux*, La Table Ronde, 2000, p. 38.

17. Frédérique Neau-Dufour, *Yvonne de Gaulle, op. cit.*, p. 367.

18. *Ibid.*, p. 264.

tout particulièrement les souveraines Fabiola, la reine des Belges, et Juliana, celle des Pays-Bas. En revanche, Charles de Gaulle estime que sa femme n'a pas à participer aux déjeuners ou dîners qui suivent les réunions de travail des représentants de l'État – préfets, gouverneurs des territoires d'outre-mer, militaires de l'état-major, membres du Conseil économique et social. Elle n'est pas davantage invitée quand le président reçoit des représentants des cultes. Pour les réceptions des chefs d'État étrangers, célibataires ou non-accompagnés de leurs épouses, les règles varient. En principe Yvonne n'est pas conviée. Mais il y a des exceptions, notamment quand Charles de Gaulle reçoit des présidents d'Afrique noire francophone auxquels il est très attaché. La présence de son épouse marque alors le caractère quasi familial de ses relations avec les représentants de cette Afrique à qui il a donné l'indépendance.

Lors des dîners officiels, Mme de Gaulle est assise à la gauche de l'hôte d'honneur, au milieu du grand côté. Lorsqu'il faut dresser deux tables, elle préside la seconde. Quand on sait qu'elle aime avant tout parler enfants, tricot, confiture, fleurs, voyages, on imagine facilement sa gêne quand elle se retrouve face au Premier ministre Georges Pompidou et entourée de Valéry Giscard d'Estaing et André Malraux !

Yvonne accompagne le plus souvent son mari dans ses voyages en France comme à l'étranger. Au cours de ses deux mandats, il se rendra dans soixante-dix-sept départements à l'occasion de dix-neuf visites qui duraient entre quatre et six jours chacune. Traditionnellement, le président est accueilli par le préfet qui ne le quitte pas tout au long du séjour. Yvonne suit dans l'une des voitures du cortège. Elle a son propre programme. Elle ne rejoint le président qu'au dîner, à la préfecture. Charles de Gaulle dressera lui-même un bilan de l'activité de son épouse :

« Ma femme, en toute discrétion, est allée voir quelque trois cents hôpitaux, maternités, maisons de retraite, orphelinats, centres d'enfants malades ou handicapés[19]. »

À chacune de ses visites, elle pose une condition : pas de journalistes, pas de photographes. Sinon, écrit son fils, « elle faisait demi-tour ». Au milieu d'enfants, de malades, de personnes âgées, de démunis, Yvonne, qui avouait volontiers sa « difficulté à être aimable dans maintes situations », se montrait sous son meilleur jour. Frédérique Neau-Dufour a eu accès à une source inédite : les lettres de condoléances reçues par Yvonne de Gaulle à la mort du Général. Elles témoignent du souvenir ému et de la reconnaissance de ceux à qui elle a ainsi rendu visite. La majorité de ces témoignages émanent de religieuses à qui elle portait une attention particulière.

Ces voyages en province, Yvonne ne semble pas s'en lasser. Elle ne se plaint jamais. Au cours d'un déplacement en Corse rendu particulièrement pénible par la chaleur, elle répondit à un ministre qui s'inquiétait qu'elle restât dans la DS sous un soleil de plomb, attendant son mari : « Fatiguée ! Mais pas du tout. Je suis ravie. Je suis toujours ravie quand le Général m'emmène en voyage[20]. »

Mais ce sont les visites officielles à l'étranger qu'elle préfère. Elle participe à toutes ou presque. À chaque fois, elle s'enquiert du protocole du pays, décide de son propre programme qu'elle organise en amont. Elle est généralement accompagnée d'un interprète et de l'épouse d'un ministre ou d'un des collaborateurs du Général. Bien sûr, elle regrette le temps où Charles et elle voyageaient côte à côte. C'était pendant la traversée du désert, si amère

19. Charles de Gaulle, *Mémoires d'espoir*, *op. cit.*, p. 227.

20. Claude Dulong, *La Vie quotidienne à l'Élysée au temps de Charles de Gaulle*, Hachette, 1974, p. 62.

pour lui, si douce pour elle. En août 1956, ils étaient partis pour plus d'un mois : Cayenne, la Guadeloupe, la Martinique. Puis quinze jours de croisière jusqu'à Tahiti, les Nouvelles-Hébrides, la Nouvelle-Calédonie, et retour en avion avec escale à Darwin, Colombo, Jakarta et Ajaccio. Un tour du monde dont elle a gardé un merveilleux souvenir. Son frère, Jacques Vendroux, et son fils, Philippe de Gaulle, notent dans leurs Mémoires qu'elle adorait l'avion et la découverte de pays lointains. Après la mort du Général, elle confiera à son fils avoir vécu là les moments « parmi les plus heureux ». Elle eut notamment « le coup de foudre » pour les îles polynésiennes, note Marcel Jullian. Dans une lettre à une religieuse, elle écrit : « Quel magnifique pays ! Mais la vie y est trop facile ! D'où contrecoup dans les mœurs. Les sœurs de Saint-Joseph qui sont ici ont bien à faire pour essayer de bien élever toutes ces filles. » Frédérique Neau-Dufour note : « Yvonne de Gaulle est tout entière dans cette phrase : le bon équilibre passe, pour elle, par l'effort et le respect des règles, par l'épreuve, voire par un certain esprit de pénitence cher à la tradition catholique[21]... »

À l'étranger, comme en France, devenue Première dame, elle cherche toujours à passer inaperçue. Lors du voyage en Allemagne, en 1962, la foule qui la voit à la fenêtre du bateau remontant le Rhin, crie : « Madame de Gaulle ! » « Montrez-vous », lui demande son accompagnatrice. Elle répond : « Cela n'a aucun intérêt[22]. » Où qu'elle soit, elle fuit les journalistes. À chaque demande d'interview, elle fait la même réponse : « Moi, je ne parle pas. C'est mon mari qui est le maître de maison. C'est lui qui parle. » Elle est si discrète que parfois les collaborateurs du Général l'oublient en chemin !

---

21. Frédérique Neau-Dufour, *Yvonne de Gaulle*, *op. cit.*, p. 338.
22. *Ibid.*, p. 381.

C'est à l'étranger qu'elle admire le plus Charles et ses discours qui enflamment des foules enthousiastes, cette manière qui n'appartient qu'à lui de redonner force à la voix de la France ! Les États-Unis, l'URSS, Mexico, l'Amérique du Sud où les étudiants le portent en triomphe après son célèbre « *mano en la mano* »... L'explosion de joie et l'immense clameur qui saluent son « Vive le Québec libre » lancé du balcon de l'hôtel de ville de Montréal. Ces moments-là lui font oublier les heures grises de l'enfermement à l'Élysée. Mais l'émotion qui la submerge alors ne l'aveugle pas. Quelques semaines après les propos tenus au Canada, alors que son mari part pour un nouveau voyage à l'étranger, elle glisse à Claude Pompidou : « Pourvu qu'il ne sorte pas l'une de ses petites phrases[23]. »

Si Yvonne de Gaulle n'apprécie guère son rôle de maîtresse d'une maison qu'elle n'aime pas, si elle ne goûte que modérément sa fonction de représentation dans les réceptions à l'Élysée, elle s'investit pleinement dans son domaine réservé, le traitement de l'abondant courrier qu'elle reçoit. C'est la tâche qui correspond le mieux à sa volonté de discrétion, à son sens du devoir, à sa conception de la charité chrétienne. Ainsi, du 1er au 30 novembre 1965 – seul mois disponible dans les archives du protocole –, 645 lettres sont adressées à Mme de Gaulle. Pour répondre, Yvonne dispose de deux collaboratrices, une secrétaire et une assistante sociale. Elle tient à ouvrir elle-même son courrier, répond directement, mais le plus souvent les demandes émanant de personnes en difficulté sont transmises à l'assistante sociale, à des services de l'Élysée ou encore au cabinet du ministre de la Santé. Elle veille personnellement au suivi des dossiers. C'est encore elle qui s'occupe de l'arbre de Noël de l'Élysée, des filleuls du président de la République choisis dans des milieux

---

23. *Ibid.*

défavorisés, des mères de famille nombreuse - plus de dix enfants pour la médaille d'or - reçus une fois par an au palais.

Son emploi du temps journalier dépend de celui de son mari. Il est réglé à la minute près. Lever à 8 heures, petit déjeuner, lecture des journaux, toilette. À 9 h 30 précises, le Général pénètre dans son grand bureau doré dont les plafonds sont ornés de nymphes déshabillées, ce qu'Yvonne n'apprécie guère. Elle se rend en cuisine, décide des menus du jour. S'il y a une réception, elle choisit la musique d'ambiance, le plus souvent Haendel ou Vivaldi, ses compositeurs préférés. Puis, elle rejoint son secrétariat et s'attelle à la lecture de son courrier et aux réponses qu'elle y donne. À 13 heures, déjeuner avec Charles, accompagné parfois de collaborateurs, dans la petite salle à manger gris-bleu au rez-de-chaussée. Après le café, comme il en avait l'habitude à Colombey, le couple présidentiel fait le tour du parc et s'arrête au bassin. Yvonne n'oublie jamais de donner du pain aux canards. À 15 heures, le Général remonte dans son bureau pour lire *Le Monde*. Elle, selon les jours, poursuit la lecture de son courrier ou sort du palais pour visiter une crèche, un hôpital, une œuvre charitable, ou faire des courses.

Elle est rejointe juste avant 20 heures par le Général qui regarde le journal télévisé en buvant un porto. Ils dînent, puis s'installent à nouveau devant la télévision. Cet emploi du temps minuté est bouleversé chaque semaine, au grand dam d'Yvonne, par des réceptions et des dîners officiels. Le dimanche matin, ils assistent à la messe dite par François de Gaulle, le neveu du Général, ou un autre père blanc des Missions africaines, dans la petite chapelle qu'ils ont fait installer à l'Élysée. À midi, ils convient enfants et petits-enfants à déjeuner, puis leur offrent une séance de cinéma. Yvonne, bien entendu, veille à ce que seuls des films « convenables » soient projetés. Pas de femmes trop déshabillées, pas de scènes osées ou violentes. Une ou deux fois par mois, les de Gaulle réussissent à quitter le palais pour Colombey. Enfin chez eux, mais pour si peu de temps !

Personne, au cours des nombreux dîners officiels ou réceptions à l'Élysée, n'a jamais entendu Yvonne de Gaulle exprimer le moindre jugement politique. Ce qui ne signifie pas qu'elle n'en portait pas. Si elle se désintéressait des questions internationales qui passionnaient son mari, elle donnait volontiers son avis dans des domaines où son éducation, son expérience de femme ou de mère d'une enfant handicapée lui conféraient une certaine expertise : la famille, l'adoption, la santé. Mais elle réservait ses commentaires à son mari, parfois à ses enfants et à eux seuls. Catholique traditionaliste – elle aime les curés en soutane, les messes en latin et la majesté des grandes orgues –, elle est conservatrice, pour ne pas dire réactionnaire. Ses jugements sont tranchés : elle déteste le PC, la gauche dans son ensemble, François Mitterrand qu'elle appelle « le diable », mais aussi l'extrême droite, c'est-à-dire les vichystes, les partisans de l'OAS, les militants d'Ordre nouveau. Seuls les gaullistes, les vrais, ceux de la guerre, trouvent grâce à ses yeux. Elle souhaiterait que le pays soit gouverné par ce qu'elle appelle « la majorité des bons ». Autrement dit, ceux qui pensent comme Charles. A-t-elle eu une influence sur les grandes décisions prises par le Général ? Apparemment pas. « Elle n'a jamais réussi à le faire changer d'avis », estime son fils. « Il ne tient aucun compte de ce qu'elle peut penser ou dire », affirme Pierre-Louis Blanc, l'un des aides de camp.

Les exemples abondent. Et bien avant l'accession à l'Élysée ! En septembre 1946, elle est hostile au lancement du RPF. À son mari, qui, évoquant un éventuel retour au pouvoir, dit à Claude Guy : « Il faut refaire le 18 Juin, c'est le seul moyen », elle réplique : « Peuh ! Le 18 Juin ? Mon pauvre ami, personne ne vous suivra. » Le Général, agacé : « Mais fichez-moi la paix, Yvonne ! Je suis assez grand pour savoir ce que j'ai à faire[24]. » Le 31 octobre 1946, alors que son fils Philippe pousse le Général à fonder son propre parti, Yvonne proteste : « Mais non ! Pourquoi vous en mêler ? [...] Ils viendront vous chercher. Vous remettrez un peu d'ordre dans la boutique. Et puis, mon pauvre ami, au premier tournant, ils vous trahiront. Non, non : vous n'arriverez jamais à bout des partis. Quant à en former un vous-même, mais non, car votre parti lui-même vous trahirait au bout de quinze jours. » Le Général, hors de lui : « Mais vous raisonnez comme un enfant, Yvonne ! Vous me faites rigoler, tous les deux, avec vos conseils. Vous savez bien que vous n'y entendez rien[25]. » Pendant un an, alors que le projet prend corps, elle ne cesse de le combattre : « Nous sommes trop vieux, à notre âge il faut rester chez soi [...]. Il a bien tort de s'en mêler [...]. Je ne crois pas à cette aventure... Je suis persuadée qu'il ne réussira pas[26]... » Pour Yvonne, le Général doit demeurer l'homme providentiel, celui du 18 Juin. Le sauveur de la nation. C'est à ce personnage historique qu'elle voue un culte sans partage. Créer un parti pour lutter contre le système des partis, n'est-ce pas absurde ? Elle craint qu'il ne ternisse son image. Elle confie à son beau-frère, Pierre de Gaulle : « Qu'il descende dans cette boue, pour former ce Rassemblement, moi, voyez-vous, ça me dégoûte, car de cette boue il sera inévitablement éclaboussé[27]. » Ça me dégoûte ! C'est dire la virulence de son opposition. Le Général ne l'écoute pas. Yvonne refuse

---

24. Claude Guy, *En écoutant de Gaulle*, Grasset, 1996, p. 117.
25. *Ibid.*, p. 156.
26. *Ibid.*, p. 249.
27. *Ibid.*, p. 304.

d'assister au lancement du mouvement, le 7 avril 1947 à Strasbourg. Mais elle accompagne son mari dans son tour de France de la reconquête. Tout en continuant de désapprouver son initiative. Elle estime qu'elle doit être, comme toujours, à son côté. Pour veiller sur lui. C'est son devoir. « Dorénavant, je ne le quitterai plus d'un pas », dit-elle. Elle craint pour sa santé, redoute un attentat. Claude Guy lui ayant proposé de mettre une mitraillette à la disposition du Général, elle s'écrie : « À quoi bon ! Il ne s'en servirait pas. Saurait-il d'ailleurs s'en servir ? J'en doute [...]. Si les communistes doivent le descendre, eh bien moi, je dis : ils le descendront[28] ! » Ce que Dieu veut !

Ses doutes sur les chances de succès du RPF se révéleront fondés quand le mouvement sera cruellement battu aux municipales de 1953. L'échec est patent. Amer constat pour de Gaulle qui entame sa véritable traversée du désert. Soulagement pour Yvonne qui récupère son mari. Il s'attelle à la rédaction de ses *Mémoires de guerre*. Elle s'en félicite. C'est ainsi qu'elle aime vivre. Seule avec Charles à La Boisserie. Lui écrivant à son bureau puis faisant ses réussites le soir sur la table de bridge, elle tricotant dans son fauteuil.

En 1965, elle espère à nouveau que Charles renoncera à se présenter. On a vu comment elle s'y est employée en 1958. L'argument de fond reste le même : « Rien n'égalera jamais les gloires de 39-45. » S'y ajoutent l'âge du Général, 75 ans, et l'usure prévisible du pouvoir, à une époque où la jeunesse affiche de nouvelles valeurs. Sans compter les risques d'attentat. Yvonne tente de convaincre les proches de De Gaulle. À Alain Peyrefitte, elle glisse : « Vous qui avez l'occasion de parler au Général, je vous en supplie, ne le poussez pas à se représenter, tâchez de le retenir. » Ce dernier écrira : « Mme de Gaulle me fait

28. *Ibid.*, p. 345.

mesurer soudain qu'on peut aimer de Gaulle, l'admirer, lui avoir consacré sa vie, l'avoir même risquée pour lui en plus d'une occasion et ne pas souhaiter qu'il reste à la tête des Français[29]. » À Paul Hutin-Desgrées, fondateur de *Ouest-France* à la Libération, Yvonne confie : « Nous ne tenons pas à nous représenter[30]. » Pense-t-elle qu'elle a gagné la partie ? De Gaulle n'annonce pas sa candidature. Il demande à Georges Pompidou de se tenir prêt au cas où. Le Premier ministre donne alors son accord pour une biographie[31] qui devait être diffusée à trois millions d'exemplaires pendant la campagne.

Pourquoi le Général finit-il par se déclarer moins d'un mois avant le premier tour ? Yvonne, à qui il en a fait la confidence, explique à Jacques Foccart que son mari n'avait effectivement pas l'intention de se représenter. Mais il a estimé que, face à Mitterrand, tout autre que lui risquait d'être battu. Sans doute l'a-t-il convaincue ? Peut-on laisser le pays au « diable » ? Pour signifier l'ampleur des risques, elle confie : « Si la gauche gagne, il n'y aura plus de sœurs. » Son mari réélu, elle suit comme toujours. Mais, en 1968, quand la rue crie « Dix ans, ça suffit ! », quand le pouvoir, comme une poignée d'eau, échappe à Charles de Gaulle, elle ne peut s'empêcher de glisser à Foccart : « J'avais raison quand j'ai demandé au Général de ne pas se représenter. Cela devient tout à fait infernal[32]. »

Que ne l'a-t-il écoutée ! En pleine tourmente de mai, Yvonne et son fils conseillent au Général de se retirer. Il paraît y être prêt et confie à Boissieu : « Les Français sont

29. Alain Peyrefitte, *C'était de Gaulle*, cité par Frédérique Neau-Dufour, *Yvonne de Gaulle*, *op. cit.*, p. 412.

30. *Ibid.*, p. 411.

31. Merry Bromberger, *Le Destin secret de Georges Pompidou*, Fayard, 1965.

32. Jacques Foccart, *Le Général en mai*, Fayard, 1998, p. 144.

des veaux [...]. Dans ces conditions, le peuple français n'a pas besoin de De Gaulle à sa tête, je ferais mieux de rentrer chez moi et d'écrire mes Mémoires[33]. » Mais son gendre, qu'Yvonne aime beaucoup, l'exhorte, au contraire, à se battre. C'est le départ à Baden-Baden, chez Massu, le retour à Paris, le « je ne me retirerai pas », la dissolution de l'Assemblée nationale, le raz-de-marée gaulliste aux législatives de juin 1968. Yvonne est rassurée, Charles ne partira pas vaincu. Mais elle comprend qu'il est arrivé au bout de sa route. Avant le référendum de 1969, tentative désespérée d'être relégitimé par le peuple, elle glisse à Foccart : « Vous savez, même si le oui passe, il ne finira pas son mandat, parce qu'il ne s'en sentira ni le courage ni la force. »

Cette fois, elle n'exprime plus son seul souhait personnel puisque le Général confie : « Même si cela se passait dans les meilleures conditions, dans un délai très bref, je m'en irais[34]. » Le vendredi, les de Gaulle partent pour Colombey. À la cuisinière, Charles lance : « Nous rentrons, Charlotte. Cette fois-ci, c'est pour de bon ! » Le dimanche soir, le verdict tombe : les Français lui ont dit non. Le lendemain matin, il démissionne. Amer, il dit à de Boissieu : « Ces cochons de Français ! Ces porcs de bourgeois ! Seule la classe ouvrière se tient[35]. » Yvonne est triste, elle sait que Charles vit très mal l'ingratitude de ses compatriotes. Mais elle ne peut s'empêcher d'être soulagée. A-t-elle voté non pour rentrer plus vite à Colombey ? Sa propre fille Élisabeth l'en a soupçonnée. Trois ans plus tard, après la mort du Général, Yvonne confiera à Jean Mauriac : « Il m'a

33. Alain de Boissieu, *Pour servir le Général*, *op. cit.*, p. 384.

34. Jacques Foccart, *Foccart parle : entretiens avec Philippe Gaillard*, 2 tomes, Fayard, 1995-1997, tome 1, p. 444.

35. Jean Mauriac, *L'Après-de Gaulle*, Fayard, 2006, p. 43.

été pénible que des proches parents aient pu faire courir le bruit de votes négatifs[36]. »

Charles de Gaulle, qui ne tenait aucun compte, on l'a vu, des avis de sa femme lorsqu'il s'agissait de son destin personnel – donc, à ses yeux, de celui de la France –, a-t-il prêté attention à ses jugements politiques ? Lorsqu'elle s'aventurait, en privé, à en émettre un, il lui répondait invariablement : « Ma pauvre Yvonne, vous ne comprendrez décidément jamais rien à la politique ! » Les idées de sa femme lui paraissaient trop courtes, trop naïves. Il s'agaçait lorsqu'elle affirmait : « Les braves gens ne comprennent pas, les braves gens pensent que... » À chaud, après l'attentat du Petit-Clamart qui faillit leur coûter la vie à Yvonne et à lui-même, il a livré le fond de sa pensée à son gendre qui se trouvait à l'avant de la DS : « Qu'ils aient tiré sur moi, c'est le risque d'État. Mais ils ont tiré sur une voiture où ils savaient qu'il y avait une femme. Et cette femme n'a rien à voir avec la politique[37]. » Rien à voir ! On ne saurait être plus clair.

En revanche, il écoutait Yvonne lorsqu'elle donnait son avis dans ses domaines de compétence. Ainsi prendra-t-elle une part active dans l'élaboration de la loi réformant le droit des incapables majeurs, qu'on appelait alors « aliénés ». Connaissant l'expertise acquise par la femme du Général à la tête de la fondation Anne de Gaulle, Jean Foyer, le garde des Sceaux, décidera l'initiative de lui soumettre le texte qu'il a préparé. La loi sera rapidement adoptée.

Mme de Gaulle est parvenue à arracher une décision – une seule ! – contre l'avis initial du Général. Sur un sujet où on ne l'attendait pas : la contraception. Le Général, très conservateur en matière de mœurs et partisan d'une

36. *Ibid.*, p. 99.
37. Frédérique Neau-Dufour, *Yvonne de Gaulle*, *op. cit.*, p. 410.

politique nataliste, y est hostile. À l'un de ses neveux qui l'interroge sur la campagne qui se développe en faveur de la pilule, il répond : « Les Français veulent pouvoir baisouiller dans tous les coins[38] ! » En 1965, quand Alain Peyrefitte lui conseille, entre les deux tours de la présidentielle, d'aborder « un sujet qui intéresse les femmes, la pilule », il tonne : « On ne peut pas réduire la femme à une machine à faire l'amour ! Vous allez contre ce que la femme a de plus précieux, la fécondité. Si on tolère la pilule on ne tiendra plus rien. Le sexe va tout envahir[39]. » Philippe de Gaulle affirme que sa mère était « encore moins favorable à la pilule que [son] père ». On le croit volontiers. Tout en effet l'y pousse : ses convictions religieuses, sa rigidité morale, sa conception de la famille, sa peur que la contraception entraîne nécessairement une plus grande liberté sexuelle, qu'elle juge sévèrement. Et, qui plus est, le projet est défendu par la gauche et par « le diable » Mitterrand ! Pourquoi a-t-elle changé d'avis, elle si tenace, si têtue, si corsetée par son catholicisme étroit ? Sans doute l'abondant courrier qu'elle reçoit à l'Élysée l'a-t-il alertée sur les drames suscités par six cent mille avortements annuels et par le nombre élevé de femmes qui meurent des suites d'interventions pratiquées par celles qu'on nomme alors les « faiseuses d'anges ».

Sans doute aussi Alexandre Sanguinetti, un fidèle du Général, mobilisé par un jeune député gaulliste, Lucien Neuwirth, l'a-t-il convaincue qu'il fallait agir. Le docteur Pierre Simon, cofondateur du Mouvement français pour le planning familial, qui se bat, en vain, depuis des années en faveur de la légalisation de la contraception, écrit, surpris et ravi : « Sanguinetti revient avec le sourire.

38. Christine Clerc, *Tigres et tigresses : histoire intime des couples présidentiels sous la Ve République*, Plon, 2008, p. 118 et 122.

39. *Ibid.*, p. 122.

Mme de Gaulle s'est montrée plus qu'intéressée par le projet. La cause est gagnée, nous annonce-t-il. Nous avons le feu vert de l'Élysée[40]. » Le Général s'est laissé fléchir par Yvonne. Lucien Neuwirth achève de le convaincre. La loi qui portera son nom est adoptée le 19 décembre 1967. De Gaulle lui glisse, comme pour se justifier : « La vie est une chose trop grave pour ne pas la donner sans y avoir réfléchi. » Il refusera quand même que la pilule soit remboursée : « La pilule, c'est pour la bagatelle. La Sécurité sociale n'a pas plus de raisons de la rembourser que l'automobile. » Et il ne fera rien pour hâter la publication des décrets d'application, si bien que la loi n'entrera définitivement en vigueur que… le 8 mars 1972, longtemps après sa mort.

Si l'influence politique d'Yvonne est quasiment nulle, celle de la maîtresse de maison est bien réelle. Notamment sur le choix des membres de l'entourage du Général. Elle veille à ce que « les bonnes mœurs » soient respectées. Elle réprouve tout ce qui est contraire à la morale chrétienne : le divorce, l'adultère, l'homosexualité. Elle va plus loin. Elle se renseigne sur la vie privée des collaborateurs de son mari, ministres, préfets, ambassadeurs, hauts fonctionnaires. A-t-elle systématiquement cherché à écarter divorcés, concubins, amants et maîtresses, sans compter les défroqués ? Sa biographe, Frédérique Neau-Dufour, estime que « son pouvoir en matière de choix et d'éviction des personnes à l'Élysée est souvent surestimé ». Mais elle cite très objectivement plusieurs témoignages émanant de la galaxie gaulliste qui affirment le contraire. Ainsi Alain Plantey, un ambassadeur proche de Foccart : « Mme de Gaulle sait beaucoup de choses parce qu'elle

---

40. Pierre Simon, cité par Frédérique Neau-Dufour, *Yvonne de Gaulle*, *op. cit.*, p. 405.

reçoit les dames, bavarde avec elles, les fait parler[41]. » Jean Mauriac : « Mme de Gaulle était très bien renseignée sur la vie privée des membres de l'entourage du Général, des ministres, des hauts fonctionnaires, des préfets, des ambassadeurs. Elle connaissait les divorces, les séparations et le reste[42]. » Le Général écoutait-il les avis de sa femme ? S'y rangeait-il souvent ? Alain Plantey : « Son influence sur son mari est loin d'être négligeable [...]. Et le Général l'écoute plus qu'on ne l'imagine. C'est ainsi qu'un membre de son cabinet dut un jour quitter ses fonctions parce qu'il était l'amant de la femme d'un ministre. Quand Mme de Gaulle l'a appris, elle a conseillé au Général de se débarrasser de lui. Et le malheureux a dû faire ses bagages[43]. » Martine de Courcel, femme de Geoffroy de Courcel, directeur de cabinet du Général : « Mon mari disait qu'elle avait une grande influence sur le Général, notamment sur le choix de certaines personnes à des postes importants. Je ne citerai pas de noms. Lorsque le Général battait froid quelqu'un, mon mari disait que c'était parce que Mme de Gaulle désapprouvait sa vie privée. Elle était très stricte sur le divorce et l'adultère[44]. » Jean Mauriac estime qu'Yvonne, « toujours très entière dans ses jugements [...], était tenace dans ses aversions » et que « le Général écoutait avec attention ce qu'elle disait des uns et des autres, l'interrogeait souvent. Bref, on sait aujourd'hui qu'il tenait compte des avis de Mme de Gaulle [...]. Certains, sans aucun doute, auraient eu une carrière plus rapide si Mme de Gaulle n'avait exprimé au Général sa condamnation quant à leur vie privée[45]. »

41. Michel Tauriac, *Vivre avec de Gaulle*, Plon, 2008, p. 554.
42. Jean Mauriac, *L'Après-de Gaulle*, *op. cit.*, p. 285.
43. Michel Tauriac, *Vivre avec de Gaulle*, *op. cit.*, p. 554.
44. Frédérique Neau-Dufour, *Yvonne de Gaulle*, *op. cit.*, p. 398.
45. Jean Mauriac, *L'Après-de Gaulle*, *op. cit.*, p. 285-286.

Ainsi, quand elle apprend, en 1962, que le nouveau chef du protocole de l'Élysée, Claude Mantel, un gaulliste de la première heure, est un prêtre défroqué qui, après cinq ans de guerre, n'a pas repris la soutane et s'est marié, elle cesse tout rapport avec lui. Et le Général le congédiera. Peu importe qu'il soit Compagnon de la Libération ! Ce n'est pas un cas isolé. Le général Catroux est écarté des dîners élyséens parce qu'il s'est marié trois fois. Lorsqu'elle apprend qu'un membre de l'état-major particulier a été surpris avec une jeune femme qui n'était pas la sienne dans l'appartement de permanence, elle fait remplacer le lit par un simple lit de camp. Ainsi ni les épouses ni les éventuelles maîtresses ne pourront désormais accompagner le permanencier. Quand on l'informe que le garde républicain en faction à la porte de l'Élysée regarde volontiers le salon d'essayage d'une maison de couture située face au palais, elle fait demander au couturier de bien vouloir baisser les stores du salon.

Elle tient aussi à s'assurer de la bonne tenue et de la moralité des épouses des ministres et des collaborateurs de son mari. Toutes ont eu le sentiment de subir un « test ». Bernadette Chirac, dont l'époux est alors secrétaire d'État à l'Emploi, évoquera un « examen de passage[46] ». Solange Galichon, la femme de son directeur de cabinet, conviée à déjeuner avec son mari par les de Gaulle, ne dira pas autre chose : « Je suis persuadée que c'était moi qu'elle voulait voir[47]. »

Yvonne se renseigne aussi sur les personnalités invitées au palais. Le service du protocole lui fournit des fiches très précises sur les mariages, les divorces, les remariages, les enfants, leur éducation, les maladies… Ces informations, exceptionnelles au début du premier mandat

46. Interview dans l'émission « Premières dames », ADL TV, 2008.
47. Frédérique Neau-Dufour, *Yvonne de Gaulle*, *op. cit.*, p. 393.

du Général, s'intensifient en 1963, culminent pendant deux ans, puis se raréfient après 1965. Mme de Gaulle, dont la réprobation pouvait aller jusqu'à rayer d'un trait de plume les noms de certains invités, a-t-elle cherché à exercer une vraie censure, ou bien les fonctionnaires du protocole, connaissant son intransigeance, ont-ils fait du zèle ? Toujours est-il qu'elle s'est servie de ces informations. Bien sûr, le Général, lorsqu'il estimait qu'un collaborateur était indispensable au service de l'État, se souciait peu de son style de vie, fût-il condamné par Yvonne. L'exemple de Malraux est révélateur. Elle ne l'appréciait pas. « Ma mère s'en méfiait. Elle trouvait que son existence personnelle était parfois compliquée, bien que dénuée de scandales, par plusieurs compagnes, légitimes ou non, et depuis ses aventures au Cambodge ou en Espagne pendant la guerre civile. Elle désapprouvait sa vie de "bâton de chaise"[48]. » De Gaulle, qui aimait les envolées lyriques, l'obsession de la grandeur et aussi la vénération que son ministre de la Culture lui portait, n'a jamais songé à l'éloigner. D'ailleurs s'il avait dû se séparer de ses ministres aux vies sentimentales compliquées, il se serait retrouvé assez seul !

De même pour les invités : pas question, bien sûr, de récuser toutes les personnalités dont les mœurs apparaissaient dissolues à Yvonne. Elle a dû par exemple accepter la présence à l'Élysée de Brigitte Bardot, symbole d'une liberté sexuelle qu'elle réprouvait. Le Général, l'œil pétillant, accueillit BB vêtue d'une veste à brandebourgs : « Quelle chance, Madame ! Je suis en civil et vous êtes en uniforme ! » Mais Yvonne refusa de paraître à la réception donnée à l'occasion de la venue à Paris d'un chef d'État africain aux mœurs trop dissolues.

---

48. Philippe de Gaulle, *De Gaulle, mon père*, tome 1, *op. cit.*, p. 371.

Pour Mme de Gaulle, l'humanité se divisait entre les bons, ceux dont la vie était régie par les préceptes de la morale chrétienne, et les autres, les mécréants, les débauchés, ceux qui vivaient dans le péché. Les premiers la décrivent comme une femme souriante, attentive aux autres, parfois même chaleureuse. Les seconds la jugent au contraire froide, étroite d'esprit, intransigeante.

Sa volonté de tout surveiller, de tout régenter, sa rigidité morale, sa propension à changer souvent de personnel, à l'Élysée comme à La Boisserie, explique qu'on ne l'aimait guère au Château où l'on vénérait le Général. Même au sein de sa famille, le portrait qu'en dressent certains membres qui la tenaient pourtant en haute estime fait apparaître une femme autoritaire dotée d'un fichu caractère. Henriette de Gaulle, sa belle-fille : « Il était difficile d'engager le dialogue avec elle. On devait toujours être de son avis et faire ce qu'elle avait décidé que l'on ferait [...]. Il était souvent difficile de percer ses intentions. En fait, quand elle vous fixait de ses yeux gris-bleu, on ne savait jamais sur quel pied danser et cela avait le don de me mettre mal à l'aise[49]. »

Son fils lui-même porte un jugement sévère sur Yvonne : « Bien que fondamentalement dévouée à ses enfants et constamment soucieuse de leur bien-être, elle n'était pas vraiment maternelle. Enfants, elle ne nous embrassait guère et ne nous câlinait pas. Certes mon père ne se complaisait pas dans la tendresse, mais il nous marquait souvent plus d'attentions [...]. Elle nous aimait, bien sûr, mais elle n'osait pas nous l'avouer. Ce n'était pas dans les habitudes des femmes du Nord et de son milieu[50]. » Loin d'atténuer la sévérité paternelle, elle la renforce : « Jamais elle ne prenait notre parti contre lui. Pour elle, il

---

49. Frédérique Neau-Dufour, *Yvonne de Gaulle*, *op. cit.*, p. 43.
50. Philippe de Gaulle, *De Gaulle, mon père*, tome 1, *op. cit.*, p. 19.

avait toujours raison. Quelquefois on recevait des “baffes” de Charles, et ma mère ajoutait les siennes. Elle avait la main plus lourde que lui. » Bref, elle était incapable de montrer son affection, même avec ses enfants qu'elle aimait. Ce qu'un neveu du Général résumait à sa manière : « Elle n'était pas tendrelette. » Ses relations avec sa belle-sœur Marie-Agnès sont tendues. Elle lui reproche d'être trop bavarde, d'avoir des idées sur tout. Une femme doit être discrète, ne jamais se mettre en avant et surtout ne pas parler politique. « La tante Agnès regrette de ne pas avoir été un garçon, parce qu'elle aurait été le Général », dit-elle avec humour. Yvonne refusera de l'inviter après la mort de Charles à l'inauguration de la croix de Lorraine à Colombey. De même, n'apprécie-t-elle pas l'engagement de sa nièce, Geneviève de Gaulle-Anthonioz, qui devînt présidente d'ATD Quart Monde. Son fondateur, le père Joseph Wresinski, considère que l'aumône – cette charité chrétienne à laquelle Yvonne reste attachée – donne bonne conscience aux riches plus qu'elle ne soulage la misère des pauvres.

D'une manière générale, Yvonne n'aime pas les femmes. Sauf si, comme elle, elles se tiennent à leur place, au service de leur mari. Les Français avaient admiré l'élégance de Michelle Auriol. Grande, mince, cette femme de caractère et de goût, résistante sous l'Occupation, était une ambassadrice de charme pour ses couturiers préférés : Lanvin, Madame Grès, Balmain. Ils avaient été conquis par la simplicité de Germaine Coty qui, le soir, servait la soupe à son mari. Timide, gauche, massive, raillée par les chansonniers qui la surnommaient « Madame sans gaine », elle était devenue très populaire. Yvonne de Gaulle n'a ni la prestance de la première ni la gentillesse de la seconde. Le courant avec les Français n'est jamais passé. Il est vrai qu'ils l'ont peu connue tant elle s'effaçait. Beaucoup s'en sont tenus aux caricatures qu'on a faites d'elle : une petite femme sans charme, bigote, rabat-joie, traquant le vice. « Mme de Maintenon était une personne sans naissance, d'un visage guindé, sévère [...] où s'exprimaient infiniment de vertus mais assez peu de bonté [...]. Elle avait l'âme austère et pénitente et elle eût envoyé toute la cour à complies. Elle régnait sur le palais avec un empire craint de tous et redouté de toutes [...]. La boue infecte de l'adultère lui faisait horreur [...]. Régnait-elle sur le roi? Elle ne l'entreprenait pas sur les pensées: elle l'entama plus d'une fois sur le domestique [...]. Combien furent ruinés par un mot d'elle! Tout l'Élysée sentait son aiguillon[51]. » Malgré la considération qu'elle porte à Yvonne de Gaulle, Frédérique Neau-Dufour, qui cite cet extrait de « La Cour » d'André Ribaud et Moisan paru en 1961 dans *Le Canard enchaîné*, le reconnaît: « Si cette caricature fonctionne, c'est qu'elle correspond à l'idée que les gens ont communément d'Yvonne de Gaulle [...]. Il y a du vrai dans cette description à l'emporte-pièce. »

Le drame vécu à 28 ans par Yvonne – la naissance d'Anne, handicapée mentale – explique sans doute pourquoi la jeune fille gaie, enjouée, optimiste décrite par son frère est devenue une femme froide, rigide, austère, dont maints témoignages soulignent l'intransigeance et l'étroitesse d'esprit. « Le calvaire d'Anne emplit entièrement sa vie. Il est l'explication profonde de son caractère, de sa nature[52] », affirme Jean Mauriac. « Il y a dans la vie d'Yvonne comme une ligne brisée, un avant et un après Anne [...]. L'après, c'est une femme soucieuse, vieillie d'un coup, qui apprend l'âpreté et le malheur[53] », estime Frédérique Neau-Dufour. Sa vie bascule en effet. Jusqu'alors, elle avait vécu une jeunesse dorée dans une

51. André Ribaud et Moisan, « La Cour », *Le Canard enchaîné*, 1961.

52. Jean Mauriac, *L'Après-de Gaulle*, *op. cit.*, p. 286.

53. Frédérique Neau-Dufour, *Yvonne de Gaulle*, *op. cit.*, p. 131.

famille unie et gaie, épousé un homme promis à un brillant avenir à qui elle vouait une admiration sans bornes, et qui lui avait donné deux beaux enfants. Et voilà que le malheur s'abat sur elle et sur Charles. Elle ne comprend pas. Qu'a-t-elle fait ? Qu'ont-ils fait ? De quoi sont-ils coupables aux yeux de Dieu pour subir pareille épreuve ? Jusqu'à la mort d'Anne, en 1948, Yvonne veillera au quotidien sur sa fille. Les de Gaulle ont décidé qu'elle n'irait pas dans un asile, qu'elle serait élevée au sein du foyer familial.

Yvonne l'emmène partout. À Beyrouth, où Charles est en fonctions de 1929 à 1931, à Londres où elle le rejoint le 18 juin 1940 avec ses trois enfants, sans savoir qu'il va lancer ce jour-là son célèbre appel, à Alger qu'elle gagne en 1943. Pendant vingt ans, elle portera le fardeau. Charles aussi veillera sur Anne. Avec une attention, une patience, une tendresse dont ses deux aînés le croyaient incapable. Il la prend sur ses genoux, l'embrasse, lui chante des comptines. Il réagit en chrétien qui confie au père Lenoir : « Pour un père, croyez-moi, Monsieur l'aumônier, c'est une grande épreuve. Mais pour moi cette enfant est aussi une grâce ; elle est ma joie, elle m'aide à dépasser tous les échecs et tous les honneurs et à voir toujours plus haut. » Mais sa vie est ailleurs. Son fardeau à lui, c'est la France.

Dès 1946, « approuvée sans réserve » par le Général, Yvonne avait créé la fondation de Gaulle qui, à la mort d'Anne, le 6 février 1948, deviendra la fondation Anne de Gaulle. Elle est destinée aux jeunes handicapées mentales dont les familles ne peuvent assurer la charge. Yvonne s'y consacrera jusqu'à son dernier souffle. Elle qui a vécu toute sa vie dans l'ombre de son prestigieux mari y révélera des aspects de sa personnalité qu'on ne lui connaissait pas. Et cela, bien avant d'être Première dame. C'est elle qui décide l'acquisition du château de Vert-Cœur, dans la vallée de Chevreuse, elle qui surveille les travaux de restauration, elle qui préside la fondation, rédige le règlement intérieur, organise le fonctionnement de l'institution, recueille les fonds, elle qui impose la présence exclusive de religieuses pour l'éducation des filles. Fidèle à ses principes, Yvonne ne veut ni publicité ni communication. Vert-Cœur, qui peut héberger une trentaine de pensionnaires, aura du mal, au début, à les trouver.

Pendant plus de trente ans, Mme de Gaulle sera la présidente active de la fondation. Après la mort du Général, elle s'attachera plus encore à Vert-Cœur qui représentera, à ses yeux, un lien vivant avec Anne et Charles. Le 7 février 1972, elle écrit à Solange Galichon, l'épouse de l'ancien directeur de cabinet de Charles de Gaulle : « Une partie des enfants et petits-enfants m'a entourée ces jours-ci, vous savez qu'avec ma fondation, c'est toute ma joie maintenant. » Presque sa raison de vivre. Peu lui importe si sa volonté de discrétion, qui ne se démentira jamais, condamne l'institution à n'être connue et reconnue que du petit milieu du handicap.

Loin d'ébranler le couple, l'épreuve de la maladie d'Anne l'a soudé davantage. En 1948, Charles fera à ses deux aides de camp, Guy et Bonneval, une étrange confidence : « Anne a servi de lien entre sa mère et moi. Elle aura permis que nous demeurions ensemble à un moment où il était essentiel que Mme de Gaulle et moi demeurions ensemble, j'entends aux yeux des Français. » Ce couple-là, aussi, avait donc ses mystères et ses fêlures. Faut-il donner crédit à la rumeur qui prêta une maîtresse au Général ? Rien ne le permet. On imagine mal, en tout cas, le chrétien respectueux des commandements de l'Église, et moins encore l'homme d'État conscient des devoirs de sa charge, se séparer de son épouse. D'autant qu'à l'époque le divorce d'un président était quasiment inconcevable. Qui plus est s'il s'appelait de Gaulle.

Sans doute la manière dont Yvonne veillait constamment sur lui, surveillant son alimentation, redoutant pour sa santé, épiant sur son visage les signes de la fatigue ou de la maladie l'agaçait-il. Tout comme l'excessive sévérité de ses jugements sur les hommes ou la naïveté de ses réflexions politiques. Il était, en matière de mœurs, moins intransigeant, moins pudibond, plus indulgent pour les passions et les faiblesses humaines. Mais il ne pouvait pas être insensible au soutien inconditionnel d'Yvonne, à l'admiration qu'elle lui portait, à sa fidélité à toute épreuve, au fait qu'elle ne vivait que pour lui et par lui. Sa présence lui était devenue indispensable. Lorsqu'il arrivait qu'elle ne fût pas près de lui au moment où il le désirait il demandait, impatient, à ses collaborateurs : « Mais où est-elle ? Pourquoi n'est-elle pas là ? » Lorsqu'elle était en retard, il la tançait : « Voyons, Yvonne, qu'avez-vous donc fait ? Je vous attendais. » C'est cette présence silencieuse qui inspira à Malraux cette formule : « L'importance de Mme de Gaulle fut considérable, non pas par ce qu'elle disait ou faisait, mais par ce qu'elle ne faisait ni ne disait[54]... »

Charles de Gaulle n'était pas un grand sentimental. N'écrivit-il pas avant de se marier : « La première condition du bonheur pour un homme est de sortir de lui-même [...]. Si nous jugeons que l'amour est au fond plus amer que doux, n'en faisons pour rien au monde l'objet principal de nos préoccupations, mais seulement un assaisonnement de la vie[55]. » Aujourd'hui, on dirait qu'il était macho. Aux femmes conviées à l'Élysée, il ne parlait guère que de leur progéniture. Après le repas, s'isolant avec les invités masculins, il disait volontiers : « Maintenant, les dames vont parler tricot. » À l'un de ses collaborateurs avant-gardiste qui lui suggérait de créer un ministère de la Femme, il répondit : « Et pourquoi pas un sous-secrétariat au tricot ! » Pour lui, les femmes devaient s'accomplir dans la sphère familiale, les hommes dans la sphère publique.

54. Jean Mauriac, *L'Après-de Gaulle*, *op. cit.*, p. 285.
55. Jean Lacouture, *De Gaulle*, tome 1, *Le Rebelle*, Seuil, 1984, p. 77.

Aussi, l'hommage qu'il rend à Yvonne dans ses *Mémoires de guerre* : « Ma femme sans qui rien de ce qui a été fait n'aurait pu l'être », ou ses nombreuses lettres adressées à « ma petite femme chérie » n'en prennent-ils que plus de signification[56].

Charles savait gré à Yvonne d'être une femme de soldat prête à affronter à son côté les pires épreuves. À Londres, sous les bombes ; aux heures sombres du drame algérien ; au Petit-Clamart, le 22 août 1962, quand la DS présidentielle est mitraillée par les tireurs de l'OAS. Par miracle, ni lui, ni elle, ni leur gendre Boissieu, assis à l'avant du véhicule, ni les policiers de la voiture d'escorte ne sont touchés. Yvonne n'a pas bronché. Descendue de la voiture qui arrive à Villacoublay, pneus crevés et vitres éclatées, elle demande seulement à son gendre : « N'oubliez pas les poulets, j'espère qu'ils n'ont rien. » Les poulets ! Les officiers de sécurité se regardent, incrédules. Jamais ils n'auraient imaginé que Mme de Gaulle puisse les appeler ainsi. Mais non ! Yvonne s'inquiète pour les volailles qui se trouvent dans le coffre. Elle les a achetées à Paris pour le déjeuner du lendemain à Colombey, où Georges Pompidou a été convié. Dans le salon de l'aéroport, Charles, d'ordinaire avare de compliments, lui glisse : « Très bien Yvonne, vous êtes courageuse. » Dans l'avion, il lui redit : « Ah ! Vous êtes brave, Yvonne[57] ! » Brave, pour le militaire, c'est le plus beau des compliments. Elle confiera à son fils : « Ton père a dit que si nous avions péri ce jour-là nous aurions eu une belle mort et qu'après tout, c'eût été mieux que de mourir dans son lit. » Une belle

56. Dans une lettre datée du 13 mars 1940, il écrit : « Aussi mon amie, ma compagne si brave et si bonne, à travers une vie qui est un tourment » (Charles de Gaulle, *Lettres, notes et carnets*, tome 1, Robert Laffont, coll. « Bouquins », 2010, p. 1169).

57. Philippe de Gaulle, *De Gaulle, mon père*, tome 1, *op. cit.*, p. 384.

mort ! Nul doute qu'elle partage ce sentiment. Si elle avait eu le choix, elle aurait aimé disparaître en même temps que celui pour lequel elle avait vécu.

Après la victoire du non au référendum et le retour, définitif cette fois, à Colombey, Yvonne est partagée, on l'a vu, entre soulagement et tristesse. Enfin, ils sont « tranquilles », selon son expression. Enfin, écrit-elle à la fidèle Honorine, « je n'ai rien d'autre à faire que ce que je veux ». Enfin, son mari est à elle, rien qu'à elle. Il va écrire et elle veillera sur lui. La vie qu'elle souhaitait depuis si longtemps. Hélas, si elle se félicite de ne plus être la Première dame, lui se résigne mal à n'être plus le premier des Français. Le Général ne digère pas les circonstances de son départ. Amer, il ne cesse de ruminer contre l'ingratitude de ses compatriotes. Et il est obsédé par l'imminence de sa mort. Combien d'années, de mois, de semaines ? Dieu lui laissera-t-il le temps de terminer ses Mémoires ? Un voyage en Irlande, où de Gaulle réunit les Mac Cartan, ses lointains parents, lui a changé les idées, selon Yvonne. Il s'attelle à la rédaction de son ultime ouvrage. Elle reprend son rôle de cerbère et peste contre les visiteurs qui « le retardent dans son travail ». Seuls la famille et les proches qui l'aident à rédiger ses Mémoires sont conviés. « Yvonne et moi sommes dans une solitude qui ne nous est pas pesante, après beaucoup de tumulte », écrit de Gaulle. Cette solitude à deux, Yvonne en rêvait depuis tant d'années…

Quand Malraux leur rend visite, le 11 décembre 1969, il constate que Mme de Gaulle « a rajeuni, à tel point que je découvre le jeune visage qu'avait aimé autrefois le capitaine de Gaulle. Jadis lasse, elle montre aujourd'hui une joie contagieuse qui n'est pas étrangère à la sérénité du Général[58] ». Malraux évoquant les pancartes à Cuba

---

58. Marcel Jullian, *Madame de Gaulle*, *op. cit.*, p. 238, cité par Frédérique Neau-Dufour, *Yvonne de Gaulle*, *op. cit.*, p. 453.

« Kennedy non, Jackie oui ! », elle lance, pince-sans-rire, à Charles : « Si nous y étions allés, est-ce qu'il y aurait eu des pancartes : de Gaulle non, Yvonne oui ? » Yvonne avait parfois de l'humour, elle aimait même rire. Mais uniquement en privé, lorsqu'elle était en confiance. Ainsi, lorsque son grand homme évoquait comme à regret, devant son fils, la proposition de Georges Duhamel de le présenter à l'Académie française, laissait-elle tomber : « Franchement, Charles, je ne vous vois pas en bicorne et en habit vert. Vous auriez l'air de quoi ? »

Après un voyage d'un mois en Espagne, en juin 1970, le couple reprend sa vie de reclus, loin des agitations du monde. Le Général écrit, toujours tiraillé par l'urgence, comme s'il sentait la vie lui échapper. « Mes Mémoires, comme je voudrais les terminer avant ma mort ! Je me dépêche, je me dépêche [...]. C'est la mission avant de mourir[59] », confie-t-il à son neveu, Bernard de Gaulle. Il écrit même à plusieurs proches, leur demandant de prier pour que Dieu lui laisse finir sa tâche.

Le 9 novembre, il passe l'après-midi dans son bureau, dédicace plusieurs volumes du premier tome de ses Mémoires, dont le succès – 750 000 exemplaires – fut énorme. Il écrit à sa belle-sœur : « Faites des vœux et même des prières pour [...] le grand travail que j'entreprends... » Vers 18 h 30, il s'installe à la table de bridge pour sa réussite quasi quotidienne, « sa discipline d'oisiveté ». Quelques minutes plus tard, Yvonne le rejoint. Il pousse un cri et s'effondre. Elle fait aussitôt prévenir le médecin et le curé. De Gaulle meurt, foudroyé par une rupture d'anévrisme, officiellement à 19 h 25. Yvonne confie au médecin : « Vous savez, depuis deux ans, il a tellement souffert[60]. »

---

59. Jean Lacouture, *De Gaulle*, tome 3, *Le Souverain*, *op. cit.*, p. 782.
60. *Ibid.*, p. 787.

Deux ans ! Yvonne fait remonter la « souffrance » du Général cinq mois avant son départ du pouvoir, aux heures qui ont suivi les événements de Mai 68 et à l'annonce de la candidature de Georges Pompidou, le 7 janvier 1969, à Rome, que son mari a vécue comme une trahison. Ainsi a-t-elle eu conscience que, malgré sa présence de tous les instants, malgré les visites de la famille, malgré l'écriture de ses *Mémoires d'espoir* auxquels il attachait tant d'importance, les blessures ne s'étaient pas refermées. La sérénité entrevue par Malraux n'était que de façade. Le ressentiment continuait de bouillir en lui, comme en témoigne ce « il a tellement souffert ». Devant le corps sans vie de Charles, Yvonne, impressionnante de maîtrise, donne le sentiment de demeurer « impassible », écrira Jean Mauriac. Plus tard, au printemps 1972, elle corrigera : « J'étais affreusement choquée [...]. Je ne me sentais plus vivre[61]. » Elle confiera au même Jean Mauriac : « Ma vie est finie. » Elle vivra encore neuf ans.

Pour l'organisation des funérailles, elle respecte le testament rédigé par de Gaulle en 1952, qu'il n'a jamais retouché : obsèques à Colombey, sans la moindre cérémonie publique. Sa tombe sera celle de sa fille Anne, où sa femme reposera après lui. La cérémonie sera réglée par la famille. Pas d'obsèques nationales, pas de discours, pas d'oraison funèbre au Parlement, pas de statue commémorative. Lorsqu'elle apprend que Georges Pompidou organise des obsèques nationales, elle déclare : « On ne m'y verra pas. » Et elle fait savoir qu'elle ne souhaite la venue à Colombey d'aucun membre du gouvernement. Quand le président et le Premier ministre arrivent à La Boisserie, le cercueil, à sa demande, a déjà été fermé. Yvonne prend la main de Jacques Chaban-Delmas et lui dit : « Il faut que vous le sachiez, mon mari vous aimait bien. » Pas un mot pour Georges Pompidou qui est juste à côté. En revanche,

61. *Ibid.*, p. 702.

quand Claude Pompidou viendra quelques jours plus tard, elle l'accueillera dans la cour, puis lui montrera le fauteuil dans lequel son mari s'est écroulé. «J'étais sens dessus dessous et ne savais pas comment prendre congé. C'est elle qui m'y a aidée, avec sa simplicité coutumière, me remerciant d'être venue[62] », dira Claude Pompidou.

L'enterrement de Charles de Gaulle a lieu à Colombey le 12 novembre, en présence de milliers de personnes, sous le regard des caméras de télévision. À l'église, puis au cimetière, Yvonne, le visage caché par une voilette noire, apparaît accablée de douleur, digne. « L'émotion submerge les visiteurs, frappés par la capacité de la veuve à contenir la sienne », écrit Frédérique Neau-Dufour.

Yvonne fait disparaître les vêtements de son mari. Elle brûle tout, jusqu'à son matelas. Pas de reliques, pas de marchands du Temple. A-t-elle épargné les deux uniformes et les deux képis donnés au musée de la Légion d'honneur et à celui de Saint-Cyr ? Ont-ils été sauvés par le fils et le gendre du Général ?

Yvonne devient, malgré elle, un nouveau personnage qui lui confère d'ultimes obligations : la veuve du grand homme. Dernier lien des Français avec de Gaulle, elle reçoit des dizaines de milliers de lettres[63]. Hommages à Charles de Gaulle émanant d'officiels, de ministres, de collaborateurs, d'élus, de responsables UNR, d'anciens résistants, adressés à « Madame la présidente », ou à « Madame la Générale », ou à « Chère Madame ». Mais surtout de témoins anonymes qui l'appellent souvent « Tante Yvonne ». Parmi eux, en majorité, des femmes, des veuves, des religieuses, des mères d'enfants trisomiques. Et beaucoup de « petites gens. »

---

62. Claude Pompidou, *L'Élan du cœur*, Plon, 1997, p. 96.

63. Frédérique Neau-Dufour a eu accès à un lot d'archives récemment acquis par la fondation Charles de Gaulle : dix-neuf cartons comprenant chacun cinquante à cent lettres, télégrammes, poèmes, dessins d'enfants.

De La Boisserie, où elle s'est retirée avec sa cuisinière et sa gouvernante, Yvonne répond de sa main aux lettres les plus touchantes. Cette fin de vie quasiment cloîtrée à Colombey correspond à sa nature profonde, mais aussi aux vœux du Général qui détestait les « veuves abusives », celles qui se mettent en avant. De la veuve du maréchal de Lattre de Tassigny, il disait : « La dinde ! Ce n'est quand même pas elle qui a franchi le Rhin[64] ! » Cette méfiance envers les « veuves profiteuses » venait de loin. Dans ses *Carnets*, en 1916, il écrivait déjà : « Dans le veuvage et la douleur, la plus grande gloire appartient à celle qui fait le moins de bruit parmi les hommes[65]. » Yvonne, qui n'a jamais fait beaucoup de bruit, n'en fera plus du tout. Elle s'efface, refuse toute invitation. En neuf ans, on ne la verra qu'à quatre occasions : la sortie de la promotion Charles de Gaulle à Saint-Cyr, l'inauguration de la croix de Lorraine à Colombey, la remise de la plaque de grand officier de la Légion d'honneur à son gendre Alain de Boissieu, et la remise à la Bibliothèque nationale de deux versions manuscrites du second tome inachevé des *Mémoires d'espoir*. Bref, elle ne vit plus que dans le souvenir du Général. De Colombey, elle suit la vie politique, comme en témoignent ses lettres à sa famille et à des proches. Avec pour seul critère la fidélité aux idées de son mari. Le général était hostile à l'entrée de la Grande-Bretagne dans la Communauté européenne, elle vote blanc au référendum de 1972[66]. Elle désapprouve l'alliance des gaullistes et des Républicains indépendants de Valéry Giscard d'Estaing pour les législatives : elle ne pardonnera jamais à ce dernier d'avoir provoqué la chute de Charles en appelant à voter non au référendum de

64. Frédérique Neau-Dufour, *Yvonne de Gaulle*, *op. cit.*, p. 479.
65. Charles de Gaulle, citant Périclès, *Lettres, notes et carnets, tome* 1, *op. cit.*, p. 276.
66. *Cf.* Jean Mauriac, *L'Après-de Gaulle*, *op. cit.*, p. 86.

1969. Mais la gauche paraissant en mesure de l'emporter au second tour, elle écrit à des religieuses amies : « Pour ce qui se passera dimanche, priez, priez, parce que si la gauche l'emportait, il n'y aurait plus d'enseignement libre, ni de sœurs, même en civil, dans les hospices, hôpitaux ou autres[67]. » Ses lettres, adressées à Solange Galichon, révèlent qu'elle choisit Chaban-Delmas contre Giscard au premier tour de la présidentielle de 1974. Au second, malgré sa détestation de Mitterrand, elle refuse, comme tous les membres de sa famille, de voter Giscard, glissant dans l'urne un bulletin nul, une photographie de la croix de Lorraine et de Colombey. De Gaulle, encore et toujours ! Ses seules sorties, Yvonne les réserve à la fondation. Dès 1972, elle s'interroge sur son avenir, menacé à ses yeux par le manque de vocations religieuses. En 1974, elle fait entrer sa fille Élisabeth au conseil d'administration pour la préparer à sa succession.

Pendant quatre ans, elle vit en recluse à Colombey. En 1976, elle ne s'en sent plus la force. D'autant que sa gouvernante, malade, doit la quitter et qu'elle ne trouve « personne de convenable » pour la remplacer. À la fin de septembre 1978, Yvonne demande à son fils de venir la chercher. Lorsqu'il arrive, il a la surprise de trouver les volets clos. Sa mère se tient près de la porte, une valise à ses pieds. Elle le prie de la déposer à sa nouvelle adresse : 73, avenue de La Bourdonnais, à Paris, chez les sœurs de l'Immaculée-Conception de Notre-Dame de Lourdes. Elle lui demande de ne pas l'accompagner. Surtout pas d'effusions ! Elle a réservé sa chambre depuis des semaines. Sans rien dire à personne.

Celle qui fut pendant un demi-siècle la compagne du plus illustre des Français va finir ses jours dans une toute petite chambre de quatre mètres sur deux, avec un

67. Frédérique Neau-Dufour, *Yvonne de Gaulle*, *op. cit.*, p. 496.

lavabo dans un placard. « Pourquoi tant de confinement et d'abnégation ? [...] Maintenant que l'homme qu'elle aimait tant n'est plus, elle n'est plus là elle-même que pour se préparer à entrer dans la maison du Seigneur. Alors, quelle importance peut revêtir aujourd'hui, ici bas, le décor d'une simple chambre[68] », écrit son fils Philippe de Gaulle. Yvonne confirme ce jugement dans une lettre écrite le 23 janvier 1979 à Solange Galichon : « Il existe des réalisations civiles plus luxueuses, mais où on ne trouve pas cette chaleur humaine, ce dévouement que seules les religieuses savent dispenser. Bien sûr, cela m'a fait du chagrin de quitter Colombey, mais où que je me trouve, le Général est toujours près de moi[69]. »

Souffrant d'hyperthyroïdie, atteinte d'un cancer de l'intestin, elle meurt au Val-de-Grâce où elle a été hospitalisée le 8 novembre 1979, la veille de l'anniversaire de la mort de Charles. À 79 ans. Comme lui.

Selon ses dernières volontés, seuls la famille, les intimes et quelques personnalités, dont les deux Premières dames qui lui ont succédé, Claude Pompidou et Anne-Aymone Giscard d'Estaing, sont autorisés à se recueillir devant sa dépouille. La mort de Germaine Coty pendant le mandat de son mari avait suscité une émotion considérable. Celle d'Yvonne, neuf ans après la disparition du Général, passera presque inaperçue. La femme de Charles de Gaulle est partie comme elle a vécu, sans bruit, discrète, le plus discrète possible.

Écrasée par la personnalité hors norme et la dimension historique de son mari, obsédée par la volonté de s'effacer, pratiquement absente des cinq mille ouvrages consacrés au Général, considérée comme un personnage

68. Philippe de Gaulle, *De Gaulle, mon père*, tome 2, Plon, 2004, p. 747.

69. Frédérique Neau-Dufour, *Yvonne de Gaulle*, *op. cit.*, p. 502.

mineur dans la fresque gaulliste[70], elle a, volontairement, laissé peu de traces. Elle n'en a pas moins profondément marqué le rôle de Première dame de la Vᵉ République. Qu'elles aient exprimé leur admiration pour elle, comme Claude Pompidou, Anne-Aymone Giscard d'Estaing et Bernadette Chirac, ou pas, elles ont toutes reçu, plus ou moins consciemment, leur part d'héritage en se pliant aux fonctions incontournables qu'elle avait inaugurées : celle de représentation dans les cérémonies et les voyages officiels, celle d'« assistante sociale » tenue de répondre à un abondant courrier, celle d'animatrice de fondations caritatives. En dépit des apparences et de leurs différences, toutes ont été contraintes, bon gré mal gré, d'être, d'abord, comme Yvonne de Gaulle, « femme de ». Celles qui, revendiquant leur liberté, n'ont pas respecté cette règle non écrite se sont exclues d'elles-mêmes.

70. *Ibid.*, p. 38.

Claude Pompidou

> « L'Élysée, c'est pour moi la maison du malheur. »

Les Français connaissent déjà Claude Pompidou lorsqu'elle entre à l'Élysée. Sa longue silhouette, son élégance, ses cheveux blonds impeccablement coiffés, ses yeux bleus très clairs, son regard intense, son sourire leur sont familiers. Ils l'ont vue maintes fois, photographiée sur papier glacé ou à la télévision. En robe du soir, sortant d'un bal chez les Rothschild, en tailleur Chanel après un dîner chez le milliardaire Paul-Louis Weiller, en bermuda de soie lamée or gravissant les marches de l'Opéra, en bikini, cigarette aux lèvres, sur un bateau au large de Saint-Tropez, ou encore au volant de la Porsche blanche que Georges lui a offerte. Contrairement à Yvonne de Gaulle, elle ne s'est jamais cachée derrière son mari, elle n'a pas vécu dans son ombre, mais à son côté, en pleine lumière.

Georges Pompidou est fier de sa femme. À Matignon depuis 1962, il lui a fait une place de choix dans son dispositif de communication. Ensemble, Georges et Claude ont affiché l'image d'un couple moderne, décomplexé, heureux de vivre. Ce qui n'a pas manqué d'agacer le général de Gaulle pour qui le pouvoir était une ascèse. Pendant la campagne présidentielle, Claude a posé pour *Paris Match*, dans sa maison d'Orvilliers, et pour le magazine féminin *Elle* auquel elle a donné une grande interview.

Depuis des mois, le nom des Pompidou est aussi mêlé à une affaire qui fait scandale. Le corps de Stevan Markovic, un gigolo, ex-chauffeur et ami d'Alain Delon, a été retrouvé atrocement mutilé dans une décharge publique. La victime photographiait des personnalités pendant des parties fines et les faisait chanter. Des clichés de Claude Pompidou participant à ces soirées très spéciales circulent sous le manteau. Il s'agit de photos truquées, de montages grossiers, mais la rumeur court vite dans Paris. Des lettres injurieuses affluent au domicile des Pompidou. La veille du second tour de la présidentielle, encore, des tracts orduriers et des montages de photographies pornographiques ont été distribués. Georges Pompidou, à la sortie d'un de ses derniers meetings, confie à Maurice Schumann : « Quand j'ai quitté Paris, ma femme était bouleversée, elle a reçu des lettres horribles. »

C'est donc une femme blessée qui franchit le porche de l'Élysée le 20 juin 1969. Elle se sent salie, humiliée. Elle est d'autant plus révoltée que ces coups bas ne viennent pas du camp adverse, la gauche, mais bien de certains milieux gaullistes qui ont toujours considéré Georges comme un usurpateur. Et que le Général lui-même, pour lequel elle a toujours eu une grande admiration, n'a pas dit un mot pour la défendre. Elle s'était toujours méfiée du monde politique, désormais elle le hait.

Elle souffre de voir son mari contraint de supporter la présence à son côté de Maurice Couve de Murville pendant la cérémonie d'investiture. Le protocole veut que le nouveau président soit accompagné du Premier ministre du précédent gouvernement. Couve de Murville, dont le nom figure en bonne place sur le petit carnet où Georges Pompidou a noté le nom de tous ceux qui sont, à ses yeux, responsables de la machination, Couve dont Georges avait juré qu'il « l'étranglerait de ses propres mains », Couve qui n'a pas cru bon de le prévenir de ce qui se tramait contre lui, qui a laissé ses collaborateurs colporter la rumeur. Sur le perron, Alain Poher, président par intérim, son rival de la présidentielle – une campagne qu'elle a détestée – accueille son mari. Les sourires de façade cachent mal les rancœurs et les haines.

Claude n'est pas présente dans la salle des fêtes de l'Élysée. Elle regarde la cérémonie à la télévision, dans le salon des Aides-de-Camp. Ce spectacle renforce encore ses préventions contre la classe politique. Décidément, se dit-elle, mon premier jugement était le bon. Quatre ans plus tôt, découvrant à Matignon les jeux politiques, elle avait été vite édifiée : « Ce n'étaient que jalousies et mensonges, petites intrigues et querelles d'intérêt personnel[1]. » Elle avait alors considéré que Matignon était pour elle « l'enterrement du bonheur ». À l'Élysée, elle le sait, les contraintes seront plus fortes et son mari lui échappera davantage encore. Ce sera la deuxième mort de cette liberté qu'elle chérissait tant.

Après l'investiture, Georges Pompidou se rend à l'Arc de triomphe, sur la tombe du soldat inconnu, toujours flanqué de Couve de Murville, puis à l'Hôtel de Ville. Cette fois, Claude est présente à son côté. Enfin, le couple, sans escorte, regagne l'Élysée. Le nouveau président a prévu une séance photos dans le parc et dans l'un des salons. Avec son épouse. Vêtue d'un manteau blanc de chez Courrèges, passé sur une robe Saint-Laurent à motifs géométriques marron et noir sur fond blanc, la nouvelle Première dame sourit. Image du bonheur. Image trompeuse. Bien sûr, Claude est heureuse que « tant de Français aient choisi son mari ». Elle savoure, comme lui,

1. Claude Pompidou, *L'Élan du cœur*, *op. cit.*, p. 123.

la revanche sur ceux qui ont tenté de l'abattre. Elle espère, sans trop y croire, que son cauchemar prendra fin avec l'élection de Georges. Mais elle sait que la calomnie est un poison qui ne s'élimine que très lentement.

Dès son entrée à l'Élysée, Claude pense à la sortie. Georges lui a promis qu'il ne se représentera pas. Tiendra-t-il cet engagement ? Elle ne doute pas de sa sincérité. Mais elle sait que le pouvoir est une drogue, qu'on ne le quitte pas facilement. Elle en a déjà fait l'expérience à deux reprises.

La première en 1958, lorsque le Général, de retour aux affaires, a demandé à Georges de devenir son directeur de cabinet. Claude s'était cabrée. Alain Pompidou, leur fils, écrit qu'alors entre ses parents « la discussion est vive ». Georges finit par convaincre sa femme qu'il ne peut refuser. Mais « il est convenu entre eux que cette fonction sera exercée à titre temporaire, et ne pourra, en aucun cas, déboucher sur une carrière politique, de ministre par exemple. Ce caractère transitoire est accepté par le Général et entériné par Guy de Rothschild[2] », précise Alain Pompidou. Georges tiendra parole. Nommé le 1er juin 1958, il abandonne à sa demande ses fonctions, en janvier 1959, lorsque de Gaulle est élu à la présidence de la République. Claude, tout heureuse, redevient femme de banquier. Déçu, le Général confiera : « Il a préféré gagner de l'argent chez les Rothschild. »

La seconde fois, c'était en 1962, quand Georges Pompidou a annoncé à Claude que le Général le nommait à Matignon. Elle est restée sans voix, effondrée. Alain Pompidou raconte la scène : « Mon père dévisage ma mère fixement, mais avec l'infinie tendresse de celui qui est malheureux de devoir décider contre toutes les espérances

---

2. Alain Pompidou, *Georges Pompidou : lettres, notes et portrait, 1928-1974*, Robert Laffont, 2012, p. 43.

de l'être aimé. "Un tel poste ne se refuse pas, et encore moins au Général." Ma mère sort de son mutisme : "S'il le faut[3]" », répond-elle. Mais Georges s'engage à nouveau auprès d'elle à ne pas rester longtemps : « Pas plus de six mois. » Il écrit même à Marie-Hélène de Rothschild : « Bien sûr, je ne peux pas répondre à trois mois près du moment où je m'arracherai à la politique, mais qu'il [Guy de Rothschild] sache bien que je n'y suis que malgré moi, que je ne me laisse nullement griser par le "pouvoir" et que je sortirai de là dès que je le pourrai[4]. » Claude veut le croire, cette fois encore. Ne lui a-t-il pas souvent confié : « La politique me répugne » ? Et, devenu Premier ministre, ne conserve-t-il pas pendant un an des responsabilités chez les Rothschild ? N'est-ce pas la preuve qu'il considère sa fonction politique comme une sorte d'intérim, une mission provisoire ?

On connaît la suite. L'intérim durera. Claude en souffre mais elle comprend qu'il est difficile de quitter de Gaulle une seconde fois. Elle constate déjà que le pouvoir a changé son Georges. Il est devenu plus irritable, plus cassant. Même avec elle, qui confie au père Bruckberger, un dominicain médiatique, ami du couple : « Parfois, il me parle sur un ton ! »

Désormais, Georges est président. Il décidera seul. Alors, elle rêve. Dans sept ans, ils seront à nouveau libres. Ils pourront vivre comme avant. Pourquoi pas au soleil, au bord de la Méditerranée, là où tout a commencé ou presque ? Le 29 octobre 1935, Claude n'a pas épousé un politique, mais un professeur qui vient d'être nommé à Marseille. C'est son premier poste. Il a 24 ans, elle en a 23. Ils se sont rencontrés par hasard, en mai 1934, dans

3. *Ibid.*, p. 48.

4. Aude Terray, *Claude Pompidou l'incomprise*, Éditions du Toucan, 2010, « Lettres du 13 août 1962 », p. 96.

les jardins du Luxembourg, à Paris. Mince, flegmatique, toujours élégant, le cheveu gominé, le regard de braise sous le sourcil broussailleux, Georges est un dandy, un séducteur. Il multiplie les conquêtes au Quartier latin : « Les femmes tenaient beaucoup de place dans ma vie, et je reste convaincu qu'un visage de jeune fille et qu'un jeune corps souple et doux sont parmi ce qu'il y a de plus émouvant au monde, avec la poésie [...]. Plus tard, j'ai connu ma femme, à partir de quoi toute ma vie fut changée[5]. »

Grande, mince, racée, l'allure sportive, à la fois sûre d'elle et réservée, elle est étudiante en droit au Panthéon. Quand il la voit pour la première fois, elle est au milieu d'un cercle d'amis. Il a le souffle coupé. «J'ai eu un coup de foudre dans ma vie. Un seul. Le jour où j'ai rencontré ma femme», dira-t-il. Sur-le-champ, il décide qu'elle sera la compagne de sa vie. Coup de foudre réciproque : «Je le trouvais d'emblée extraordinaire. Lui me voyait en Yvonne de Galais, du *Grand Meaulnes*[6] », écrira-t-elle.

À 20 ans, Claude ne se destine pas à un avenir conjugal et domestique. Élevée comme un garçon par son père, un médecin de campagne anticonformiste – elle a perdu sa mère alors qu'elle avait 7 ans –, elle s'est faite seule. Après avoir passé son bac à Château-Gontier, où elle est née, elle a tenu à venir faire ses études à Paris. Malgré les réticences de son père. C'est une jeune fille moderne. Elle porte le pantalon, fume et conduit une voiture. Si Mme de Gaulle l'avait connue à l'époque, elle lui aurait trouvé « mauvais genre », elle qui demandait, épouvantée, à Pierre Lelong, un agrégé de mathématiques entré au cabinet du Général : « Mais, Monsieur le professeur, vraiment, ces jeunes filles qui fréquentent vos universités, est-ce qu'on

---

5. Georges Pompidou, *Pour rétablir une vérité*, Flammarion, 1982, p. 19.

6. Claude Pompidou, *L'Élan du cœur*, *op. cit.*, p. 102.

peut les marier[7] ? » Claude n'est pas venu à la faculté pour se marier. Elle se prépare à exercer un métier.

La rencontre avec Georges va changer son destin. À l'époque, il est très rare qu'une femme de professeur travaille, à moins qu'elle ne soit enseignante elle-même. Claude n'a pas le sentiment de renoncer à son indépendance. Vivre avec Georges, c'est, dit-elle, jouir « d'une liberté folle, comme des vacances merveilleuses ». Ce ménage – c'est ainsi que Georges désignait son couple – sera fusionnel. Le plus soudé, le plus uni des couples présidentiels. Ils vont vivre côte à côte, l'un pour l'autre, feront tout à deux. Inséparables. Même pendant la drôle de guerre, alors que Georges sera mobilisé dans les chasseurs alpins, Claude le suivra partout, à Laon, en Alsace, en Bretagne, dans la Somme.

De ces années marseillaises, Claude garde un souvenir émerveillé : « Ce fut un temps très heureux [...]. Pour moi qui ne connaissait que la Bretagne et l'Anjou de mon enfance, ce fut un éblouissement [...]. Tout m'était un dépaysement, bienheureux[8]... » Elle ne se lasse pas du spectacle de la mer, des rochers, de cette lumière, de ces couchers de soleil sur les calanques. Au volant de leur Renault Celtaquatre, ils découvrent Aix, Cassis, Arles, les Baux, Saint-Tropez, les abbayes cisterciennes de Sénanque et de Silvacane. Ils dînent aux terrasses des bistrots du Vieux-Port, fréquentent les intellectuels marseillais qui gravitent autour de la revue des *Cahiers du Sud*. Ils sont heureux. Elle se prend à rêver : un jour, son mari sera professeur d'université à Aix, cette ville qu'elle aime tant.

Comme elle lui paraît loin, cette parenthèse ensoleillée, alors qu'elle découvre, horrifiée, les appartements privés

7. Michel Tauriac, *Vivre avec de Gaulle*, *op. cit.*, p. 555.
8. Claude Pompidou, *L'Élan du cœur*, *op. cit.*, p. 101.

de la présidence. De l'Élysée, elle ne connaissait que la salle à manger du Général et les salons d'apparat où, femme de Premier ministre, elle avait été conviée à de nombreux dîners officiels et réceptions. Mais elle ignorait tout du logement de fonction. Comment les de Gaulle ont-ils pu vivre pendant plus de dix ans dans un tel décor ? Tout lui paraît vieux, laid, sans âme. La première nuit, ils dorment mal. Ces lits longs et étroits, ces dessus-de-lit et ces tentures verts qui accusent la tristesse et la totale absence de chaleur des lieux y sont pour quelque chose. Mais plus encore le fantôme du Général qui hante les lieux. « Le passé nous surplombait de sa puissance, le trouble était très fort », écrira-t-elle.

Le premier réflexe de Claude est de refuser d'habiter là, si près de son bel appartement de l'île Saint-Louis qu'elle a décoré elle-même. Deux cents mètres carrés, cinq pièces, avec un balcon d'angle et une vue imprenable sur la Seine. Chez elle, tout lui plaît, la moquette blanche en laine de Cogolin, les meubles anciens et les tableaux modernes, des toiles de Sonia et Robert Delaunay, Estève ou Klee, dont les murs blancs mettent en valeur les couleurs, le canapé et les sièges XVIIIe tendus de damas du salon.

En 1962, Claude avait posé une condition : « Nous resterons quai de Béthune. » De Gaulle n'apprécia pas et le fit savoir à plusieurs reprises à son Premier ministre. Mais Georges tint bon. Et le Général finit par se lasser devant tant d'obstination.

Entrant à l'Élysée, Claude formule la même requête : « Cela a été un sujet de dispute avec mon mari. J'aurais préféré que nous continuions à habiter notre appartement de l'île Saint-Louis. Mais il m'a dit : "Ce n'est pas possible. Les Français veulent que le président de la République habite l'Élysée. Ils ne comprendraient pas. Après le général de Gaulle, on ne peut pas ne pas habiter l'Élysée[9].”» A-t-elle fait pression sur Georges au point de le menacer de divorce, comme l'affirmera le père Bruckberger ? Deux ans après la mort de son mari, elle réfutera ce témoignage : « On a raconté des choses sans queue ni tête [...]. Que j'allais divorcer. Absurde[10] ! » N'empêche, elle finit par obtenir de n'habiter qu'à temps partiel au palais, qu'elle compare à « un couvent ou une prison ». Les Pompidou n'y dormiront que les lundis et mardis soirs. Dès le mercredi soir, ils regagneront le quai de Béthune. Et ils passeront les week-ends dans leur maison d'Orvilliers. Personne, apparemment, ne s'en offusquera.

Georges Pompidou sait que Claude entame sa nouvelle vie à contrecœur. Elle en a vécu la perspective comme un cauchemar. Lorsqu'elle gravissait les marches du perron de l'Élysée pour assister à une réception donnée par le Général, elle pensait : « J'espère que ce n'est pas cette vie qui m'attend. » Plus tard, elle le confirmera : « Vint l'Élysée, je le pressentais en le redoutant. Quand je passais en voiture devant le porche, je détournais le regard. C'était puéril, mais instinctif[11]. » Pompidou comprend le désarroi de sa femme. Il fera tout pour la protéger, lui qui avant l'élection confiait à la journaliste Hélène de Turckheim : « C'est une grande fille toute simple, vous savez, et tellement sensible[12]... »

Dès la première semaine, le nouveau couple présidentiel prend deux décisions. La première concerne leurs conditions de vie. Pas question de vivre en meublé comme les de Gaulle. L'appartement privé sera rénové. « Je m'en suis entièrement occupée [...]. J'adore la décoration [...].

9. Bertrand Meyer-Stabley, *Les Dames de l'Élysée*, Perrin, 1995, p. 84.

10. *Ibid.*, p. 84.

11. Claude Pompidou, *L'Élan du cœur*, *op. cit.*, p. 141.

12. Christine Clerc, *Tigres et tigresses*, *op. cit.*, p. 207.

Il faut que je sois chez moi, j'ai besoin de vivre dans un décor créé par moi[13] », confiera-t-elle plus tard. Et de détailler ses choix. Pour le salon, des couleurs chaudes – vieil or et marron –, ou vives – jaune et rouge. Comme dans son nid de l'île Saint-Louis, elle mélange meubles anciens, du Louis XV, ou une console Régence avec deux toiles de Poliakoff. Pour la chambre, des meubles Louis XVI et une toile d'Odilon Redon. Dans la pièce où elle aime vivre, une commode, une armoire et une table Empire, des chaises Restauration, un bureau à cylindre et une table en Altuglas signée François Arnal.

Les Pompidou décident aussi de rénover les salons de réception du palais. Claude fait remplacer le mobilier disparate – essentiellement Empire et copie XVIIIe – par du Louis XVI signé. Les sièges sont recouverts de leurs soieries d'origine, des lustres anciens sont installés. Aux murs, elle fait accrocher des œuvres du XXe siècle qu'elle fait changer tous les six mois. Plus spectaculaire est la transformation de l'aile Jules-Grévy, trois salons contemporains et une salle à manger qui donnent sur le parc. Claude veille personnellement à la création de ce décor avant-gardiste. Les murs, le sol et le plafond de la première pièce, l'antichambre, sont recouverts de petits carrés d'aluminium et de Transcryl. Le salon, dont les murs et le sol sont tapissés de velum en jersey écru, est meublé d'un piano laqué blanc, de canapés et de fauteuils recouverts de stretch grège dessiné par Paulin, le designer à la mode. Les toiles prêtées par les musées nationaux sont signées Robert Delaunay, Vasarely, Marquet. Plus que la bibliothèque en verre fumé transparent, ou que le fumoir avec son canapé circulaire et ses tables basses en aluminium, c'est la salle à manger qui surprend les

13. Bertrand Meyer-Stabley, *Les Dames de l'Élysée*, *op. cit.*, p. 86.

visiteurs. Les murs sont recouverts de panneaux en polyester blanc. Son plafond est composé de vingt-deux caissons lumineux qui constituent un gigantesque lustre réfléchisseur en aluminium rose tyrolien. « Nous prîmes le soin de faire installer des coquilles amovibles afin que rien ne soit irrémédiable », précisera plus tard Claude. Sage précaution ! Ce décor moderniste, que magazines et revues de décoration rendent public, est critiqué, raillé. Il n'est pas du goût de ceux, très nombreux, qui restent fidèles à des critères plus académiques. À commencer par les Giscard d'Estaing qui s'empresseront de rendre aux salons élyséens leur style d'origine.

La seconde décision concerne leur style de vie. Pas question de se laisser enfermer à l'Élysée, de renoncer à tout ce qu'ils aiment. Georges a toujours eu besoin de plages de respiration. Partout, au lycée, en classe préparatoire, à Normale sup', il s'est accordé beaucoup de loisirs alors que ses camarades bachotaient. Ce qui ne l'a pas empêché d'être presque toujours premier. Au cabinet du Général, chez les Rothschild, à Matignon, il a beaucoup travaillé, sans cesser de recevoir ses amis, d'aller au spectacle, de lire, de consacrer du temps à Claude. Président, il est bien décidé à continuer, et notamment à prendre des vacances – pour la première fois, en août, deux Conseils des ministres seront annulés – dans sa maison de Cajarc et à Brégançon, la résidence d'été des chefs d'État.

Claude, là aussi, fait du neuf. « À Brégançon j'ai tout refait. C'était trop somptueux. Le général de Gaulle avait voulu recevoir là les personnalités étrangères. Donc il y avait des lustres, des tapis, des meubles luxueux etc. La première fois que nous y sommes venus, j'ai dit à mon mari : « On ne peut pas passer des vacances dans ce décor, c'est comme si on avait remis l'Élysée au bord de la mer [...]. On a enlevé tout ça et arrangé une décoration plus simple. Un cadre plus vacances. Et les amis et la famille, lorsqu'ils sont venus, ont beaucoup aimé le résultat[14]. »

Mais il leur faut aussi un projet commun. « On s'est dit : on va faire tout ce qu'il faut. Mais il faut qu'on fasse autre chose[15] », confie Claude à la journaliste Christine Clerc. Ce sera « la construction d'un ensemble monumental consacré à l'art contemporain sur l'emplacement du plateau Beaubourg ». C'est en ces termes que le nouveau président définit le futur centre Beaubourg, dans une lettre adressée le 13 décembre 1969 à Edmond Michelet, le ministre des Affaires culturelles. Il lui précise : « L'ensemble architectural devra non seulement comprendre un vaste musée de peinture et de sculpture, mais des installations spéciales pour la musique, le disque, éventuellement le cinéma et la recherche théâtrale[16]. » Ce centre, Claude et Georges en rêvent depuis près de vingt ans. Ils en ont conçu l'idée au cours des années 1950. Elle était aussi enthousiaste que lui. Ils en parlaient souvent. « Quand nous passions en voiture le long du vaste plateau Beaubourg, alors à l'état de ruines, il me redisait sa conviction qu'il faudrait construire là un grand établissement voué à la culture et à la création, à rayonnement international et de vocation interdisciplinaire[17]. » Pompidou a tenté à plusieurs reprises de convaincre le général de Gaulle et André Malraux. Mais ils n'étaient pas intéressés !

C'est encore et toujours au cours de cette première semaine à l'Élysée que les Pompidou imaginent la création de la fondation Claude Pompidou sur l'exemple de la fondation Anne de Gaulle dont Georges a été longtemps le trésorier. Au départ, Claude concentre, elle

14. Bertrand Meyer-Stabley, *Les Dames de l'Élysée*, *op. cit.*, p. 87-88.

15. Christine Clerc, *Tigres et tigresses*, *op. cit.*, p. 208.

16. Alain Pompidou, *Georges Pompidou : lettres, notes et portrait*, *op. cit.*, p. 436.

17. Aude Terray, *Claude Pompidou l'incomprise*, *op. cit.*, p. 176.

aussi, son action sur les enfants atteints de lourds handicaps, mais, progressivement, l'aide aux personnes âgées deviendra prépondérante.

Georges Pompidou s'inscrit dans la continuité du Général, Claude dans celle d'Yvonne de Gaulle. Cette dernière ne lui a jamais donné qu'un seul conseil : « Portez des chapeaux ! » Elle le suit à la lettre. On la verra presque toujours avec chapeau, gants et sac à main. Pour le reste, dit-elle, « je me tiens à ma ligne de conduite, celle de Mme de Gaulle, la simplicité, encore et toujours[18] ». Elle est sincère, elle a toujours admiré la femme du Général. Mais la simplicité de l'une n'est pas celle de l'autre. Elles sont si différentes ! Yvonne n'a eu qu'une obsession : fuir les feux de la rampe. Claude se plaît à y briller. La première, fidèle à Jacques Heim et Jacques Fath, aimait les tailleurs et les robes stricts. Petite, potelée, elle s'interdisait les couleurs vives et les décolletés. Le Général appréciait ses goûts classiques. La seconde, grande et mince, devient l'ambassadrice de la haute couture française. Elle aime Courrèges, Chanel et Cardin pour la ville, Laroche et Dior pour le soir. Volontiers excentrique, elle ne craint ni les teintes vives ni les formes originales.

Yvonne fermait sa porte aux photographes. Claude leur ouvre grandes les siennes. Celles de la ferme de Cajarc, avec ses meubles rustiques. Celles de la maison blanche d'Orvilliers, là où ils passent leurs week-ends. Celles du fort de Brégançon et même de leur appartement de l'île Saint-Louis qui domine la Seine. À Cajarc, à l'ombre d'un vieil olivier, on voit Claude et Georges jouer au gin-rami dans le jardin. À Orvilliers, ils posent assis devant la cheminée, en polo et pantalon de velours. À Brégançon, Georges est aux commandes d'un Zodiac, Claude, en peignoir bleu marine à ceinture blanche à son côté.

18. *Ibid.*, p. 168.

L'image d'un couple d'amoureux, décontracté, souriant. À l'occasion d'un reportage pour les télévisions américaines, les Français apprennent même que le nouveau président appelle sa femme «Bibiche» et qu'il la tutoie. Comment mieux dire la rupture avec la solennité des de Gaulle.

«Bibiche» ne peut pas être Tante Yvonne. Elles ne sont pas de la même génération ni du même milieu, elles n'ont pas reçu la même éducation. À 20 ans, Claude vivait libre, autonome à Paris – au même âge, Yvonne voyage seule pour la première fois. Pourtant, lorsque, femme de Premier ministre, Claude se qualifiait d'«indépendante soumise», lorsque, Première dame, elle dit: «Je suis la femme qui suit son mari[19]», on croit presque entendre Yvonne. Mais elle est moins corsetée, plus réactive, plus impulsive. Elle a hérité de sa jeunesse un côté fantaisiste, non conformiste. Jamais la femme du Général n'aurait dit d'elle-même: «Ma franchise peut sembler parfois excessive[20].» Ou encore: «J'aime à dire que moins je pense, mieux je me porte, ce qui amusait mon mari[21].»

L'adaptation à sa nouvelle vie est difficile pour Claude. Elle souffre de ne plus être libre. Évoquant «des journées remplies d'obligations, un travail intense et le protocole prégnant», elle écrira: «Au début, mon tempérament indépendant s'accommoda mal de ces rigueurs. Je ne comprenais pas la précision minutieuse des horaires que l'on me fixait: départ à 10 h... 17, rencontre avec telle personnalité à 17 h... 43! Jusqu'à ce que l'on m'explique: la journée était strictement minutée, ici pour que personne n'attende, là parce que mon mari refusait que l'on bloque tout un quartier sous prétexte qu'il allait le traverser[22].»

19. *Elle*, 19 juin 1969.
20. Claude Pompidou, *L'Élan du cœur*, *op. cit.*, p. 19.
21. *Ibid.*, p. 23.
22. *Ibid.*, p. 147-148.

À l'Élysée, malgré les travaux qui vont transformer son cadre de vie, malgré sa présence à mi-temps, elle éprouve un sentiment d'enfermement. Elle se sent épiée, elle se sait critiquée. Elle ne s'appartient plus. Elle a le sentiment d'être toujours en représentation. La presse, dont elle se méfie depuis l'affaire Markovic, n'est pas tendre. *Le Canard enchaîné* épingle « la reine Claude », « Mme Pompidour », la « régente Bibiche ». Un portrait paru dans *Elle* le 8 mars 1971, qui décrit « son air étonné, un peu traqué [...] à la recherche d'un visage dans la foule pour se raccrocher au réel, échapper à l'angoisse d'être filmée, photographiée », la blesse. Elle croyait qu'Hélène Lazareff, la directrice du magazine, était son amie !

Les personnalités de la mouvance gaulliste ont, elles aussi, la dent dure. Notamment Jacques Foccart, Anne-Marie Dupuy, ou Marie-France Garaud qui la présenteront dans leurs Mémoires comme une femme capricieuse aux nerfs fragiles, aux relations douteuses. Couve de Murville se moque, dans les dîners en ville, de cette provinciale qui croit appartenir au Tout-Paris. On lui reproche tout et son contraire : d'être une grande bourgeoise, une arriviste aux goûts de luxe, une snob qui exerce une mauvaise influence sur son mari. À l'inverse, on la présente comme une provinciale timide, gauche, gaffeuse. Bref, pas à la hauteur. Elle souffre plus encore des attaques qui visent son mari. Elles sont d'autant plus cruelles pour lui qu'elles sont lancées par des proches du Général. C'est Jacques Vendroux, son beau-frère, qui crée l'association Présence et action du gaullisme, dont le but est « d'élever la voix contre toute initiative du pouvoir actuel susceptible de porter atteinte aux principes fondamentaux de la politique gaulliste ». C'est Louis Vallon, député UDR, qui va plus loin dans un pamphlet, *L'Anti-de Gaulle*, que Georges Pompidou est suspecté d'être. C'est André Malraux, que le nouveau président considérait comme un ami, qui oppose de Gaulle, « qui représentait la droite pour la gauche et la gauche pour la droite», à Pompidou: «Lui, c'est la vieille droite des familles.»

Georges est blessé lui aussi. Il ne digère toujours pas qu'on ait tenté de salir sa femme pour lui barrer la route de l'Élysée. Guy de Rothschild, qui reste proche, le décrit «ravagé de l'intérieur». Claude connaît trop son mari pour ne pas savoir ce qu'il ressent. Même si, cherchant comme toujours à la protéger, il tente de ne rien laisser paraître. Malgré les blessures, malgré le poids du pouvoir, il se montre toujours aussi tendre, aussi attentionné, lui qui, en pleine affaire Markovic, confiait au journaliste Raymond Tournoux: «Voyez-vous, j'ai fait, il y a trente ans, un mariage d'amour avec ma femme.» Ils paraissent amoureux comme au premier jour. Complices, ils apprécient les rares moments de liberté qui leur restent. Le soir, tard, quand l'Élysée est désert, ils se livrent à l'un de leurs plaisirs favoris: changer les meubles et les tableaux de place. Comme des jeunes mariés qui viennent d'emménager.

Pour être le moins prisonnière possible, Claude décide qu'elle n'aura ni bureau ni secrétariat particulier à l'Élysée. Elle utilise les secrétaires du président, Madeleine Négrel, Denise Esnous, Josette Hirigoyen. Le courrier adressé à la Première dame est réceptionné par le service social. Chaque jour, en fin d'après-midi, Denise Esnous lui présente la synthèse des lettres. Jusqu'au mercredi, ce rendez-vous a lieu dans les appartements privés de l'Élysée, le jeudi et le vendredi quai de Béthune. Réceptions et dîners officiels au palais, cérémonies traditionnelles, remises de médailles et de prix, Claude se plie aux obligations de sa fonction lorsque c'est nécessaire. Elle honore de sa présence les grands galas de bienfaisance où elle se rend sans son mari, les vernissages d'expositions, de nombreuses ventes de charité. Elle effectue plusieurs voyages en province, notamment pour répondre à des demandes de patronages.

Georges Pompidou attache énormément de prix à tout ce qui touche à sa femme. Il veille au moindre détail. Son emploi du temps et tous les papiers la concernant passent par lui. Bien qu'elle n'ait aucun statut officiel, il demande qu'un cérémonial soit respecté lorsqu'elle se déplace. Elle doit disposer d'une escorte motocycliste de la gendarmerie, être accueillie par le préfet en uniforme. Le public doit se lever lorsqu'elle pénètre dans une salle. Un discours de remerciements à son adresse et la remise d'un bouquet par une petite fille sont également prévus. Les premiers déplacements de Claude ont été mal organisés. Elle n'a pas été reçue avec les égards que son mari exige. Très mécontent, le président décide qu'Alain Briottet, un des trois diplomates nommés au protocole de la présidence, sera plus spécialement chargé « de s'occuper » de sa femme. Claude reçoit Briottet qu'elle ne connaît pas, chez elle, quai de Béthune. Elle est en compagnie de sa sœur, Jacqueline, qui ne lui ressemble pas, mais dont elle est très proche. Le jeune diplomate est frappé par son accueil très simple, sans façon. Elle lui offre un verre. Il lui explique que son travail consistera à organiser ses déplacements avec son mari, ses visites, seule, où tout sera prévu à la minute près, qu'il tiendra son agenda, lui préparera les biographies des personnalités qu'elle sera amenée à rencontrer. Le président, qui, depuis l'affaire Markovic, connaît les préventions et les appréhensions de sa femme à l'égard de la presse, décide qu'elle sera également assistée d'un attaché de presse, Gilbert Paris, détaché de l'agence Havas.

Georges est d'autant plus inquiet que son premier voyage officiel avec Claude s'est mal passé. Pourtant, tout avait bien commencé. Le 24 février 1970, ils s'envolent pour Washington. À la descente de l'avion, Claude est vêtue d'un manteau de cuir noir doublé de fourrure. Partout, pendant quatre jours, elle est mitraillée par les photographes. Ses manteaux et ses robes – elle a emporté trente-deux toilettes signées Dior, Chanel, Saint-Laurent, Cardin, Laroche – font la une des journaux américains. « La silhouette de Claude est un rêve de couturier », titre le *Time Magazine*. « Mme Claude Pompidou s'est taillé un succès fou en présentant la mode française, avec un abattage et une élégance formidable », s'enthousiasme *Newsweek*. Avec Claude, les États-Unis découvrent les robes « maxis » que bientôt les élégantes américaines voudront porter. Georges, fier de sa femme, reprend, ravi, la formule de Kennedy : « Je suis le mari de Claude Pompidou. »

À Chicago, le 28 février, l'accueil est tout autre. À leur arrivée à l'hôtel Palmer House pour le dîner officiel, les Pompidou sont pris à partie par des manifestants appartenant à des organisations juives. Ces derniers reprochent à la France d'avoir vendu cinquante Mirage à la Libye. Sous l'œil des caméras, Georges, visage fermé, pousse Claude, regard effrayé, à l'intérieur de l'hôtel. Mais là, ils se trouvent nez à nez avec d'autres manifestants qui scandent « *Murderer* ». Claude est choquée, au bord de la crise de nerfs. Georges est furieux. Le lendemain, le président n'hésite pas à créer un incident diplomatique en déclarant : « Les manifestants de Chicago ont mis une tache sur le front de l'Amérique. » Il demande à Michel Jobert, secrétaire général de la présidence de la République, d'organiser le départ de sa femme qui exige de rentrer à Paris sur-le-champ, et le sien le lendemain. Il faudra que le président Nixon lui-même présente ses excuses au couple français en se rendant au dîner en leur honneur au Waldorf Astoria, à New York, hors de tout protocole, pour que les Pompidou consentent à terminer leur voyage comme prévu.

À Paris, dans les salles de rédaction, au Quai d'Orsay et jusqu'au sein du gouvernement, beaucoup estiment que le président français a surréagi, qu'il a cédé aux caprices de sa femme qui a manqué de sang-froid. Vingt-cinq ans plus tard, Claude minimisera ce qu'elle ne considère plus que comme un incident: «Je n'ai pas un si mauvais souvenir que ça du voyage aux États-Unis. Je me suis fâchée. C'était si désagréable. Nous étions mal conseillés. Nixon a été très chic car il aurait pu trouver que je faisais un caprice[23].»

La presse française est moins «chic». Elle critique même la première partie du voyage, si réussie aux yeux des Pompidou et du magazine *Elle* qui nomme Claude «ambassadrice de l'élégance française». Elle y voit au contraire un étalage de luxe indécent. Mme Pompidou est contrainte de préciser qu'elle a emprunté les robes aux couturiers pour le voyage et qu'elle les rend au retour. Georges est conscient du danger. Évoquant la future fondation Claude Pompidou, il confiera à Bernadette et Jacques Chirac: «Vous comprenez, je ne veux pas que les gens croient que ma femme ne s'intéresse qu'à ses robes[24] !» Lui, en tout cas, s'y intéresse. Il lui donne souvent son avis, lui demande parfois de se changer quand il juge ses tenues trop excentriques. Sur son conseil aussi, elle ne porte que son alliance et sa bague de fiançailles: «Quand on n'a pas les bijoux de la reine d'Angleterre, on n'en met pas», aime-t-il à dire.

Ce voyage aux États-Unis donne-t-il «définitivement une couleur sombre au mandat présidentiel de son mari[25]», comme le suggère Christine Clerc? Il confirme en tout cas toutes les appréhensions de Claude. Elle est bel et bien «prisonnière de son destin». Prison dorée pour une «reine ligotée», selon son expression. Ses faits et gestes sont scrutés. Elle vit dans la hantise de gaffer,

23. Bertrand Meyer-Stabley, *Les Dames de l'Élysée*, *op. cit.*, p. 92.
24. Aude Terray, *Claude Pompidou l'incomprise*, *op. cit.*, p. 184.
25. Christine Clerc, *Tigres et tigresses*, *op. cit.*, p. 217.

de faire du tort à son mari. Lorsqu'elle ne se déplace pas, les journées se répètent, monotones. Le matin, elle lit les journaux, téléphone, toujours longuement, à sa sœur Jacqueline, sa confidente. Souvent, elle se rend chez des couturiers pour des essayages. Elle déjeune généralement seule. Lorsqu'elle est à l'Élysée, Georges, à l'issue de son déjeuner de travail, la rejoint dans le jardin. L'après-midi est consacré à des inaugurations d'expositions, des visites de crèches ou d'hospices, des ventes de charité. Tout est programmé par le protocole.

Cette vie sans imprévu, sans hasard, lui paraît banale. Sans grand intérêt. Tout comme les dîners ou les réceptions où elle côtoie des personnalités qu'elle aimerait mieux connaître. Mais avec qui elle n'a le temps d'échanger que des banalités. Le soir, Claude et Georges dînent vers 21 heures. Puis ils se remettent au travail pendant une heure trente environ. Elle répond à son courrier. « Une vie de famille transformée en vie de bureau », dit-elle. Ils terminent la soirée en écoutant de la musique. Mozart, pour lui, Bach pour elle. Il lui parle de sa journée, lui confie ses états d'âme. Par exemple, que son Premier ministre, Jacques Chaban-Delmas, l'agace avec « sa nouvelle société ». Il le juge trop mendésiste. Ces tête-à-tête sont pour eux des moments de détente. « Quand M. Pompidou pénétrait dans l'appartement de fonction et apercevait sa femme, son visage s'éclairait, devenait souriant. Il paraissait soudain amusé, détendu, heureux[26] », se souvient Alain Briottet.

L'essentiel de son temps, Mme Pompidou le passe à sa fondation. Elle a été reconnue d'intérêt public le 16 septembre 1970. Claude est membre du conseil d'administration, mais elle ne le préside pas. Son mari a tenu à ce que ce soit un conseiller de la Cour des comptes. Il a demandé à Jacques Chirac, son ministre, d'en être le

26. Entretien avec l'auteur, 21 novembre 2012.

trésorier, et à Denise Esnous d'assister Claude. La fondation s'installe rue du Louvre, dans un appartement de la ville de Paris. Elle engage six salariés.

Claude s'est inspirée du modèle américain qui repose en grande partie sur le bénévolat. Eunice Kennedy Shriver, la sœur du président Kennedy, épouse de l'ambassadeur des États-Unis à Paris, qui lutte depuis des années en faveur des handicapés mentaux, lui a longuement expliqué comment fonctionnent les hôpitaux américains. Au cours de son voyage aux États-Unis, Claude a tenu à visiter l'hôpital Bellevue à New York, modèle d'intégration du bénévolat. À Paris, elle sélectionne elle-même une première brigade de cinquante volontaires. Quand ces dernières, reconnaissables à leur tenue – on les appelle les « blouses jaunes » –, arrivent à Beaujon et à la Salpêtrière, elles sont accueillies par des banderoles « Les bénévoles à leur tricot[27] ». Les syndicats dénoncent une opération visant à pallier le manque de personnel. Les infirmières craignent que la présence de ces volontaires désorganise les services et les prive de la relation aux malades.

Georges avait alerté sa femme sur les difficultés qu'elle risquait de rencontrer. Elle tient bon. Deux ans plus tard, la présence des blouses jaunes est non seulement acceptée, mais souvent réclamée. Elles sont deux cent cinquante. Claude innove encore avec la création de clubs de loisirs pour personnes âgées. Elle inaugure le premier dans le 15e arrondissement de Paris en janvier 1971. Un an plus tard, sept autres fonctionneront. En 1973, la fondation ouvre également en province de nombreuses résidences pour personnes âgées, des établissements pour enfants handicapés, un centre de réinsertion pour jeunes en difficulté.

Pour financer ses projets, Claude obtient des subventions des conseils généraux et des municipalités. Elle fait

27. Aude Terray, *Claude Pompidou l'incomprise*, *op. cit.*, p. 181.

aussi appel à la générosité de ses relations mondaines. Les résultats forcent l'admiration de son mari : « Songe qu'en tapant elle-même directement les gens, elle a ramassé près d'un milliard [d'anciens francs, bien entendu !][28] », écrit Georges Pompidou à son ami Robert Pujol, qui fut son condisciple au lycée d'Albi, puis à Normale sup', rue d'Ulm à Paris. Dans le même courrier daté du 22 janvier 1972, il résume l'état d'esprit de sa femme : « Pour le reste, nous sommes absorbés par des tâches officielles, y compris Claude qui s'y résigne plus qu'elle ne s'y complaît, tout en prenant une véritable passion pour son action sociale, où elle réussit fort bien. » À la tête de sa fondation, Claude a enfin le sentiment d'être utile. Georges s'en félicite. De Brégançon, le 21 août 1972, il écrit, toujours à Pujol : « Claude supporte mieux que par le passé sa vie : il est vrai qu'elle se passionne pour son "œuvre" où elle fait des réalisations étonnantes, et d'autre part la mer et le soleil lui réussissent. Elle fait bien dix ans de moins que moi ! »

Si Claude, après « les moments de cafard », se « résigne » et « supporte mieux », elle n'en garde pas moins la nostalgie de sa vie d'avant l'Élysée. Ses vies plutôt, puisque au gré des fonctions de son mari elle en a eu plusieurs : femme de professeur, de haut fonctionnaire, de conseiller du prince, de financier, de Premier ministre. Lorsque l'écrivain Bertrand Meyer-Stabley lui demande quelle fut sa préférée, elle répond, sans l'ombre d'une hésitation : femme de professeur. À Marseille, on l'a vu, elle a vécu une longue lune de miel ensoleillée. À Paris, cette période enchantée se prolonge jusqu'à la guerre.

Les années noires de l'Occupation sont égayées par l'arrivée d'un fils, Alain, adopté nouveau-né en juillet 1942. Les Pompidou sont des patriotes, antinazis, mais ils

28. Lettre du 2 janvier 1972, *in* Alain Pompidou, *Georges Pompidou : lettres, notes et portrait*, *op. cit.*, p. 453.

ne s'engagent pas, contrairement à ce que certains de leurs proches voudront faire croire plus tard. D'ailleurs, Georges le reconnaîtra lui-même : « Un homme seul, sans relations dans les milieux fermés où est née la Résistance organisée et n'éprouvant pas suffisamment le besoin du risque gratuit, restait livré à lui-même, c'est-à-dire pratiquement impuissant[29]. »

Quand Pompidou entre au cabinet du Général, à la Libération, Claude a un petit pincement au cœur. Il ne sera donc pas professeur de fac à Aix-en-Provence. Mais Georges est si heureux, « enivré à l'idée de participer modestement à l'action d'un surhomme[30] ». À son côté, elle fait la connaissance des grands noms du gaullisme, des Schumann, Malraux, Debré, Palewski, Druon, Mauriac. Les Pompidou sont reçus à leur table. Puis ils les invitent. Claude, discrète, s'adapte sans trop de mal. Mais elle meurt de trac pour son premier dîner à la résidence du Général, à Neuilly, où sont invités André Malraux et Léon Blum. « Je pense n'avoir jamais été aussi intimidée de ma vie [...]. J'étais si troublée que je ne suis pas sûre d'avoir entendu toute la conversation[31]. » Après la démission du Général le 20 janvier 1946, Georges devient commissaire adjoint au Tourisme.

Les nouvelles obligations professionnelles de son mari, qu'elle accompagne partout, la comblent : inaugurations, premières au théâtre et dans les salles de concert, défilés de couture, festival de Cannes. Quand Georges entre chez Rothschild où il devient rapidement responsable de la partie financière, Claude découvre la vie parisienne. Les Rothschild s'entichent de ce couple atypique, un peu provincial, un peu gauche, mais tellement attachant. Lui,

29. Georges Pompidou, *Pour rétablir une vérité*, *op. cit.*, p. 29.
30. *Ibid.*, p. 33.
31. Aude Terray, *Claude Pompidou l'incomprise*, *op. cit.*, p. 57.

si cultivé, passionné de poésie, d'art et même de haute couture. Elle si spontanée, si vive, si drôle, avec ses formules à l'emporte-pièce. C'est Hélène de Rothschild qui, la première, l'a surnommée « une grande fille toute simple », expression reprise par Georges, on l'a vu. Les Pompidou sont invités presque chaque week-end au château de Ferrières, en Seine-et-Marne, où se presse le Tout-Paris. Et aussi à Deauville où Claude s'initie à l'équitation, à Megève où Georges se casse une jambe, à New York, à Washington. Avec les Rothschild, les voyages sont des contes de fées ! Palaces, rencontres de gens exceptionnels, mécènes, collectionneurs, artistes, dans des lieux rares. Ainsi, à Venise, Claude descend au Danieli, l'hôtel mythique sur le Grand Canal. Elle est reçue au Palazzo Grassi, chez les Agnelli, au Palazzo Venier dei Leoni, chez Peggy Guggenheim qui deviendra une grande amie.

Les Pompidou sont lancés. Ils découvrent le monde de l'argent. Chez les Rothschild, la vie est une fête quasi permanente. La jet-set du monde entier s'y retrouve. Claude et son mari fréquentent des têtes couronnées, des aristocrates, des détenteurs de grandes fortunes, des artistes, des stars de cinéma, des divas, des danseurs étoiles... Ils sont invités à tous les grands événements mondains, fréquentent le monde de la nuit. Claude est ébahie. Jamais elle n'aurait imaginé côtoyer Aristote Onassis et Maria Callas, Elizabeth Taylor et Richard Burton, Annabelle et Bernard Buffet, Zizi Jeanmaire et Roland Petit, ou encore Herbert von Karajan, Visconti, Coco Chanel, Brigitte Bardot. « Pour moi, qui venais d'une famille bourgeoise de province, ce fut une sorte de tourbillon et, pour parler franc, je faillis un temps devenir snob[32] », avouera-t-elle plus tard. Faillis, seulement ?

Jamais elle n'avait pensé que son mari gagnerait autant d'argent : « Soudain, je pus m'habiller en haute couture

32. Claude Pompidou, *L'Élan du cœur*, *op. cit.*, p. 116.

et fréquenter les créateurs de mode, Christian Dior et Chanel tout d'abord, dont je me contentais jusque-là d'aller voir les collections[33]. » Les Pompidou sont aussi des habitués des dimanches à Louveciennes, chez Pierre Lazareff, le patron de *France-Soir*, et sa femme, Hélène, fondatrice de *Elle*, où se côtoient ministres, politiques, hommes d'affaires, écrivains, starlettes. Edgar Faure, François Mitterrand, Jacques Chaban-Delmas, Antoine Pinay, Valéry Giscard d'Estaing y viennent souvent en célibataires. Les Rothschild, les Malraux, Joseph Kessel, Jean d'Ormesson, Françoise Sagan, Jean-Jacques Servan-Schreiber et Françoise Giroud, Simone Signoret et Yves Montand, Brigitte Bardot s'y côtoient. Lorsqu'ils sont à Paris, Marlon Brando, Martin Luther King, Bourguiba, Kissinger, la Callas et Onassis viennent souvent. C'est là que Georges et Claude feront la connaissance d'Alain Delon. Ils le paieront cher.

Cette vie qu'ils aimaient tant, ils en ont fait leur deuil. La fréquentation du Tout-Paris est incompatible avec la fonction présidentielle. S'ils continuent à se rendre dans des musées ou à visiter des expositions, c'est de nuit, après la fermeture au public. Si Claude accepte exceptionnellement une invitation, c'est avec la certitude que ses hôtes seront discrets. Ainsi, lorsqu'elle se rend chez son amie Mistou Fabre, en octobre 1969, pour un dîner en l'honneur de Maria Callas, la maîtresse de maison demande à ses invités de taire la présence de la Première dame.

À l'Élysée, les Pompidou invitent leurs amis artistes et mécènes, Soulages, Boulez, Béjart, Sonia Delaunay, Niki de Saint Phalle, Peggy Guggenheim. Ils organisent des projections de films dans une salle aménagée dans les bureaux de Foccart. La séance est suivie d'un dîner de vingt-quatre couverts. Georges et Claude président chacun une table de douze. C'est elle qui choisit les films.

---

33. *Ibid.*, p. 117.

Les Rothschild, les Deforet, les Fabre, la princesse Maria Pia de Savoie, le prince de Bourbon-Parme, Ghislaine de Polignac, Jean d'Ormesson, Jacques Chazot sont des habitués. Ces soirées avec « le monde parisien », selon l'expression de Georges, leur permettent de sortir de leur huis clos élyséen. Moment de détente. Mais rien n'est plus comme avant.

Georges et Claude constatent, navrés, que, malgré la simplicité de leur accueil, une distance s'est installée. Leurs amis sont moins naturels, moins spontanés. Dans une lettre datée du 14 décembre 1969, Georges confie à Pujol : « En ce qui nous concerne, inutile de te dire qu'on est plutôt accablés. La vie de chef d'État est vraiment une vie de prisonnier et une contrainte permanente. Claude en souffre moins que moi en principe, plus que moi dans la pratique, du fait que je suis très occupé, trop occupé, pour penser à tout ce dont je me prive. Je ne sors plus, ni au théâtre, ni au cinéma, je ne lis pratiquement pas, je ne vais jamais au restaurant, ne vois pratiquement plus mes amis, ou dans une ambiance glacée[34]. » Un an plus tard, rien ne s'est arrangé. Le 3 février 1971, de Nouakchott, il écrit, toujours à Pujol : « Que te dire de notre vie ? Bien sûr, ma fonction me saisit entièrement et m'enlève toute chance de bonheur, mais aussi tout désir. Notre seul refuge est la famille. Le soir, quand je quitte mon bureau pour faire cent mètres de couloirs et me retrouver dans l'appartement, que nous avons aménagé bien sûr, mais qui n'en est pas moins l'Élysée, je me sens prisonnier [...]. Notre salut, c'est le mercredi soir. Là nous allons dîner, en douce, quai de Béthune, avec Alain et Sophie [...]. La lumière, c'est Thomas[35] [...]. Nous sommes

---

34. Alain Pompidou, *Georges Pompidou : lettres, notes et portrait*, *op. cit.*, p. 437.

35. Fils aîné d'Alain Pompidou et de son épouse Sophie.

gâteux et ses photos ne nous quittent pas. Claude, qui ne se fait qu'à moitié à la situation et qui a des moments de cafard, le voit plus souvent que moi et c'est pour elle une immense joie[36]. »

Dès son entrée en fonctions, Georges a veillé à ce que sa femme ne soit pas une potiche. Il veut lui montrer ainsi qu'ils restent un couple indissociable. C'est lui qui a été élu, lui qui détient la légitimité, mais lui n'est rien sans elle. Il va lui faire jouer un rôle inédit. Le 4 mars 1970, après l'explosion en mer du sous-marin l'*Eurydice*, qui a fait cinquante-six victimes, elle assiste à la cérémonie religieuse à Toulon, avec Jacques Chaban-Delmas, le Premier ministre, et Michel Debré, le ministre de la Défense. C'est elle qui présente ses condoléances aux familles des marins au nom de son mari. Jamais de Gaulle ne se serait fait représenter par sa femme pour une cérémonie chargée d'une telle intensité émotionnelle. Jamais non plus, on l'a vu, Yvonne de Gaulle n'avait eu droit à un protocole républicain lors de ses déplacements en province.

Le rôle de Claude va s'accroître avec la maladie de Georges. Quand a-t-elle su ? Elle ne l'a jamais dit. Pas un mot dans son livre de souvenirs. Pas une confidence, même après la mort de son mari. A-t-elle un pressentiment, le 22 mars 1971, lorsqu'elle préside, très émue, le gala donné au théâtre des Champs-Élysées au profit de la recherche sur le cancer ? Depuis quelques semaines, Georges est épuisé. Il a du mal à marcher. Mais n'est-ce pas dû au stress et au surmenage ? Aude Terray, la biographe de Claude, affirme que quelques semaines plus tôt, en janvier 1971, le professeur Vignalou a révélé à Georges qu'il était atteint de la maladie de Waldenström, une forme de leucémie à évolution lente. L'espérance de

36. Alain Pompidou, *Georges Pompidou : lettres, notes et portrait*, *op. cit.*, p. 445.

vie du malade n'excède pas dix ans, mais ses facultés intellectuelles demeurent intactes jusqu'à la fin.

Georges veut protéger Claude, comme toujours. Il ne lui dit rien. En août 1972, à Brégançon, tandis qu'elle se fait bronzer dans une chaise longue, il rédige son testament. Au fil des mois, elle voit ce que tout le monde voit : ce visage gonflé, déformé par la cortisone, cette fatigue permanente, cette démarche lourde, hésitante, ces grippes à répétition qui l'épuisent et l'obligent de plus en plus souvent à garder la chambre. Le 6 décembre 1972, il ne peut rester que quelques minutes à l'arbre de Noël de l'Élysée. Le 31, pour ses vœux à la télévision, la maladie se lit sur son visage. Début janvier, il est absent pour les vœux traditionnels au personnel de l'Élysée. Léopold Sédar Senghor, son vieil ami de la rue d'Ulm, ne comprend pas qu'il continue à ne rien dire à Claude : « Mais enfin, pourquoi Georges ne lui parle-t-il pas ? Il ne peut pas la laisser comme ça, dans l'ignorance[37] ! » La maladie du président devient un secret de polichinelle : *Charlie Hebdo* publie une série de caricatures de Cabu illustrant « les aventures de la veuve Pompidou ». Le microcosme politique s'agite. Déjà Chaban-Delmas et Valéry Giscard d'Estaing préparent la succession.

Claude ne demande rien à son mari, s'en tient à la version officielle, puisque c'est celle à laquelle il s'accroche : la grippe à rechutes. Elle refuse l'évidence, elle est dans le déni. Jusqu'en septembre 1973, lorsque Georges Pompidou rentre, épuisé, d'un voyage en Chine, où il a souffert le martyre. Selon le journaliste Raymond Tournoux – si bien informé que de Gaulle lui avait écrit en 1959 : « Des secrets, il n'y en avait pas pour vous. Voici que grâce à vous il n'y en a plus pour le public » –, c'est à cette date qu'elle sait. Même si Georges ne lui a

37. Christine Clerc, *Tigres et tigresses*, *op. cit.*, p. 223.

toujours rien dit. Et s'il fait promettre à son fils Alain, mis dans le secret, de faire de même. Cette fois, pourtant, le doute n'est plus permis. Les derniers mois du président Pompidou sont un véritable calvaire. Pour lui qui souffre et se sent épié : « Chaque fois qu'on me sert la main, j'ai l'impression qu'on me prend le pouls », grince-t-il. Pour elle qui assiste, impuissante, à l'aggravation de son état. Le 24 janvier 1974, à Poitiers, il a des absences pendant son discours et fait un malaise après. Le 7 février, un communiqué de son médecin précise qu'il souffre d'une infection grippale. Claude craque pour la première fois. Elle fond en larmes. Le 11, elle est au côté de Georges qui, malgré la faiblesse et la douleur, préside, à l'Élysée, le dîner du gouvernement. L'ambiance est lourde. Lorsque Valéry Giscard d'Estaing, l'un des prétendants à la succession, affirme être le seul « vraiment enraciné », ses quatre grands-parents étant enterrés dans sa circonscription, Claude ne peut s'empêcher de s'écrier : « Il ne va pas nous prendre aussi l'Auvergne[38] ! » Quand Thierry Le Luron, qui assure le spectacle, imite Chaban-Delmas, agent immobilier faisant visiter l'Élysée à deux acquéreurs potentiels, Giscard et Mitterrand, elle ose à peine regarder Georges. Blême, il a la force d'ironiser : « Je lève un verre à votre santé… à ma propre santé, étant donné que j'ai été profondément touché de l'intérêt que m'ont manifesté certains[39]. »

Le 21 mars, le président, alité quai de Béthune, n'a pas la force de venir à l'Élysée présider le dîner annuel du corps diplomatique. Conviés à 19 heures, les ambassadeurs attendent plus d'une heure l'arrivée du président. Mais c'est Mme Pompidou qui apparaît seule, vêtue d'une robe longue de mousseline rose lamée or, celle que

38. *Ibid.*, p. 225.

39. Aude Terray, *Claude Pompidou l'incomprise*, *op. cit.*, p. 220.

Georges préfère. Elle est souriante, ne laisse rien paraître. Elle accomplit ce soir-là son ultime devoir de Première dame. Elle ne remettra jamais plus les pieds à l'Élysée.

Georges Pompidou meurt douze jours plus tard, le 2 avril, à 19 h 20. Claude paraît stupéfaite. Comme si elle avait ignoré la gravité de la maladie de son mari. Comme si elle avait fini par le croire, lui qui, récemment encore, fulminait contre les journalistes : « À les en croire, j'ai déjà un pied dans la tombe ! » Cinq jours avant sa mort, au cours de son dernier Conseil des ministres, il évoquait sa maladie pour la première fois : « On raconte trop de choses fausses. Évidemment, pour le moment je ne gambade pas ! J'irai mieux. »

La veuve se conforme aux dernières volontés du président dans son testament rédigé deux ans plus tôt, à Brégançon, et remis à Édouard Balladur. Un enterrement à Orvilliers, sans fleurs ni couronnes, ni monument funéraire. Une simple dalle de pierre avec son nom et les dates de sa naissance et de sa mort. Une messe chantée en grégorien à Saint-Louis-en-l'Île. Puisque son mari a refusé de parler de sa maladie, elle exige que la mention « maladie de Waldenström » soit retirée du communiqué officiel. Après la messe de funérailles, le 4 avril, en présence de Pierre Messmer et des membres du gouvernement, et l'inhumation au cimetière d'Orvilliers le lendemain, Claude part pour Cajarc. Elle n'assiste pas, le 6, au service solennel à Notre-Dame. Une cinquantaine de chefs d'État et de gouvernement sont venus rendre un dernier hommage au président français.

Le premier réflexe de Claude consiste à se retirer du monde, comme l'avait fait Yvonne de Gaulle à la mort de Charles. Elle est anéantie. Plus tard, elle confiera : « Ma vie a été un tel naufrage après la mort de mon mari. Toute ma vie était totalement liée à lui[40]. » Elle avouera

40. Bertrand Meyer-Stabley, *Les Dames de l'Élysée*, *op. cit.*, p. 109.

à Bernadette Chirac: «Je n'ai jamais admis la mort de mon mari.» Elle s'enferme dans la maison qu'elle a fait construire sur la propriété de sa sœur Jacqueline, dans le Midi. Elle n'y restera que deux mois. C'est là, dans le calme de cette demeure retirée, qu'elle décide du sens qu'elle va désormais donner aux années qui lui restent. Elle défendra bec et ongles l'image et le bilan de son mari. Elle se battra pour que son projet le plus cher, le Centre Beaubourg dont Valéry Giscard d'Estaing ne veut pas, voie le jour. Georges a été son pygmalion, il lui a tout appris. Elle deviendra la gardienne de sa mémoire. C'est, pour elle, prolonger le lien avec l'homme de sa vie. C'est continuer de partager avec lui.

Claude va créer une fonction inédite dans l'histoire de la République. Elle devient la veuve d'État. Aucune des Premières dames, même les plus en vue, la belle Marie-Cécile Carnot, la séduisante Henriette Poincaré, sous la IIIe République, ou l'élégante Michelle Auriol sous la IVe, n'a joué le moindre rôle après la mort de son mari. Claude devient ce qu'elle n'a pas été à l'Élysée: une femme d'influence, un personnage de la République. Elle acquiert un statut qu'elle gardera pendant trente-trois ans. Jusqu'à sa mort.

Paradoxalement, le comportement de la veuve d'État est à l'inverse de celui de la Première dame. Femme de président, Claude détestait la politique et les hommes politiques. Veuve, elle reçoit chez elle, quai de Béthune, chefs d'État français et étrangers, ministres, mais aussi hommes d'affaires, mécènes, artistes, acteurs. L'appartement de l'île Saint-Louis devient un salon recherché, où elle favorise des rencontres avec un double objectif: faciliter la réalisation de ses propres projets et perpétuer la mémoire de Georges. Jacques Chirac, son protecteur, et Bernadette, qui devient son amie, sont des habitués du quai de Béthune. Claude leur fera connaître le Tout-Paris des affaires et des arts. Elle invite aussi Édouard

Balladur, fondateur de l'Association des amis du Centre Pompidou, qu'elle aime bien, Giscard qu'elle n'aime pas. Sensible à l'hommage qu'il a rendu à Georges le jour de sa mort, à l'intérêt qu'il porte au Centre et à ses attentions, elle conviera aussi François Mitterrand dont elle découvre la riche personnalité. En toute discrétion, le président socialiste fera doubler son indemnité de veuve de président. Des Premiers ministres défilent à la table de Mme Pompidou. Alain Briottet se souvient avoir dîné chez elle avec Laurent Fabius et Jean-Pierre Raffarin. Elle apprécie beaucoup Jack Lang, grand amateur, comme elle, d'art contemporain, dont elle défend les projets souvent combattus par la droite.

À l'Élysée, Claude évitait la presse. Elle va désormais multiplier les interviews, publier des tribunes, susciter des polémiques. Toujours dans le même but : défendre la mémoire de son mari. Elle cherche à convaincre l'opinion que Georges n'était pas un politique comme les autres, qu'il n'était pas mû par l'ambition et moins encore par la soif du pouvoir. S'il s'est lancé dans la course à l'Élysée, en 1969, c'est uniquement parce qu'il estimait que c'était son devoir. Cette vision, elle s'y accroche, au point de contredire publiquement son propre fils. Dans un article donné le 8 janvier 1989 au *Quotidien de Paris*, celui-ci avait affirmé : « L'idée de succéder à de Gaulle a commencé à s'imposer à mon père le 8 janvier 1959[41]. » Huit jours plus tard, dans *Le Monde*, Claude réplique sèchement. Son fils « n'a pas su s'exprimer[42] ». Elle répond le même jour, sur le même ton à Raymond Marcellin, ancien ministre de l'Intérieur, pour qui l'ambition présidentielle de

41. C'est le jour où de Gaulle, qui devient officiellement président, demande à Georges Pompidou de monter dans sa voiture qui descend les Champs-Élysées.

42. *Le Monde*, 30 novembre 1989, *in* Aude Terray, *Claude Pompidou l'incomprise*, *op. cit.*, p. 271.

Georges Pompidou s'est imposée à lui en 1965. « Marcellin dit n'importe quoi. Il a rêvé », coupe Claude. Comment peut-elle ignorer que son mari a cru cette année-là que de Gaulle – il ne cessait de lui répéter qu'il se sentait trop vieux – ne se représenterait pas, au point, on l'a vu, de donner son feu vert pour la biographie autorisée de Merry Bromberger ?

Avec le même entêtement, la même mauvaise foi, Claude nie une réalité plus criante encore : la détérioration des relations entre son mari et le Général. Une fable, dit-elle : « On a raconté beaucoup de bêtises. Il y avait des petites frictions, mais rien de sérieux[43]. » La réalité est tout autre. Et elle le sait ! Il suffit, pour s'en convaincre, de lire ce que Georges Pompidou lui-même a écrit. Claude connaît mieux que personne le texte, c'est elle qui l'a publié ! Commentant la fuite du Général à Baden-Baden, Pompidou écrit : « Je trouvais peu admissible que le chef de l'État [...] quittât le territoire national sans en informer le Premier ministre. Certes, ce départ avait été une réussite [...] mais je n'en avais pas moins été traité avec ce qui m'apparaissait à ce moment-là comme une singulière désinvolture[44]. » Six mois plus tard, il n'avait toujours pas digéré l'affront. Évoquant la disparition du Général devant François et Claude Mauriac, il grinçait : « C'était inadmissible. » Et Claude Pompidou l'approuvait alors, ajoutant comme en écho : « Je ne lui pardonnerai jamais[45]. » Avec l'affaire Markovic, le ton monte encore. Toujours dans le livre que Claude a fait éditer, Georges écrit : « Ainsi, le Général lui-même, qui connaissait ma femme depuis si longtemps, n'avait pas tout balayé d'un revers de main [...]. Je pénétrai dans le

43. *Le Figaro*, 2 avril 2004.

44. Georges Pompidou, *Pour rétablir une vérité, op. cit.*, p. 196-197.

45. Jean Lacouture, *De Gaulle*, tome 3, *Le Souverain, op. cit.*, p. 715.

bureau du Général à qui je tins textuellement ce langage [...]. Ni place Vendôme, chez M. Capitant, ni à Matignon chez M. Couve de Murville, ni à l'Élysée il n'y a eu la moindre réaction d'homme d'honneur[46]. » Et Pompidou ajoutait : « Sans exagérer, je peux dire que le Général, en me quittant, ne semblait pas très satisfait de lui-même. »

Après la déclaration de Rome et de Genève de l'ex-Premier ministre évoquant « son destin national » et se posant ouvertement en successeur, tout rapprochement devient impossible. Un dernier dîner chez de Gaulle tournera au fiasco. Pourquoi le Général l'avait-il organisé ? « Face à l'opinion publique, il doit ce geste à l'homme calomnié qui a été longtemps son ombre portée », estime Jean Lacouture. Georges Pompidou écrira : « Le dîner fut morne. Nous comprenions son utilité pour l'extérieur, mais nous trouvions que c'était bien tard et peu spontané. Ni Mme de Gaulle, par réserve habituelle je pense, ni le Général de Gaulle, par peur j'imagine, n'eurent un mot du cœur [...]. On s'en tint là, on se quitta de bonne heure. Les liens sentimentaux n'avaient pas été renoués[47]. » Pourquoi, sachant cela mieux que personne, Claude s'entête-t-elle à nier l'évidence ? Sans doute faut-il chercher l'explication dans cette confidence faite, en octobre 1990, au *Figaro Madame* : « J'en veux aux hommes politiques de droite comme de gauche, qui ont gommé le nom de mon mari [...]. Ce silence me rend triste et me blesse. » Présenter Georges comme le successeur naturel, le continuateur du Général, est à ses yeux le meilleur moyen de le sortir de l'ombre et de l'inscrire dans l'Histoire.

La dernière métamorphose, tout aussi spectaculaire, aurait étonné Georges lui-même ! Malade en avion ou

46. Georges Pompidou, *Pour rétablir une vérité*, *op. cit.*, 259-260.
47. *Ibid.*, p. 272.

en hélicoptère, la femme du président, qui ne supportait pas la Nivaquine, appréciait peu les visites à l'étranger. La veuve va prendre goût aux voyages. Reçue par le pape à la cité du Vatican, invitée trois semaines en Inde par Indira Gandhi, elle découvre aussi la Chine puis la Syrie. Présidente ou membre d'une vingtaine de fondations à travers le monde, elle se rend fréquemment à New York – toujours en Concorde, souvent accompagnée de sa meilleure amie Bernadette Chirac –, mais aussi à Munich, à Bayreuth, en 1983, pour le centenaire de la mort de Wagner, à Jérusalem, en 1984, à Boston, pour deux concerts de son ami Boulez, puis à Moscou, à Odessa. Partout, elle est reçue avec les égards dus à une Première dame. Sans subir les contraintes du protocole. Quand elle n'est pas invitée par un chef d'État ou de riches amis, elle est hébergée à l'ambassade. Lorsqu'elle se déplace en France, elle est accueillie à la gare par le préfet, qui met à sa disposition une voiture et deux motards. Elle loge à la préfecture. Chaque voyage, chaque rencontre peut être pour elle l'occasion de recueillir des fonds pour sa fondation, ou d'étoffer son réseau de mécènes susceptibles de faire don d'œuvres contemporaines au Centre Pompidou.

Le 26 mai 1998, Claude Pompidou réalise la synthèse de ses deux passions : l'art et sa fondation. Ce jour-là, cinq cent sept œuvres du XXe siècle données par des artistes, des collectionneurs ou des galeries sont proposées aux enchères dans les salons de l'Automobile Club, place de la Concorde. La vente rapporte 5,7 millions de francs, record pour une vente caritative en France. Ces fonds permettront notamment à sa fondation de financer l'ouverture d'établissements consacrés aux malades d'Alzheimer.

À la mort de son mari, Claude a pu craindre le pire pour les deux projets qu'ils avaient, ensemble, imaginés au début du septennat. Si la fondation recueillait à la fois de l'argent public et privé, n'était-ce pas dû, pour une bonne part, à la présence de Georges à l'Élysée ? Claude est vite rassurée. Jacques Chirac, qui restera son trésorier jusqu'en 1995, lorsqu'il sera élu président, veille. Il participe à toutes les réunions du conseil d'administration. Maire de Paris, il ouvre grands les salons de l'Hôtel de Ville pour les manifestations organisées par Claude, verse à la fondation des subventions importantes, détache des collaborateurs de la mairie ou du RPR – Jacques Toubon, Michel Boutinard-Rouelle – pour la diriger. À l'époque, ce mélange des genres n'émeut apparemment personne. Jusqu'au jour où l'on apprend, en août 2001, que la fondation a acquis, pour cinq cent mille francs, un terrain de cinq hectares situé à proximité du château de Bity, propriété des Chirac. Cinq cent mille francs, c'est précisément le montant de la subvention allouée cette année-là par Chirac à la fondation. L'affaire fait grand bruit. Elle décourage les bénévoles et certains donateurs. Mais le réseau de mécènes que Claude a su tisser, et qui sont aussi très souvent des proches de Chirac, reste fidèle.

La menace sur le Centre est autrement sérieuse. Lorsque Georges Pompidou décède, Beaubourg n'est encore qu'un vaste trou béant. Invité à dîner par Claude quai de Béthune peu après sa prise de fonctions, Valéry Giscard d'Estaing, qu'on a connu plus délicat, qualifie devant elle le Centre d'« horrible projet ». Dès ce jour, elle sait qu'elle devra se battre. L'appui de Jacques Chirac, qui vient d'être nommé Premier ministre, sera plus déterminant encore que pour la fondation. Lorsque Giscard le convoque pour l'informer de l'arrêt de « cette monstruosité » qu'est le Centre Beaubourg, Chirac voit rouge. « Mon sang n'a fait qu'un tour : "Monsieur le président, cette décision implique que vous changiez aussi de Premier ministre. Car je n'accepterai pas qu'on puisse remettre en cause ce qui était la dernière œuvre de M. Pompidou" », écrit-il dans ses Mémoires. « Le bulldozer », comme le surnommait Georges, fonce, fait adopter le projet de loi portant création du Centre. Dès octobre, le chantier démarre. Chirac le visite à plusieurs reprises, accompagné de Claude et de photographes de presse. Giscard, à qui l'on a forcé la main, fait de la résistance. Il veut qu'on baptise l'édifice Centre Beaubourg et non pas Centre Pompidou. Il s'oppose à l'idée de Claude d'installer un portrait de son mari dans le hall. Grâce à l'appui inconditionnel de Chirac, elle finira par obtenir gain de cause. Le jour de l'inauguration, certains proches de Pompidou interprètent le discours de Giscard comme sa volonté de dégager sa responsabilité d'une réalisation qu'il déplore. Il quitte les lieux avant le cocktail. « Nous étions affligés de la manière dont Giscard inaugurait le Centre en le démolissant[48] », dira Anne-Marie Dupuy. Claude est blessée. D'autant que la presse est assassine. *Le Monde* dénonce « un coup de force, un viol, une sorte de King Kong architectural ». *Le Figaro* « une espèce d'écorché monstrueux et multicolore, avec ses tripes à l'air ».

Au fil des années, Claude va s'imposer comme la mère spirituelle, la légataire du Centre. Elle veille à tout, adoube les présidents successifs, surveille le financement, alerte l'État lorsqu'il le faut. En 1982, elle obtient de François Mitterrand que les crédits pour les acquisitions du musée passent de 9 à 18 millions de francs. En 1993, c'est Balladur, Premier ministre, qui débloque 450 millions de francs pour la rénovation du Centre… qui coûtera près du double.

Grâce aux relations mondaines de ses amis Rothschild, à Paris, à New York, à Venise, Claude se forge une réputation d'icône mondiale de l'art contemporain. Elle obtient des dons d'œuvres majeures, la tenue d'expositions de prestige. C'est grâce à elle que le fonds Kandinsky sera légué au Centre, en octobre 1981.

---

48. Archives orales de l'Association Georges Pompidou, *in* Aude Terray, *Claude Pompidou l'incomprise*, *op. cit.*, p. 252.

Au Centre Pompidou, c'est elle qui reçoit les personnalités étrangères. Mitterrand puis Chirac l'ont tacitement investie de cette mission. Elle fait ainsi l'honneur des lieux à Jimmy Carter, à Indira Gandhi, aux souverains en visite privée à Paris.

Le 31 janvier 2007, elle assiste, au côté du président Jacques Chirac, à la cérémonie marquant le trentième anniversaire de ce qui fut le grand dessein de Georges. Plus que jamais, ce soir-là, elle pense à lui. Il serait fier du succès : 180 millions de visiteurs en trente ans, soixante-cinq mille œuvres exposées, trois cent cinquante mille ouvrages à la bibliothèque.

Elle a 94 ans. Depuis trois ans déjà, sa santé s'est dégradée. Elle a beaucoup maigri. Mais elle reste active, profite de ce trentième anniversaire pour donner des interviews, rappelant le rôle de son mari. Dans ce domaine qui lui était cher – l'art contemporain – comme en économie, Georges Pompidou, affirme-t-elle, a voulu « sortir la France de ses archaïsmes ». À un proche, elle affirme : « Je suis très acharnée sur l'idée que mon mari reste dans l'Histoire. »

Pendant ses trente-trois ans de veuvage, Claude Pompidou n'a jamais remis les pieds à l'Élysée. Même pendant les douze années où son amie Bernadette Chirac était la maîtresse des lieux. Elle n'a cessé de répéter : « Vivre à l'Élysée, je ne souhaite cela à personne. » Ou encore : « L'Élysée, c'est pour moi la maison du malheur. » Sans doute rendait-elle la fonction présidentielle responsable de la maladie et de la fin tragique de son mari. Malgré son exceptionnel réseau de relations, malgré les amis qui l'ont entourée, elle s'est sentie très seule après sa disparition. Elle ne concevait la vie qu'à deux. Avec Georges.

Claude Pompidou s'est éteinte le 3 juillet 2007, à son domicile, quai de Béthune. Après une messe dite en l'église Saint-Louis-en-l'Île, en présence du président de la République, Nicolas Sarkozy, et du Premier ministre, François Fillon, elle a été enterrée au cimetière d'Orvilliers. Au côté de Georges.

Anne-Aymone Giscard d'Estaing

« Maintenant que vous êtes Première dame, de quoi avez-vous envie ?
— De ne plus l'être ! »

Lorsqu'elle arrive au cercle Interallié, le 19 mai 1974, vers 19 h 30, Anne-Aymone Giscard d'Estaing sait que sa vie va être bouleversée. Valéry vient de l'appeler. Plus de doute ! Les estimations de tous les instituts de sondage le donnent vainqueur. L'écrivain Alfred Fabre-Luce, l'oncle par alliance de la jeune femme qui va devenir la troisième Première dame de la Ve République, la décrit ainsi : « C'est une mère de famille au charme encore virginal que la célébrité commence seulement à dépuceler[1]. » Mince, fine, racée, cette mère de quatre enfants a gardé à 41 ans un corps d'adolescente. Toute sa famille est réunie dans l'un des salons lambrissés de ce cercle élitiste, rue du Faubourg-Saint-Honoré, à deux pas de l'Élysée, dont le président n'est autre que son oncle, le prince Jean de Faucigny-Lucinge. Les parents de Valéry sont là aussi. Sa mère, May, se souvient, attendrie, qu'à la naissance

1. Alfred Fabre-Luce, *Les Cent Premiers Jours de Giscard*, cité par Christine Clerc, *Tigres et tigresses*, *op. cit.*, p. 288.

de son fils elle s'était écriée, à la vue de son nez busqué : « Mon petit Napoléon ! » Et qu'elle avait confié à ses amies : « Cet enfant-là ne tète pas comme les autres. » La France qui gagne ce soir-là, avec Valéry et Anne-Aymone, est une France consciente de son rang. « Une France qui se retire dans ses châteaux plutôt que de se corrompre sur les plages », écrit Fabre-Luce. Les Pompidou ne sont pas nommés, mais ce sont bien eux qui sont visés. Les aristocrates ont toujours méprisé les parvenus.

Le héros de la soirée, celui qui, à 48 ans, devient le plus jeune président de toutes les Républiques françaises, n'est pas là, au côté de sa femme, au milieu des siens. Il a préféré savourer ce moment exceptionnel dans son appartement du ministère des Finances, rue de Rivoli. Seul devant son téléviseur. Peu avant 20 heures, sûr du résultat, il gagne, au volant de sa voiture, le QG de sa campagne rue de la Bienfaisance. Toujours seul. L'ambiance est exaltée. Giscard consent, comme à regret, à se montrer au balcon avec Anne-Aymone qui l'a rejoint. Trente ans plus tard, il décrit ainsi la scène : « Les plus excités des supporters présents insistèrent pour que nous paraissions au balcon. J'en percevais le ridicule [...]. Rien à faire, car la pression était trop forte[2]. » Après un bain de foule dont Valéry gardera le souvenir du regard brillant et des baisers enfiévrés de ses supportrices, le couple se sépare. Elle regagne son hôtel particulier de la rue de Bénouville. Seule. Lui, sa chambre au ministère des Finances. Il y a passé, écrira-t-il dans ses Mémoires, « des heures heureuses à un âge, la quarantaine, où tout paraît possible, et où la vie bruit de désirs et de projets[3] ».

2. Valéry Giscard d'Estaing, *Le Pouvoir et la Vie*, tome 1, Cie 12, 2004, p. 71.

3. *Ibid.*, p. 92.

Ces « désirs », elle les connaît trop ! Elle en souffre depuis des années. En silence. Les Giscard, pendant la campagne, ont donné l'image d'un couple exemplaire, incarnant les valeurs morales, l'harmonie familiale, la réussite sociale. Images trompeuses. Avant 1974, le bruit avait même couru que le couple était en instance de divorce. Giscard, le grand sentimental, ne s'était-il pas dit prêt à tout abandonner pour vivre un grand amour ? À Emmanuel d'Astier de La Vigerie qui lui demandait : « Sacrifieriez-vous votre carrière pour une femme ? », il avait répondu d'un mot : « Oui[4]. » Mais la maladie de Georges Pompidou a changé la donne. Revenant de Reykjavík le 30 mai 1973 avec le président, Valéry avait confié à Anne-Aymone : « Il va mourir. » Depuis, il se préparait. Plus question d'une éventuelle séparation ! Jamais, pensait-on alors, un divorcé n'entrerait à l'Élysée.

C'est donc un couple beaucoup moins uni que les de Gaulle ou les Pompidou qui s'apprête à entrer à l'Élysée. Après son élection, Valéry s'enferme rue de Rivoli, dans son cher ministère, pour préparer sa prise de fonctions. Anne-Aymone n'attend pas la cérémonie officielle d'installation, à laquelle elle n'assistera pas, comme Yvonne de Gaulle et Claude Pompidou avant elle, pour annoncer publiquement qu'elle n'habitera pas le palais. Elle juge les appartements privés trop petits et trop inconfortables. Elle a le sentiment d'exprimer une évidence. Ils ont été conçus pour les de Gaulle et les Pompidou, pas pour une famille avec quatre enfants ! Comparé aux 660 mètres carrés de son luxueux hôtel particulier de la rue de Bénouville, au cœur du 16e arrondissement de Paris, l'appartement de fonction de l'Élysée fait, en effet, piètre figure. Mais quelle maladresse ! La jeune femme avait pourtant décidé de faire profil bas : « Dès l'élection de mon mari, j'ai eu

4. Christine Clerc, *Tigres et tigresses*, *op. cit.*, p. 284.

conscience que je pouvais être un handicap pour lui. Je connaissais suffisamment l'histoire de France pour savoir qu'être issue de l'aristocratie par ma mère et des maîtres de forges par mon père pouvait être très négatif[5]. » Elle avait vu juste. Malgré sa volonté de se montrer simple et de se mettre au service de ceux qui s'adressaient à elle, le problème d'Anne-Aymone, comme celui de Valéry, sera toujours le peuple.

Elle aurait pu, comme Claude Pompidou, « faire semblant », partager, sans le dire, son temps entre l'Élysée et son domicile. A-t-elle voulu habiller en volonté personnelle une décision qui lui échappait ? Valéry ne lui a pas demandé son avis. Découvrant, seul, les appartements privés, il a choisi la partie qu'il va occuper, entre les jardins et la rue de l'Élysée. « Pour ma vie personnelle », prend-il le soin de préciser. C'est un trois pièces qui se compose d'un salon-bibliothèque, d'une salle à manger privée et d'une chambre à coucher, celle qu'occupaient les de Gaulle et les Pompidou. « Ma chambre », insiste-t-il. Il y a fait venir ses meubles du ministère des Finances, ce qu'il appelle son « cocon d'acajou et de bois peint », ainsi que deux bibliothèques où il installe les livres de ses auteurs préférés : Flaubert, Maupassant, Tolstoï. « C'est ici que je dors et que je viens toucher terre dans la journée. Comme tout animal sédentaire, j'en ai fait mon terrier pour le sommeil et la nourriture. Mais comme être humain j'y trouve mieux : la paix, un certain raffinement et un brin de solitude[6] », écrira-t-il plus tard. Et Anne-Aymone ? Comme il faut respecter les usages, elle aura aussi sa chambre à l'Élysée. Elle n'y dormira qu'exceptionnellement. Avant un déplacement exigeant un lever

5. Entretien avec l'auteur, 9 octobre 2013.

6. Valéry Giscard d'Estaing, *Le Pouvoir et la Vie*, tome 3, *Choisir*, Cie 12, 2006, p. 81.

très matinal, par exemple. Pas de chambre conjugale donc, contrairement aux de Gaulle et aux Pompidou. Giscard a exigé deux chambres séparées. Dans la tradition des rois de France, note Christine Clerc. Le jeune président veut rester libre de toute contrainte, partager son temps entre sa famille à laquelle il tient et sa vie de célibataire à laquelle il n'a pas l'intention de renoncer.

Comme la quasi-totalité des grands politiques, Giscard est un séducteur. Il plaît. Il l'a su très jeune. S'il avait douté, les jeunes bourgeoises BCBG du 16e arrondissement, qu'il fréquentait dans les rallyes, se seraient chargées de le lui faire comprendre. Lycéen, étudiant, on lui prête beaucoup de flirts. Mais il semble qu'il se soit éveillé tard à la sexualité. Il a reçu une éducation très stricte et il appartient à la génération des adolescents et des jeunes hommes qui ont fréquenté des jeunes filles avant la pilule. À 20 ans, il est avec les femmes d'un romantisme de jeune fille. Lorsqu'il fait la connaissance d'Anne-Aymone, Valéry n'a pas vécu, comme l'on disait alors. Il se rattrapera. Olivier Todd, l'auteur de sa première biographie, parue en 1977, s'interdit de citer le nom de ses conquêtes. Il dresse ce qu'il appelle une typologie, à la manière de Leporello, le valet de Don Giovanni : « Duchesses, actrices souffreteuses, intellectuelles, quasi-prolétaires, filles d'ambassadeurs, snobs pulpeuses, cousines exquises[7]... » Giscard, l'homme qui aime les femmes. Ou plutôt qui aime l'amour qu'elles lui inspirent. Trente-quatre ans plus tard, Georges Valance, dans une autre biographie, évoque son « obsession psychotique de séduire ». Il cite les noms qui circulent alors dans le Tout-Paris. Ceux d'actrices, de chanteuses. C'est le syndrome Kennedy de Valéry. Son rêve d'une Marilyn. Valance note avec justesse : « Les trois

7. Olivier Todd, *La Marelle de Giscard*, Robert Laffont, 1977, p. 109.

grandes passions de Giscard, la politique, les femmes et la chasse, relèvent toutes d'une même volonté de pouvoir. Elles présentent d'ailleurs la particularité d'avoir été les trois passions dominantes des rois[8]. »

Anne-Aymone ne sait peut-être pas tout, mais elle n'ignore pas que son mari est infidèle. Elle n'en dira jamais rien. Elle n'extériorisera jamais ses sentiments. On est ainsi chez les Brantes. « Elle est comme ça avec sa famille, ses enfants, au bord de la piscine, comme dans un salon[9] », dira une amie. A-t-elle espéré que la fonction présidentielle contraindrait son mari à renoncer à ses aventures sentimentales et le rapprocherait d'elle ? Elle le connaît trop ! D'ailleurs, il ne faudra pas attendre longtemps pour qu'elle ait la preuve qu'il n'a pas changé. Le 2 octobre 1974, *Le Canard enchaîné* révèle, sous le titre VALÉRY FOLAMOUR, que, rentrant à l'Élysée au petit matin, au volant d'une voiture de sport, le président est entré en collision avec le camion d'un laitier. Giscard était en compagnie de Catherine Schneider, une cousine de sa femme, une des maîtresses qu'on lui prête.

Pour Anne-Aymone, le coup est terrible. Une chose est de savoir qu'on est trompée, une autre que la France entière et plus encore que ses enfants le sachent. « Il aimait séduire en général, il aimait séduire les femmes en particulier. Pour ma mère, cela n'a pas toujours été simple[10] », concédera pudiquement sa fille aînée Valérie-Anne.

Mais Anne-Aymone ne se consolera pas dans les bras d'un autre, comme Danielle Mitterrand. Elle ne fera pas payer, sur le tard, ses infidélités à son mari comme Bernadette Chirac. Elle ne claquera pas la porte de l'Élysée

---

8. Georges Valance, *VGE, une vie*, Flammarion, 2011, p. 211.

9. Olivier Todd, *La Marelle de Giscard*, *op. cit.*, p. 103.

10. Erwan L'Éléouet et Laurent Delahousse, « Un jour, un destin », France 2, 12 octobre 2010.

comme Cécilia Sarkozy. Elle n'est pas, elle ne sera jamais une rebelle. C'est une femme de devoir. Le maintien du lien familial pour ses enfants, leur éducation, leur équilibre priment à ses yeux.

Vingt-quatre heures après son mari, seule elle aussi, elle vient à l'Élysée reconnaître les lieux. Comme Claude Pompidou, Anne-Aymone a découvert le palais longtemps avant de devenir Première dame. Invitée avec son mari jeune secrétaire d'État, elle a été présentée pour la première fois au général de Gaulle lors d'un dîner. Toujours poli avec ses hôtes féminines, mais leur consacrant, sauf exception, peu d'attention, le président lui demande au début du dîner combien elle a d'enfants : « Quatre, mon Général. » À la fin du repas, à court d'imagination, de Gaulle lui repose la même question : « Toujours quatre, mon Général[11] ! » Cette jeune femme, corsetée par son éducation, ne manque pas d'humour !

La nouvelle Première dame est effarée par les aménagements conçus par les Pompidou. « C'est un cauchemar », s'écrie-t-elle. En accord avec Valéry, elle s'empresse, on l'a vu, de rendre au palais, où vécut de 1816 à 1820 l'un de ses ancêtres, le duc de Berry, son style d'origine. Les décors modernistes d'aluminium et de polyester moulé chers aux Pompidou prendront le chemin des oubliettes du Mobilier national… avant d'être récupérés, en fort mauvais état, par Claude, pour être exposés à Beaubourg.

Avec Anne-Aymone, un nouveau profil sociologique fait son entrée à l'Élysée. Yvonne de Gaulle était fille de la grande bourgeoisie du Nord, Claude Pompidou de la moyenne bourgeoisie angevine, Anne-Aymone descend, on l'a vu, de la haute aristocratie par sa mère née princesse de Faucigny-Lucinge et de la grande fortune par son

---

11. Patrice Duhamel et Jacques Santamaria, *L'Élysée, coulisses et secrets d'un palais*, Plon, 2012, p. 184.

père, François Sauvage de Brantes, parent des Schneider, les maîtres de forges du Creusot. Elle avait 11 ans lorsque ce dernier qui portait un nom relevé, comme celui des d'Estaing, mais bien plus tôt, est mort en déportation à Mauthausen.

En dépit des différences de génération et de milieu social, Anne-Aymone a reçu le même type d'éducation qu'Yvonne de Gaulle. Comme elle, elle a grandi dans un cadre privilégié, hôtels particuliers et châteaux. Comme elle, elle a été élevée selon les règles d'un catholicisme très strict et sera, toute sa vie, très pieuse. Comme elle, elle a appris, enfant, à dissimuler ses émotions, à rester maîtresse d'elle-même en toutes circonstances. Comme elle, elle a été destinée à un avenir conjugal. Elle aurait pu passer son bac, faire des études supérieures, mais les sœurs du couvent des Oiseaux, avec l'accord de sa mère, ont préféré l'orienter vers ce qu'elles appelaient les « humanités féminines ». Les jeunes filles de la bonne société y restaient entre elles. C'était plus convenable que le mélange des conditions sociales au lycée et des sexes à la faculté. Anne-Aymone s'est laissé faire. Comme Yvonne, elle a appris l'histoire de l'art, l'économie domestique, la cuisine et les bonnes manières. Un bagage suffisant pour tenir une maison, un rang et même une conversation mondaine. Elle a aussi suivi des cours à l'École du Louvre et appris l'anglais qu'elle parle couramment, beaucoup mieux que Valéry.

Anne-Aymone n'a pas 20 ans lorsqu'elle fait la connaissance, au début des années 1960, de Valéry Giscard d'Estaing, à La Rivière, la maison de campagne des Fabre-Luce, en Seine-et-Marne. Elle est fort jolie, élégante, distinguée et riche, ce qui ne gâte rien dans un milieu où le mariage est aussi considéré comme un accélérateur de carrière. Valéry se souvient-il de la réponse de sa mère lorsqu'il lui avait demandé s'il avait un bel avenir :

«Je te le dirai quand tu me présenteras ta femme[12].» Anne-Aymone de Brantes, c'est un nom et une fortune très supérieure à celle des Giscard qui n'est pourtant pas mince. Si le jeune Valéry est ambitieux, au point d'avoir déjà programmé son ascension vers les sommets, il est aussi romantique, sentimental, sensible jusqu'à la sensiblerie. Cette jeune fille timide, très petite fille, si pure, si retenue, si parfaite, l'attire. Inconsciemment, comme Charles de Gaulle, il cherche une femme qui, à l'image de sa mère, sera à sa dévotion. Valéry fait sa cour, comme on disait à l'époque. Anne-Aymone est séduite par son élégance, sa distinction, sa nonchalance tranquille. Il l'invite à l'Opéra, au théâtre, lui écrit des poèmes. Il sait tout faire et bien: skier, nager, jouer au tennis, danser, jouer du piano et de l'accordéon, converser. Seul bémol: elle le trouve brillant, «mais d'un intellectualisme effréné[13]». Ce qui ne l'empêchera pas, quelques années plus tard, de reconnaître: «Il était irrésistible.» Valéry présente Anne-Aymone, qui est devenue sa fiancée, à ses collègues du ministère des Finances. Ils sont frappés par sa timidité, son silence. Par son courage aussi, ou son inconscience. «Il faut du cran pour accepter de vivre avec un égocentrique[14]», pensent-ils. Anne-Aymone n'a apparemment pas encore compris que Valéry, tel Narcisse, s'aime d'abord lui-même.

Le mariage civil a lieu le 17 décembre 1952, le mariage religieux et la réception au château du Fresne, à Authon, la maison des Brantes, le 23. Un beau mariage entre une jeune fille «délicieusement ingénue», dira sa belle-mère, et un jeune homme promis à un brillant avenir.

12. Propos recueillis par Laurence Masurel pour *Paris Match*, *in* Georges Valance, *VGE, une vie*, *op. cit.*, p. 102.
13. Olivier Todd, *La Marelle de Giscard*, *op. cit.*, p. 102.
14. *Ibid.*, p. 103.

Yvonne de Gaulle avait épousé un militaire, Claude Pompidou un professeur. Ni l'une ni l'autre n'imaginait se retrouver un jour à l'Élysée. Anne-Aymone lie son destin à celui d'un jeune haut fonctionnaire ambitieux qui ne cache pas sa passion pour la politique et qui se prépare déjà à accéder au pouvoir pour moderniser la France. Elle affirmera que, contrairement à d'autres, Valéry ne lui a jamais dit : « Je serai président de la République. » Sans doute ! Quand elle fait sa connaissance et jusqu'en 1958, le président de la IVe « inaugurait les chrysanthèmes », selon la formule de Charles de Gaulle. Très peu pour Valéry ! À ses rares amis, à ses flirts, il décrivait ce que serait son parcours : la députation, le ministère des Finances, la présidence du Conseil. Les vrais lieux de pouvoir à l'époque.

Quelques jours avant d'entrer à l'Élysée, Anne-Aymone confie que sa conception du mariage est la même que celle de Tante Yvonne : « L'épouse doit suivre son mari. » Mais, Dieu, que Valéry a été difficile à suivre ! Il va vite, si vite. À 30 ans, il est député, à 33, secrétaire d'État au Budget, à 36, en 1962, ministre des Finances. Quand il caracole, vole de victoire en victoire, il a peu de temps à consacrer à sa femme et à ses enfants. Trop pris, trop entouré par ces créatures que le pouvoir attire, trop enivré de lui-même. Mais quand il essuie des revers qui le laissent désemparé tant ils lui paraissent injustes, il leur revient. Par exemple, lorsqu'il est écrasé, à sa grande surprise, aux municipales de Clermont-Ferrand, en 1959. Le coup est d'autant plus rude que son adversaire socialiste est élu dès le premier tour et que le dernier de sa liste, un ouvrier de chez Michelin d'origine étrangère, obtient plus de voix que lui. À vous dégoûter du suffrage universel !

Son éviction de « son cher ministère des Finances » début janvier 1966 sera plus cruelle encore. Giscard, le patricien, ne cesse de répéter : « J'ai été congédié comme un domestique.» Quarante ans plus tard, la plaie n'est pas refermée. Le 21 novembre 2010, il confie à son biographe Georges Valance: «J'ai été stupéfait parce que c'était invraisemblable et blessé parce que c'était incorrect. Ce fut une période [...] un peu difficile psychologiquement[15].» Un peu? Rue de Bénouville, Anne-Aymone récupère un homme meurtri. Celui dont sa mère, selon Fabre-Luce, parle «à la fois comme d'un superman et d'un nourrisson». Un mari-enfant qui, dans l'épreuve, a brusquement besoin de redécouvrir le cocon familial. Reconnaissante, May Giscard d'Estaing, si fière de son fils, rendra un bel hommage à sa belle-fille: «Elle a été son point fixe. Il n'était pas facile tous les jours. Elle n'en a jamais rien dit[16].»

Anne-Aymone va-t-elle à l'Élysée à reculons comme Claude Pompidou? On l'a cru parce qu'elle a confié à une amie y entrer «comme on entre au couvent». Aujourd'hui, elle s'en défend. La comparaison, dans son esprit, n'était pas négative. Si elle ne s'était pas mariée aussi jeune, elle aurait peut-être choisi, comme sa sœur Marguerite, de devenir religieuse. Elle a seulement eu conscience d'accéder à une fonction où elle devrait observer des règles strictes, consentir des sacrifices. Cela ne l'a pas effrayée. Elle y était prête. Aujourd'hui encore, elle dit ne pas comprendre l'attitude de Claude Pompidou: «C'est une chance exceptionnelle de pouvoir participer en première ligne à la vie de son pays, de se sentir utile, de rencontrer des gens passionnants[17].» N'empêche! La fonction, on le verra, lui a pesé au point de souhaiter en être délivrée.

15. Georges Valance, *VGE, une vie*, *op. cit.*, p. 203.
16. Bertrand Meyer-Stabley, *Les Dames de l'Élysée*, *op. cit.*, p. 116.
17. Entretien avec l'auteur, 9 octobre 2013.

Si elle n'habite pas le palais, elle décide d'y travailler. Pendant que son mari dispose à sa guise des appartements privés, Anne-Aymone s'y cherche donc des bureaux pour elle, une assistante et trois secrétaires. C'est une première. Yvonne de Gaulle répondait à son courrier dans l'appartement de fonction, Claude Pompidou chez elle, quai de Béthune, le plus souvent. Anne-Aymone s'installe dans l'ancienne salle de bains de Napoléon III, au rez-de-chaussée, côté rue de l'Élysée. Elle choisit elle-même la décoration et le mobilier : tissus muraux abricot, moquette gris-bleu, tapis bordeaux, table d'acajou et lampe Empire.

Elle s'astreint à des horaires et s'impose des contraintes qu'elle décrit avec une certaine naïveté. L'Élysée, explique-t-elle, n'est pour elle « qu'un bureau où l'on se rend le matin de bonne heure et que l'on quitte le soir, une fois la tâche accomplie ». Que n'a-t-elle dit là ! Aussitôt, *La Lettre de la Nation*, l'organe du parti gaulliste, la mouche : « L'Élysée ce n'est pas un travail, c'est une fonction qu'on assume vingt-quatre heures sur vingt-quatre ! » À travers elle, c'est Giscard, jugé responsable de la défaite du Général au référendum de 1969, que l'on attaque. Ce n'est qu'un début.

Anne-Aymone s'inscrit pourtant plus dans la continuité des deux Premières dames qui l'ont précédée que dans le changement prôné par son mari. Elle reprend presque mot pour mot leurs déclarations d'intention. Comme Yvonne de Gaulle, elle affirme : « Je serai une bonne maîtresse de maison. » Elle en a toutes les qualités. Elle supervise le travail des jardiniers, fait redessiner le parterre de la roseraie, introduit des orangers pour orner la cour et les jardins, l'été, et veille aux bouquets de la présidence comme aux menus, sauf pour les repas officiels. C'est alors son mari qui s'en charge. Le 8 mai 1976, il ne faut pas moins de six pages à *Paris Match* pour montrer l'ampleur de sa tâche. On la voit dans les cuisines, avec le chef, dressant la table dans un des salons, taillant des haies dans le parc…

La même année, pour un magazine espagnol, Anne-Aymone reconstitue sa journée type : « Chaque matin, j'arrive à mon bureau entre 10 heures et 10 h 30. Je prends connaissance de mon emploi du temps de la journée établi par ma collaboratrice, Odette de Noyelle[18]. Nous discutons ensemble des décisions à prendre. Puis, je parcours les quotidiens. Ensuite, je m'occupe de mon courrier. C'est mon plus gros travail. Après cela, je reçois des visiteurs : responsables d'associations ou d'organismes variés, de caractère social ou culturel, personnalités diverses. Ces entretiens durent en moyenne une demi-heure. Pour le déjeuner, je rentre toujours chez moi, sauf s'il y a un repas officiel. Je prends toujours le repas à la maison avec mes enfants. Leur père ne peut malheureusement pas nous rejoindre car il est très souvent retenu à l'Élysée. L'après-midi, je reviens à mon bureau pour y travailler ou recevoir d'autres visiteurs. Parfois, c'est moi qui effectue des visites. Je vois des maisons de retraite, des crèches, des écoles, des centres de formation, des foyers. Bref, toutes sortes d'établissements. Quand j'ai le temps, je vais faire des courses pour mes enfants, pour la maison et pour moi-même. Le soir, si je n'ai pas d'obligations officielles, je dîne à la maison. Le président me rejoint presque toujours […]. Dans cet emploi du temps il ne faut pas oublier les voyages en province et à l'étranger[19]. » Ce témoignage est suivi de ce commentaire : « C'est lourd, éprouvant, très fatigant et surtout très ingrat parce qu'on se rend compte

18. Odette de Noyelle est plus qu'une collaboratrice. Épouse d'un alpiniste qui a réalisé des premières dans le massif de l'Annapurna, c'est une femme à la forte personnalité qui partage le bureau d'Anne-Aymone.

19. Bertrand Meyer-Stabley, *Les Dames de l'Élysée*, *op. cit.*, p. 126-127.

que finalement il n'en reste rien. Certes, c'est parfois très passionnant, car l'on réalise nombre de choses que l'on ne ferait jamais autrement, mais il y a des activités qui ne sont pas drôles à faire tous les jours[20]. »

Tout Anne-Aymone est là. La femme qui n'a jamais travaillé hors de chez elle qui juge très matinale – 10 heures, 10 h 30 – son arrivée au bureau. La mère de famille très proche de ses enfants, malgré les vouvoiements, qui rentre chaque jour à son domicile pour déjeuner avec eux et leur consacre du temps. L'épouse qui, parlant de Valéry, ne dit pas « mon mari », comme Claude Pompidou, mais « le président », ou « le père des enfants ».

Parmi ses tâches ingrates qu'elle évoque, la réponse au courrier, une centaine de lettres par jour. « J'étais le dernier recours », dit-elle. Le plus souvent pour des femmes en difficulté qui considéraient l'appel à la Première dame comme « la sollicitation de la dernière chance », là où l'État avait échoué. Trois assistantes sociales examinent les dossiers confiés tous les quinze jours à une commission sociale qu'Anne-Aymone a créée et qu'elle préside. Les lettres dignes d'intérêt bénéficient d'une réponse manuscrite de Mme Giscard d'Estaing, le plus souvent accompagnée d'un billet de 500 francs. « Si nous arrivions la plupart du temps à trouver des solutions aux problèmes qui nous étaient posés, nous nous trouvions complètement désarmées dans les affaires de violences exercées contre les enfants. Nous ne savions pas ce que nous devions faire et encore moins à qui nous adresser, expliquera-t-elle trente ans plus tard. À l'époque, il s'agissait encore de sujets tabous et la justice ne s'immisçait pas dans les foyers[21]. »

20. *Ibid.*, p. 127.
21. Interview donnée à *Gala*, 3 octobre 2007.

Claude Pompidou, suivant l'exemple d'Yvonne de Gaulle et de sa fondation Anne de Gaulle, avait créé la sienne pour venir en aide aux enfants atteints de handicap lourd. Anne-Aymone, à son tour, lance, en 1977, la Fondation pour l'enfance consacrée aux enfants victimes de violences et financée par un chèque de 1,6 million de francs qui correspond aux droits d'auteur de son mari pour *Démocratie française*[22]. *Le Canard enchaîné* ironise sur « le retour des dames patronnesses », la qualifie de « Pénélope de l'Élysée », la compare aux « femmes oisives des maîtres de forges », elle qui est apparentée aux Schneider et aux Wendel. Giscard refuse de commenter ce qu'il appelle ces « bassesses » et réplique : « Lorsque j'ai envie de regarder ce que sont la dignité et la qualité françaises, il me suffit de regarder Anne-Aymone[23]. » Cet hommage public rendu à sa femme sera d'autant plus remarqué qu'il en sera avare. *Le Canard* n'appellera plus Mme Giscard d'Estaing que « Madame DQ[24] ». Dignité, qualité !

En voyage à l'étranger avec le président, Anne-Aymone tient avec classe son rôle de représentante de la haute couture française. Mieux, à l'évidence, que l'épouse du Général. Pourquoi éprouve-t-elle le besoin de le préciser : « On ne peut pas dire que Mme de Gaulle ait été un mannequin, évidemment... » ? Le propos maladroit, inélégant dans la bouche de cette femme si bien élevée, est d'autant plus étonnant qu'elle éprouve une grande considération pour Yvonne de Gaulle. Moins excentrique que Claude Pompidou dont elle n'a pas la taille élancée, Anne-Aymone possède la minceur, le port altier et l'élégance naturelle d'une femme habituée à porter jeune, avant même le sacre de son mari, des vêtements de grands

22. Fayard, 1976.
23. Christine Clerc, *Tigres et tigresses*, *op. cit.*, p. 314.
24. Pour « Dignité » et « Qualité ».

couturiers : Dior, Chanel, Grès et Courrèges l'ont habillée. Elle sera surtout l'ambassadrice de Jean-Louis Scherrer.

Anne-Aymone va jouer un rôle public beaucoup plus important que Mmes de Gaulle et Pompidou. L'a-t-elle voulu ? Rien, dans son éducation, ne la prédisposait à s'intéresser et plus encore à participer à la vie publique. Pour une jeune femme de son milieu, ce n'était pas convenable, pas même concevable. De plus, sa timidité, sa discrétion naturelle s'accommodaient mal d'une exposition sur le devant de la scène. Bien avant l'Élysée, elle avait trouvé normal de participer aux campagnes législatives de son mari. À la place modeste qu'il lui assignait. En 1956, elle s'occupe du secrétariat, mais n'assiste pas aux réunions électorales. « À cette époque, expliquera-t-elle, c'était mal vu pour une femme de s'y rendre[25]. » Elle participe peu – son fils Louis n'a que trois mois – à la campagne pour la mairie de Clermont qui se soldera, on l'a vu, par un cuisant échec pour son mari. En revanche, elle est mobilisée pour les législatives de mars 1967. Le journaliste Régis Paranque, qui suit la campagne de Giscard pour *Les Échos*, se souvient : « Il est venu me prendre à la gare de Clermont-Ferrand [...]. Sa femme était assise derrière avec un paquet d'affiches et un pot de colle. Il neigeait. À un moment donné, nous arrivons dans un bourg dans la montagne. Il a dit à Anne-Aymone : "Vous descendez, vous collez les affiches et on vous prend au retour..." En fin d'après-midi, on a repris Anne-Aymone qui avait collé ses paquets d'affiches. Elle était frigorifiée[26]. » Anne-Aymone, dans son rôle d'épouse tel que Valéry le conçoit : discrète, effacée, tout à son service. Un rôle qu'elle accepte, dominé par un mari qu'elle craint.

---

25. *Ibid.*, p. 250.
26. Georges Valance, *VGE, une vie*, *op. cit.*, p. 248.

Elle aura plus de mal à s'adapter à celui qu'il va lui demander de jouer pendant la campagne présidentielle de 1974 et après son élection. Jeune secrétaire d'État, il a été subjugué par John F. Kennedy qui l'a reçu quelques minutes à la Maison Blanche, début 1961. «J'éprouvais un frémissement de plaisir car le président Kennedy représentait pour moi un modèle fascinant [...]. Il donnait l'image éclatante et moderne de l'alliance de la jeunesse et du pouvoir[27].» Ce jour-là, Giscard s'est juré d'être le Kennedy français. Lors de la réception donnée à Versailles en l'honneur du président américain et de sa femme, deux images ont frappé Valéry. La première, c'est «la rencontre entre l'homme d'État à dimension historique, éléphantesque [de Gaulle], et l'éclat juvénile du président américain avec son teint bronzé, son sourire ouvert sur des dents éclatantes, fait pour les flashs des photographes». La seconde, celle du vieux Général traversant la galerie des Glaces avec Jackie Kennedy à son bras: «Un murmure les avait accompagnés.» La *First lady* incarne, à 31 ans, la jeunesse, la beauté, la grâce, dans une robe fourreau blanc et rose. Dans ses Mémoires, Giscard écrira: «Il n'était pas question de reproduire cette scène. Mais mon rêve était d'offrir l'image d'une France brillante, moderne, réconciliée avec elle-même[28].»

Valéry s'est persuadé que lui et sa femme, qui n'a alors que 28 ans, deviendront les Kennedy français. Il pousse Anne-Aymone à militer. Elle adhère, en 1966, au club giscardien Perspectives et Réalités, participe à plusieurs congrès. Elle n'intervient pas publiquement, mais donne son avis en petit comité. «Au club, chez les Républicains indépendants, les militants avaient une véritable dévotion

27. Valéry Giscard d'Estaing, *Le Pouvoir et la Vie*, tome 2, *L'Affrontement*, Cie 12, 2005, p. 25.

28. Valéry Giscard d'Estaing, *Le Pouvoir et la Vie*, tome 1, *op. cit.*, p. 101-102.

pour elle[29] », se souvient Mylène Descamps, proche collaboratrice de son mari.

Pendant la campagne de 1974, Anne-Aymone va continuer sa tâche obscure : glisser des tracts sous enveloppe et coller des affiches. Mais cette fois, ce militantisme de base est mis en scène. Suivie par une meute de cameramen et de photographes, elle s'adapte. « J'aime beaucoup coller les affiches, c'est très gai et cela motive les équipes », dit-elle de sa voix pincée. Elle pose dans son bureau, au QG de campagne de la rue de la Bienfaisance, sous l'affiche de son mari, « Un vrai président », entourée de ses deux aînés, Valérie-Anne et Henri. Pendant les meetings, elle est au premier rang sur les estrades, derrière le candidat. Mais pour l'une des affiches de la campagne, Valéry lui préfère sa fille Jacinte. Il veut montrer que les Giscard sont un couple, mais aussi une famille. Comme les Kennedy.

Anne-Aymone est mobilisée. Elle ne choisit pas son rôle, s'enquiert auprès des communicantes de son mari de l'opportunité de chacune de ses interventions médiatiques, obéit à sa feuille de route, répond sans se lasser à de nombreuses interviews vantant les qualités de son mari, sa délicatesse, son romantisme, sa simplicité, sa gaieté, sa franchise. C'est un époux attentionné et un père exemplaire, ne cesse-t-elle de répéter. Une seule fois, elle a craqué. Incitée par une journaliste de *Madame Figaro* à tracer le portrait idyllique d'un homme sensible, elle explose : « Sensible, pensez-vous ! Tout ça c'est pour la galerie ! Pour l'image qu'il veut donner de lui-même ! Il ne s'est jamais préoccupé de quelqu'un d'autre que lui-même ! Pas un geste, pas un mot pour les autres qui ne soit calculé ! C'est moi, moi, moi[30]... » Ce fut l'unique moment de vérité où Anne-Aymone n'a plus pu

---

29. Entretien avec l'auteur, 19 juin 2013.
30. Christine Clerc, *Tigres et tigresses*, *op. cit.*, p. 299.

se contenir. Fallait-il qu'elle en ait gros sur le cœur ! La femme de devoir qu'elle a toujours été reprendra vite le dessus. Au service de sa famille, de ses enfants, de ce mari qui ne pense qu'à lui, mais qu'elle ne cesse d'admirer.

A-t-elle eu une influence politique ? Elle s'en défend : «Je donnais mon avis, il m'écoutait, mais il en prenait beaucoup d'autres.» D'ailleurs, la manière restrictive dont elle définit aujourd'hui ce qu'était, à ses yeux, la Première dame – « un concept protocolaire, une place au même rang que son mari dans les cérémonies officielles, comme une femme de général ou de préfet[31] », dit-elle – implique qu'elle n'en avait pas ! Qui plus est, elle approuvait presque toujours les choix de son Valéry. Contrairement à ce qui a été écrit, elle n'a pas été hostile à deux des grandes réformes de société du septennat : le vote à 18 ans et l'interruption volontaire de grossesse. «J'avais fait un travail social en banlieue parisienne. J'avais vu des femmes en situation épouvantable. Il y avait une injustice affreuse entre celles qui avaient les moyens financiers d'aller avorter médicalement à l'étranger et celles qui ne les avaient pas[32] », explique-t-elle.

Influente ou pas, la discrète Anne-Aymone va jouer un rôle inédit dans la vie publique. À la manière d'une *First lady* américaine. Charles de Gaulle et Georges Pompidou n'avaient jamais songé confier des missions politiques à leurs épouses. Si Claude Pompidou a représenté son mari peu avant sa mort, c'est qu'il n'avait plus la force de paraître. Valéry Giscard d'Estaing, lui, a décidé que sa femme incarnerait, elle aussi, le changement.

Pendant la campagne présidentielle de 1974, elle représente le candidat Giscard aux Antilles. Élégante, vêtue d'un tailleur clair, elle visite des crèches, des écoles et

31. Entretien avec l'auteur, 9 octobre 2013.
32. *Ibid.*

prononce d'une voix blanche une courte allocution. À son retour, elle annonce son intention de « faire une révolution ». Un mot qui, dans sa bouche, paraît incongru. Diable, de quoi s'agit-il ? D'en terminer avec « l'apparat qui entoure la personne du président de la République et sa famille en contraignant tout le monde à vivre sous une chape de glace[33] ». Une déclaration qui prêtera rétrospectivement à sourire lorsque s'affirmeront les prétentions monarchiques de son mari.

En décembre 1974, la nouvelle Première dame retourne aux Antilles, comme elle l'avait promis pendant la campagne. En avril 1975, pour la première fois, elle prononce un discours à Poitiers, lors d'un colloque du Nouveau Contrat social, le club créé par Edgar Faure. D'une voix un peu tremblante, elle parle de la solidarité qui est pour elle « une préoccupation quotidienne ». Le lendemain, répondant à Jacques Duquesne et Christine Clerc qui l'interviewent pour *Le Point*, elle déclare : « Je suis persuadée qu'en étant une femme au foyer on peut avoir une vie très épanouie. Je pense d'ailleurs qu'il serait assez raisonnable de donner un salaire aux femmes au foyer[34]. » Stupeur ! Son mari n'en a jamais parlé. A-t-elle exprimé une opinion personnelle ? Est-ce Giscard qui l'a utilisée pour tester l'opinion ?

Même ses déplacements en province revêtent un caractère plus politique. Yvonne de Gaulle et Claude Pompidou avaient certes montré la voie – hôpitaux, écoles, maisons de retraite –, mais ces visites s'inscrivaient dans le cadre des attributions caritatives de la Première dame. Celles d'Anne-Aymone sont plus systématiques : elle se rend pratiquement dans tous les départements. Et plus complètes : elle va aussi dans des usines, descend même

33. Christine Clerc, *Tigres et tigresses*, *op. cit.*, p. 297.
34. *Ibid.*, p. 301.

dans des mines. «J'ai vu la France en détail», dit-elle. Sa mission consiste à prendre le pouls des Français, à rendre compte, sur place, de leurs problèmes, de leurs attentes. Anne-Aymone veut contribuer à informer son mari de ce que pensent «les vrais gens». De ses plongées en province, elle garde un excellent souvenir. «J'ai toujours eu l'impression que les gens avaient de l'affection pour moi. Beaucoup m'appelaient par mon prénom. J'ai été reçue avec gentillesse partout. De temps en temps, la CGT essayait d'organiser une manifestation. Il y avait trois malheureux qui s'égosillaient[35]... » Trente plus tard, Anne-Aymone croit toujours qu'un déplacement de Première dame organisé par un préfet, d'autant plus vigilant qu'il risque sa tête en cas d'incident, pouvait lui permettre de comprendre ce peuple dont elle est éloignée depuis sa naissance.

Une telle irruption de la femme du président dans le débat public est une première. Chaque intervention d'Anne-Aymone va provoquer des réactions de l'opposition et de la presse qui dénoncent une «dérive monarchique». De quoi se mêle-t-elle? De quel droit parle-t-elle? Est-ce le président qui s'exprime à travers elle?

Le 8 mai 1975, à Orléans, elle préside, au nom du chef de l'État, le 546e anniversaire de la libération de la ville par Jeanne d'Arc. À l'hôtel de ville, elle prononce un discours dont il ne fait guère de doute qu'il a été écrit par sa plume, Christine Albanel, et attentivement relu par son mari. On croit entendre Giscard lorsqu'elle affirme: «Certaines nations s'identifient sous les traits d'un homme. La France se représente à elle-même dans la personne d'une femme, d'une jeune fille. Je suis convaincue que, dans l'inconscient collectif de la nation, Jeanne d'Arc, douce pour les humbles, forte face aux puissants, est à

35. Bertrand Meyer-Stabley, *Les Dames de l'Élysée*, *op. cit.*, p. 139.

l'origine de cette personnification.» Et l'on imagine mal Anne-Aymone se risquer, seule, sur le terrain politique lorsqu'elle fait l'éloge des «vertus chrétiennes» que Jeanne d'Arc «possède au plus haut degré» et «de son patriotisme qui est à l'opposé du nationalisme[36]».

Une semaine plus tard, Anne-Aymone s'envole pour New York où elle représente son mari au festival Maurice Ravel. Elle se rendra aussi à Andorre, dont il est le coprince, signera même un acte officiel et prendra la parole au nom de la France. On la verra encore à Rome, pour l'avènement du pape Jean-Paul Ier, en Égypte où elle est porteuse d'un message confidentiel pour le président Sadate, à Singapour. *Le Monde* consacre une page entière à ce nouveau statut d'«envoyée spéciale» du président. Dans un article intitulé «La tentation dynastique», le quotidien s'interroge: est-ce une nouvelle conception familiale de la présidence qui prend naissance sous nos yeux?

Ce rôle, apparemment voulu par son mari, ne lui vaudra que des déconvenues. Elle devient une cible. Parle-t-elle? Elle se prend pour la reine! Se fait-elle discrète? On la raille: elle a enfin reçu la consigne de se taire! Mais non! Giscard s'entête. Le 31 décembre 1975, il tient à ce qu'elle soit à son côté pour les vœux traditionnels à la télévision. Terminant sa courte allocution, il se tourne vers elle: «Je crois qu'Anne-Aymone veut aussi vous exprimer ses vœux.» Morte de peur, la voix mal assurée, elle ne peut que dire d'un ton faussement naturel: «À tous, à toutes, j'exprime mes vœux très chaleureux. Que ceux d'entre vous qui ont la chance d'avoir le bonheur et la santé n'oublient pas ceux qui sont moins favorisés...» L'expérience fut à ce point catastrophique qu'elle ne sera pas renouvelée.

---

36. Archives nationales, fonds 5 AG3 525.

Au cours des voyages officiels, les Giscard, souvent accompagnés de l'un de leurs enfants, bouleversent, sans complexe, l'ordre protocolaire. Lors d'un déplacement en Chine, Jacinte précède le ministre des Affaires étrangères, Jean François-Poncet. En Inde, lors d'un dîner officiel offert par la France, Henri, le fils aîné, est servi avant Indira Gandhi. À la messe donnée le 23 avril 1975 à Notre-Dame en hommage aux déportés, les deux fils Giscard occupent des chaises en arrière de leurs parents, mais devant les officiels. Ces entorses au protocole républicain apparaissent d'autant plus comme une dérive monarchique que Giscard se comporte comme s'il était roi. À l'Élysée, dans les dîners officiels, il se fait servir le premier. Même en présence de Margaret Thatcher ou d'un chef d'État. Sur les tribunes où il prononce ses discours importants, comme celui du «bon choix» à Verdun-sur-le-Doubs, deux fauteuils - deux trônes ! - sont installés pour lui et sa femme, les autres devant se contenter de sièges plus modestes.

Anne-Aymone, pourtant très consciente de l'égocentrisme de son mari, dont elle a tant souffert, n'est apparemment pas gênée par ce comportement qui choque ou fait sourire. Il lui paraît naturel. Comme Valéry, elle entretient volontiers le mythe d'une descendance royale. Elle appartient au même monde, à la même caste. À l'Élysée, son entourage la traite comme une reine. Christine Albanel, jeune agrégée de lettres de 23 ans chargée d'écrire les discours de la présidente de la fondation, a la surprise d'entendre Odette de Noyelle, le bras droit d'Anne-Aymone, lui dire : «Vous montez en page[37] ! » Il fallait traduire : à l'avant de la voiture, au côté du chauffeur ! Au cabinet de la «présidente», le port de la jupe et

37. Entretien avec l'auteur, 28 mars 2013.

le vouvoiement sont obligatoires, et l'on ne peut s'appeler par les prénoms. Comme son mari, Anne-Aymone est à la fois moderne et archaïque. Elle ne comprend pas que l'on se moque de Valéry lorsqu'il fait, en toute simplicité, « l'éloge du petit peuple ». Elle ne comprend pas davantage qu'on la critique parce qu'elle invite un couple de domestiques espagnols à la réception donnée à l'Élysée en l'honneur de Juan Carlos et Sophie d'Espagne. N'est-ce pas, au contraire, un geste sympathique ? Et moins encore lorsqu'on lui reproche, au cours d'un voyage en Espagne, où l'on s'étonnait qu'elle traduise elle-même le discours de son mari, de répondre qu'elle n'avait aucun mérite, ayant appris la langue de Cervantès en parlant à ses bonnes. N'est-ce pas faire preuve de franchise ?

Avec la même naïveté, Anne-Aymone croit améliorer les relations très dégradées entre le Premier ministre et son mari en invitant les Chirac à passer un week-end à Brégançon, pour la Pentecôte 1976. Ces derniers ont la mauvaise surprise de constater que le président a aussi convié ses quatre enfants et son moniteur de ski, Gaby Fejoz, ainsi que son épouse. Si l'on en croit Fejoz[38], le président et le Premier ministre se voient peu. Au dîner du dimanche soir, l'ambiance est lourde. D'autant que Giscard ne peut s'empêcher de faire une allusion perfide à la journaliste du *Figaro* pour laquelle Chirac a failli tout plaquer ! Bernadette n'ouvre pas la bouche et Anne-Aymone parle peu. Les Chirac vont se coucher de bonne heure. Jacques part le lendemain matin très tôt. Bernadette, elle, reste le lundi. Anne-Aymone, félicitée par son mari pour « ce dîner très réussi », a estimé que Jacques Chirac paraissait plus détendu ! Non seulement il n'en est rien, mais le récit du week-end, paru quelques jours plus tard dans *Le Point*, confirme que la tentative de

38. *Cf.* Georges Valance, *VGE, une vie*, *op. cit.*, p. 389.

rapprochement est un échec. Giscard est décrit trônant dans un grand fauteuil, tandis que ses invités, Premier ministre compris, étaient assis sur de petites chaises. Pour Giscard, l'information, fausse, est signée Chirac. Valéry et Anne-Aymone perdent leurs dernières illusions : le Premier ministre prépare bien son départ. Mais le président est pris de court par la manière dont ce dernier met spectaculairement en scène sa démission. Il ne la lui remet pas, il prend l'opinion à témoin de leur divorce. Giscard confie à Anne-Aymone : « Il m'a parlé de partir sur le même ton qu'un locataire prend congé d'une agence immobilière[39]. » Giscard devra compter désormais avec un ennemi de l'intérieur. Anne-Aymone comprend qu'il va, plus que jamais, avoir besoin d'elle.

Le jeune président, sûr de lui et dominateur, le séducteur, le conquérant à qui rien ne semblait résister, découvre que l'histoire est tragique. La seconde partie du septennat est une succession d'échecs, de drames, d'humiliations : après le fiasco des cantonales de 1976, le désastre des municipales de 1977 remportées par la gauche et, à Paris, par Chirac qui écrase le candidat du président, Michel d'Ornano. La seule victoire, celle des législatives de 1978 qui évite à Giscard une humiliante cohabitation, est portée au crédit de Chirac, le RPR devançant l'UDF giscardienne. Puis, c'est le meurtre de son ami Jean de Broglie et le suicide du ministre Robert Boulin, dont la famille pense, aujourd'hui encore, qu'il a été assassiné. Pour couronner le tout, éclate l'affaire des diamants de Bokassa, que Giscard juge « grotesque ». Le directeur du *Monde*, Jacques Fauvet, écrit : « La seule mise au point possible serait d'annoncer que ce royal cadeau a été retourné à l'envoyeur. » Giscard en est bien incapable,

39. Christine Clerc, *Tigres et tigresses*, *op. cit.*, p. 311.

qui a offert les pierres, dont on apprendra qu'elles étaient sans grande valeur, à ses conquêtes du moment.

Loin de l'humaniser, l'adversité le rend plus lointain, plus hautain, encore plus ridiculement attaché au protocole. Le pouvoir l'a cassé. Comme si la flamme en lui s'était éteinte. Il en a conscience : « C'est pendant que j'étais président que j'ai commencé à enlaidir », écrira-t-il dans ses Mémoires. Il y confie ne plus se regarder dans une glace et, quand il marche dans la rue, éviter les miroirs des vitrines qui pourraient lui renvoyer son image, ne plus lire un journal, ne plus allumer la télévision. Il avoue même que son système nerveux a été atteint.

Anne-Aymone est le témoin impuissant de cette métamorphose. Comme il a vieilli ! pense-t-elle. Elle connaît ses faiblesses. Cet homme qui s'aime et qui aime qu'on l'aime ne supporte pas les attaques qui lui paraissent toujours injustes. Quand on moquait sa femme alors qu'il était à son zénith, il lui expliquait que rien n'avait changé depuis Louis XVI : « Pour salir le roi, on a toujours calomnié la reine[40]. » Autrement dit, on s'attaquait à elle de peur de s'attaquer à lui. Mais maintenant que le roi est à son nadir, la reine continue d'être critiquée. Représente-t-elle son mari en province ? C'était la place d'un ministre. L'envoie-t-il en Grèce ou en Égypte où elle est porteuse, on l'a vu, d'un message au président Sadate ? À quel titre ! Serait-on en monarchie ? On lui oppose l'exemple de Mme de Gaulle et de Mme Pompidou qui, elles, avaient fait preuve de plus de discrétion et savaient rester à leur place.

Anne-Aymone estime pourtant s'être tenue à celle qu'elle s'était fixée : « Première collaboratrice de [son] mari. » Elle affirme que « la femme du président de la République a, qu'elle le veuille ou non, des responsabilités

40. *Ibid.*, p. 314.

particulières. Même si elle voulait demeurer complètement à l'écart, elle ne le pourrait pas. Les Français savent qu'elle existe, ils lui écrivent, ils lui adressent des demandes. Il faut bien répondre[41] ». Mais la relecture de tous les discours qu'elle a prononcés montre qu'elle a pris soin de toujours faire référence au chef de l'État. « Ma présence témoigne de l'intérêt que le président de la République porte à vos travaux » (Poitiers, 13 octobre 1975). « Je serai la fidèle interprète auprès du coprince français, mon mari » (Andorre, 8 août 1976). « Je n'ignore pas que vous auriez préféré avoir comme hôte d'honneur le président de la République » (dîner du Special Forces Club de Londres, 25 novembre 1977). « Le président de la République m'a chargée de vous dire… » (médailles de la famille française, 27 mai 1978)[42]. Elle profite de ses dernières interviews de Première dame pour rappeler comment elle a conçu son rôle. « Mon destin était d'être l'épouse de mon mari, et de fait, je participe à son destin à lui » (*La Dépêche du Midi*, 7 juin 1980). « Mon premier rôle, c'est le rôle d'une épouse. Les tâches que je remplis auprès de lui sont plutôt des tâches complémentaires. J'ai un peu un rôle de maîtresse de maison » (*Le Parisien*, 12 février 1981). « Je ne suis que la femme du président » (*Elle*, 13 avril 1981)[43].

N'empêche ! Anne-Aymone sera la plus attaquée des Premières dames. Cela tient plus à la personnalité de son mari, le mal-aimé, qu'à la sienne. Et au fait que Giscard l'a constamment mise en avant, pour ne pas dire instrumentalisée. Elle vit mal ce qu'elle considère comme un acharnement contre elle. *Hara-Kiri* la caricature à la une, nue, sur les genoux d'un émir. Elle porte plainte et obtient

41. Allocution prononcée à l'Élysée le 2 décembre 1977.
42. Archives nationales, fonds 5 AG3 525.
43. Archives nationales, fonds 5 AG3 524.

que le journal soit contraint de changer sa couverture. *Le Canard enchaîné* puis *Le Monde* l'accusent de spéculation boursière et de délit d'initié. Elle aurait acheté des actions de Rhône-Poulenc avant qu'un accord avec ELF ne fasse grimper les cours. Cette fois, c'est Giscard lui-même qui réagit. Il précise que les avoirs d'Anne-Aymone sont gérés sans qu'elle intervienne. En 1980, à l'occasion du sommet de Venise, elle est même suspectée d'avoir réclamé un avoir après avoir échangé un sac, qu'elle jugeait « affreusement nouveau riche », offert par le ministre des Affaires étrangères italien, contre un autre plus discret, choisi par sa fille Jacinte. Vachard, Dominique Jamet écrit dans *Le Quotidien de Paris* : « De Mme Giscard d'Estaing, l'histoire retiendra cette image petite, mesquine, d'une grande bourgeoise qui ne lâche pas son sac, même avec un élastique. Voilà décidément un homme et une femme bien assortis. Ils étaient faits l'un pour l'autre. Sinon pour nous. » Qui alimente les journaux ? Les Giscard n'ont aucun doute, ce sont Chirac et les officines du RPR.

Anne-Aymone fait front. C'est son devoir. Elle participe activement à la campagne de 1981. Elle se dit frappée « par la haine contre son mari » et la vit d'autant plus mal qu'elle vient « de nos amis politiques plus que de nos ennemis ». Elle est en service commandé lorsqu'elle déclare, en décembre 1980, au journal espagnol *¡Hola!* : « Mon mari et moi éprouvons souvent le besoin de nous reposer et d'abandonner cette charge si lourde pour lui. » Et lorsqu'elle confirme le 12 janvier 1981, dans une interview donnée au *Parisien* : « Si nous n'écoutions que nos désirs personnels et familiaux, cela nous conduirait à ne pas souhaiter le renouvellement de septennat », elle laisse ainsi penser que Giscard pourrait renoncer à se représenter, ménage le suspense. Mais c'est son vœu à elle. Lui est décidé à se battre. Il croit à sa réélection tant il s'estime supérieur à François Mitterrand et à Jacques Chirac, ses deux principaux rivaux. Comment les Français pourraient-ils ne pas voir la différence? Mais comme il paraît loin l'élan qui le portait sept ans plus tôt!

Quand Giscard va mal, il éprouve le besoin de la présence de sa femme. Pendant la campagne, on verra donc beaucoup Anne-Aymone. Elle est en coulisse lorsqu'il affirme, le 2 mars 1981 à la télévision: «Cette campagne, je ne la conçois pas comme une épreuve, mais comme une délivrance...» Elle est présente sur les tribunes des meetings. Elle se déplace, seule, en province, rend visite aux comités de soutien: «Mon mari a besoin de vous...» Les sondages donnent Valéry battu? Ils se trompent! Le 28 avril, au soir du premier tour, elle est bien sûr au QG de l'avenue de Marigny. C'est l'abattement. Avec 28 % des voix, quatre points de moins qu'en 1974, le second tour s'annonce mal. Reste le débat télévisé dont elle espère qu'il permettra à son mari de prendre l'ascendant sur François Mitterrand, comme en 1974. Après le face-à-face, elle estime que Valéry a été excellent et Mitterrand très mauvais. Les Français pensent au contraire que le candidat socialiste est sorti vainqueur du duel.

Le 10 mai au soir, les Giscard doivent subir, rue de Bénouville, les cris de ceux qui fêtent la victoire de la gauche et les conspuent. Le 21 mai, après la passation de pouvoir, Anne-Aymone voit, à la télévision, son mari sortir, à pied, de l'Élysée, comme il y était entré sept plus tôt. Mais cette fois, sous les huées. Elle récupère à la maison un homme abattu, meurtri, en état de choc, fauché en pleine force de l'âge – il n'a que 55 ans. Il se dit «tout écorché de l'intérieur».

De son propre aveu, il mettra longtemps à se remettre de son échec. Sans doute ne s'en est-il jamais vraiment remis. Comme en témoigne sa conversation avec Anne-Aymone sur l'autisme, qu'il relate dans ses Mémoires. Elle l'informe qu'il s'agit d'une maladie psychologique provoquée par un blocage : l'enfant se ferme à toute perception et perd sa capacité à s'exprimer. Et Giscard d'écrire : « En l'écoutant, je sentais se développer une affinité et une sorte de lointaine parenté entre ces enfants et moi [...]. Ils me faisaient toucher du doigt une réalité que j'ignorais jusque-là : la possibilité, pour notre système psychologique, de se bloquer, au-delà de toute tentative rationnelle d'agir sur lui[44]. » Ainsi explique-t-il que, jusqu'en 1988, il n'a jamais pu lire un seul article le concernant, ou regarder une seule émission télévisée « par crainte que [son] nom y soit mentionné ». En 1991, date de la sortie du second tome de ses Mémoires, dont ces lignes sont extraites, il fait sienne la formule : « Souffrir passe, avoir souffert ne passe pas. » En 2006, la dernière phrase du troisième tome dit tout du traumatisme de 1981 : « J'en garderai une morsure aussi tenace que celle du jeune spartiate dont le renard dévorait le foie, la morsure d'une inguérissable nostalgie. »

Anne-Aymone, elle, avouera avoir abandonné sans déplaisir ses responsabilités de Première dame. « Il est vrai que, égoïstement, j'ai ressenti un soulagement relatif, l'impression de retrouver une plus grande liberté, une vie plus normale [...]. Quand vous êtes à l'Élysée, tout ce qui va mal on vous l'attribue ; avec les résultats de l'élection de 1981, nous étions déchargés de ce poids moral[45]. » Elle est délivrée des obligations qui lui pesaient : « L'idée de refaire la même chose pendant sept ans, c'est éprouvant ! Quand je pense aux malheureuses souveraines en Angleterre, aux Pays-Bas ou au Danemark, qui font cela à vie, je ne les envie pas... » Elle n'a jamais

44. Valéry Giscard d'Estaing, *Le Pouvoir et la Vie*, tome 2, *op. cit.*, p. 357.

45. Bertrand Meyer-Stabley, *Les Dames de l'Élysée*, *op. cit.*, p. 144.

souhaité revenir à l'Élysée. En 1978, à la question de la journaliste de *Marie-Claire* : « Maintenant que vous êtes Première dame, de quoi avez-vous envie ? », elle avait répondu : « De ne plus l'être ! » Un cri du cœur. Trois ans plus tard, elle n'avait pas changé d'avis. Elle est retournée avec plaisir à une vie plus discrète, celle qu'elle avait toujours souhaitée.

Anne-Aymone Giscard d'Estaing est la première femme de président de la Ve République qui n'est pas veuve. Yvonne de Gaulle s'est éteinte neuf ans après la mort du Général sans jamais sortir de cet anonymat qu'elle avait tenté de sauvegarder à l'Élysée. Après la mort de Georges Pompidou, Claude, qui lui survécut trente-trois ans, est devenue une icône de l'art contemporain. Anne-Aymone, elle, vit depuis trente-deux ans rue de Bénouville avec celui que l'on a appelé « l'ex ». Elle n'a pas entamé une carrière politique locale, comme le fera Bernadette Chirac, en Corrèze. Elle a refusé la mairie de Chanonat qu'on lui proposait, acceptant seulement d'être une simple conseillère municipale. Si elle est apparue à la télévision, si elle a donné quelques interviews, si elle a présidé quelques galas mondains, c'est uniquement dans le cadre de sa Fondation pour l'enfance, qui a survécu à l'échec de Valéry Giscard d'Estaing.

Elle aura, entre autres, lancé le téléphone vert Allô Enfance maltraitée, étudié la représentation de l'enfant en justice, réalisé une banque de données des abus sexuels, participé à la formation et à la spécialisation d'avocats pour l'enfant, monté des colloques, des groupes d'étude réunissant juges, policiers, avocats, travailleurs sociaux, toujours autour du thème de la protection des enfants. Un peu à la manière de Claude Pompidou, Anne-Aymone Giscard d'Estaing organisera des manifestations caritatives. En 1994, à l'occasion d'un grand forum en partenariat avec l'Unesco, elle invite toutes les Premières dames du monde déjà engagées dans ce type d'action. Vingt-cinq répondent à l'appel. Le 8 octobre 2007, elle préside la Quinzième Nuit internationale de l'enfance, à l'Orangerie du château de Versailles, en présence de l'épouse du roi Mohammed VI du Maroc. À plusieurs reprises, Sylvia de Suède et sa fille Victoria lui apporteront leur concours.

Anne-Aymone Giscard d'Estaing aura consacré l'essentiel de son temps à la défense des enfants maltraités. Sa fondation n'a jamais atteint la notoriété de celle de Bernadette Chirac, appuyée sur la spectaculaire opération Pièces jaunes, conçue comme un outil de communication. Ni même de celle de Claude Pompidou. Elle a travaillé à sa manière, discrète, sans jamais se mettre en avant, sans chercher à promouvoir sa propre personne. En 2012, elle a, selon son expression, « pris sa retraite », laissant à d'autres les rênes de sa fondation. Elle continue de superviser l'intendance de ses trois résidences, l'hôtel particulier de la rue de Bénouville à Paris, le château de La Varvasse en Auvergne et le manoir d'Authon dans le Loir-et-Cher dont elle gère les terres et contrôle les revenus au centime près. Femme de devoir, elle veille encore et toujours au confort d'un mari qu'elle n'a cessé d'aimer. Elle aura beaucoup subi, beaucoup souffert, mais à la fin, c'est elle qui gagne, récupérant l'homme blessé qui, plus que jamais, aura besoin d'elle. Intelligente, cultivée, elle a toujours énormément lu en anglais ou en français. Freinée par une timidité maladive qui la fait apparaître froide et distante, tétanisée par l'expression publique, elle était la moins faite pour le rôle de Première dame. Elle n'a pas écrit ses Mémoires, comme Claude Pompidou, Danielle Mitterrand, Bernadette Chirac ou Cécilia Sarkozy. Elle est la seule qui n'a inspiré aucun biographe, aucun auteur de document télévisé. Son dossier dans les services de documentation des journaux est de loin le plus mince. Pour un numéro spécial sur les Premières dames, *L'Express* a puisé dans ses archives : rien ou presque sur elle. Anne-Aymone, la plus présente sur la scène politique, est aussi celle qui aura laissé le moins de traces.

Danielle Mitterrand

> «Je commence à être horripilée par ce titre de Première dame.»

Danielle Mitterrand ne s'inscrit pas dans la continuité des trois Premières dames qui l'ont précédée à l'Élysée. Libre, rebelle, résistante à vie, elle n'est pas une femme soumise. Fille d'enseignants laïcs, son éducation ne doit rien au catholicisme. Militante, elle ne s'est jamais méfiée de la politique. Elle vient d'une autre France, possède d'autres valeurs, incarne une autre histoire. Elle sera différente, forcément.

Contrairement à Yvonne de Gaulle, elle n'a pas redouté que son mari se présente, la soixantaine passée. Elle l'a ardemment souhaité. Contrairement à Claude Pompidou ou Anne-Aymone Giscard d'Estaing, elle n'entre pas à l'Élysée à reculons. Une prison, un couvent, le palais présidentiel ? Peut-être, mais elle se fait fort de ne pas s'y laisser enfermer. Si elle éprouve une joie aussi intense le 10 mai 1981, à l'annonce de l'élection de son mari, ce n'est pas pour elle. Devenir Première dame n'a rien d'exaltant à ses yeux. Elle s'est toujours moquée des titres, des usages, a toujours détesté les mondanités. C'est pour François qu'elle exulte. Il s'est tant battu pour en arriver là ! Et plus encore pour le peuple de gauche, les obscurs, les sans-grade, les réprouvés qui, pour la première fois depuis 1936, vont être représentés au pouvoir. « Comme ils sont heureux ! » murmure-t-elle en regardant la foule qui, à Château-Chinon, ovationne son mari. Dans la vieille Renault R20 qui, en fin de soirée, la conduit à Paris avec François, sous une pluie battante, elle entonne *L'Internationale*. Cette « lutte finale », elle la chantait déjà à 10 ans. Elle pense à ses parents disparus, enseignants tous deux, républicains, socialistes. À son père, dignitaire du Grand Orient, directeur de collège, déchu de l'Éducation nationale parce qu'il avait refusé sous Pétain de communiquer les noms de ses élèves et de ses professeurs juifs. À ses copains du maquis qu'elle ravitaillait dans les collines au-dessus de Cluny et dont beaucoup n'ont pas vu la Libération. À Henri Frenay et à Berty Albrecht que ses parents cachaient dans leur maison de Cluny. Berty, arrêtée au printemps 1943, torturée et qu'ils n'ont plus revue. Tous partageraient son bonheur, ce soir. Avec François, c'est la gauche historique, celle des sans-culottes, des communards, des maquisards, celle de Jaurès et de Blum, qui accède au pouvoir. Elle en est sûre, cette gauche va changer la société, sinon la vie, instaurer plus de liberté, d'égalité, de fraternité.

Le premier signe du changement ne lui plaît pas. Au péage de l'autoroute, la voiture du président passe sans payer. Des passe-droits, déjà ! Elle n'en veut pas. Arrivée à Paris, alors que son mari se rend au siège du PS, rue de Solférino, où dirigeants et militants l'attendent depuis des heures, elle veut aller à la Bastille avec son fils Gilbert, sa belle-sœur Minouche et leurs amis qu'elle a rejoints à son domicile, rue de Bièvre. Danser, chanter, faire la fête avec le peuple de gauche. Mais non ! Les policiers chargés de sa surveillance l'en dissuadent : « Nous ne pouvons pas vous protéger dans une telle foule. » Épuisée par tant d'émotions, elle se couche et s'endort.

Pendant les onze jours qui séparent l'élection de la passation de pouvoir, alors que François constitue ses équipes et se prépare à gouverner, Danielle continue d'animer la campagne « Des cahiers et des crayons pour les enfants du Salvador et d'Afghanistan », lancée, quelques mois plus tôt, par Solidarité internationale, une ONG proche du PS. Elle y milite activement. Le 21 mai, de sa chambre de la rue de Bièvre, elle suit à la télévision l'entrée officielle de son mari à l'Élysée. Proclamation des résultats, premier discours du président, François qui embrasse Pierre Mendès France en larmes.

La voiture qui lui est attribuée conduit Danielle, vêtue d'une petite robe-chemisier à rayures verticales bleu-blanc-rouge, agrémentée d'un col Claudine, à l'Élysée, pour le déjeuner, sans protocole, qui réunit des amis politiques, des écrivains, des personnalités étrangères, des parents, des proches. Willy Brandt, Olof Palme, Mário Soares, la veuve du président Allende, Mme Neruda, Carlos Fuentes, Gabriel García Márquez, Míkis Theodorákis, Melina Mercouri côtoient des administrés de Château-Chinon, la ville dont le président était maire depuis 1959. Beaucoup n'en reviennent pas d'être là. L'un des convives, facétieux, lance : « Dépêchez-vous, ce n'est loué que jusqu'à 16 heures ! » En fin d'après-midi, après la réception à l'Hôtel de Ville, François Mitterrand remonte à pied la rue Soufflot, jusqu'au Panthéon où il entre seul. Lorsqu'il en sort, Danielle est dans la foule, sous la pluie. Elle a les pieds trempés. Plus tard, elle écrira : « J'ai vu les gouttes de pluie qui ruisselaient sur le visage de François, impassible, et une grande bouffée d'amour pour lui fit battre mon cœur, au rythme des envolées de la *9e Symphonie* de Beethoven[1].» Elle réussit à s'approcher de son mari et lui glisse: «Je rentre à la maison avec ma sœur.»

Le lendemain, toujours avec sa sœur, Danielle revient à l'Élysée. Visite des lieux sous la conduite d'un huissier. Pour elle, ce n'est pas une découverte. Sous la IVe République, elle y a souvent été invitée avec François qui fut ministre de onze gouvernements. La première fois, elle avait 23 ans. Elle faisait si jeune qu'un huissier lui a demandé qui était son père. «M. Gouze, répondit-elle. — Mais ce nom ne figure pas sur la liste des ministres invités. — Non, mais vous devez trouver le nom de mon mari: François Mitterrand.»

Sous la présidence de René Coty, elle devient une habituée du palais: «Comme épouse du garde des Sceaux, protocolairement placée en face du président René Coty [...], à plusieurs reprises mon voisin de gauche, le nonce apostolique de France, m'interpelle, très jovial, et me fait rire avec des histoires quelquefois coquines. Eh oui, je peux dire que j'ai dîné dans ma jeunesse, à l'Élysée, avec le futur pape Jean XXIII, très en verve[2].» Les grands salons officiels où la robe de soirée et le smoking étaient de rigueur sous Vincent Auriol n'ont pas changé. «Désormais, tous les mystères qui se cachent derrière les portes sont à ma portée», pense Danielle qui a gardé un cœur de midinette.

Dans les appartements privés, la chambre qui lui est attribuée a été décorée par Garouste. Les couleurs noir et or ne lui plaisent pas. Mais qu'importe! Elle est bien décidée à ne pas habiter le palais. La seule pièce qui l'intéresse, c'est «son» bureau, celui qu'Anne-Aymone

1. Danielle Mitterrand, *Le Livre de ma mémoire*, J.-C. Gawsewitch éditeur, 2007, p. 382.

2. Danielle Mitterrand, *En toutes libertés*, Ramsay, 1996, p. 157.

Giscard d'Estaing avait choisi, au fond de l'aile gauche. Danielle le décrit tel qu'elle le découvre : « Une pièce bon chic bon genre, aux murs tendus de damassés, où de lourds rideaux dans le même tissu, retenus par de riches embrasses, filtrent la lumière du jour. Un énorme et magnifique bouquet de fleurs orne une fausse cheminée. Les fauteuils Louis XV face à la table-bureau du même style incitent plutôt à la conversation mondaine qu'au dépouillement du courrier qui me serait adressé[3]. » Bref, un bureau très giscardien dont Danielle s'accommode... avant de choisir un mobilier contemporain. Une secrétaire d'Anne-Aymone, Mlle Challier, la seule qui soit restée, les autres ayant fui à l'arrivée des envahisseurs, lui apprend que la majeure partie du courrier était renvoyée aux administrations concernées. Mme Giscard d'Estaing ne répondait qu'aux lettres les plus émouvantes, réponses accompagnées, on l'a dit, d'un billet de 500 francs ! Ce n'est évidemment pas ainsi que Danielle conçoit son rôle. Elle ne veut être ni la Première dame de charité, ni la Première dame patronnesse. Plutôt une super assistante sociale doublée d'une politique.

Ses premiers pas à l'Élysée sont difficiles. Elle peine à s'habituer à ces regards qui soudain la voient autrement. À ces agents de sécurité dont elle doit supporter la présence. À ce titre de Première dame qui l'horripile. « Il fait écran à tout ce que je pourrais révéler de ma personnalité, de ma raison d'être[4] », écrira-t-elle. Elle cherche sa voie. Pendant un mois, avec Hélène Vinet, une ancienne secrétaire de son mari, elle trie l'ensemble des doléances de ses correspondantes. Elle crée des sections spécialisées – travail, logement, situation des familles des prisonniers, violation des droits de l'homme –, chacune est confiée à

3. Danielle Mitterrand, *Le Livre de ma mémoire*, *op. cit.*, p. 383.
4. *Ibid.*, p. 373.

une rédactrice et une assistante qui guident les expéditeurs dans les dédales administratifs. Elle lit toutes les lettres qu'elle reçoit, toutes les réponses qu'elle signe. Elle intervient personnellement quand l'administration fait la sourde oreille. Lorsque plusieurs correspondants attirent son attention sur les effets pervers de telle ou telle mesure gouvernementale, elle alerte le ministre concerné.

Lorsqu'elle épouse une cause qu'elle juge juste, Danielle va jusqu'au bout. Et rien ni personne ne peut alors l'arrêter. Par exemple, lorsqu'elle est alertée par le père d'un jeune poète qui a oublié de s'inscrire comme objecteur de conscience et qui, incorporé, croupit dans une prison militaire parce qu'il refuse de porter les armes : « Mon fils devient fou. Il a déjà tenté de se suicider. Je ne peux le raisonner et l'armée ne cédera pas. » Danielle appelle le ministre de la Défense, Charles Hernu, un ami, proche de son mari. À la demande de ce dernier, le général concerné la rappelle, mais il s'en tient au règlement. Colère de Danielle. Elle fait le siège d'Hernu, prévient : « Ce garçon va mourir et le général aura commis un assassinat pour ne pas avoir voulu comprendre. » Elle finit par obtenir gain de cause. Le jeune poète est rendu à la vie civile.

Dès les premières semaines, Danielle prend conscience des limites de son action. Pour traiter la somme des informations qu'elle reçoit, de France et de l'étranger, les ONG auront plus de poids. Elle propose ses services aux responsables des associations humanitaires les plus connues. Là où elle est désormais, elle peut leur être utile. À sa grande surprise, elle se heurte à un refus, poli, mais ferme. Le 21 juin, vers 17 heures, elle s'en ouvre à François, au cours d'une de leurs promenades quasi quotidienne dans le parc de l'Élysée : « Je viens d'essuyer une fin de non-recevoir qui me laisse désemparée [...]. Je suppose que leur imagination perverse leur a fait craindre que tu me pilotais pour récupérer les mouvements associatifs.

J'ai compris qu'ils ne voulaient pas de moi[5]. » « Qu'à cela ne tienne, lui dit François. Si tu veux continuer à militer dans le milieu associatif, crée ton association et tu seras leur égale. » Mais comment l'appeler ? « Nous sommes le 21 juin, appelle-la l'Association du 21 juin ! » Danielle est enthousiaste. Elle ne sera pas une potiche ! Elle va pouvoir se consacrer à la mission qui lui tient le plus à cœur : défendre les droits de l'homme et des peuples à s'autodéterminer. Son moral vacillait. La perspective de sortir de ce rôle de Première dame tel qu'il a été conçu par celles qui l'ont précédée, un non-rôle à ses yeux, dans lequel elle se sentait à l'étroit, lui redonne espoir. L'Association du 21 juin se battra partout dans le monde où la liberté et les droits de l'homme sont bafoués ! Vaste programme.

En France, elle lance aussi Cause commune qui œuvrera pour la promotion de créateurs empêchés de réaliser leurs projets faute de caution. Dans la foulée, elle crée une troisième association qui se donne pour mission de récupérer le matériel obsolète, de le remettre en état de marche et de l'acheminer dans les pays du tiers-monde. Une initiative qu'elle se reprochera. Vingt-cinq ans plus tard, elle écrira : « Ce ne sont pas de bonnes manières envers ces peuples qui méritent plus de considération. Depuis, j'ai appris à les connaître, à associer France Libertés à leurs projets. Je les retrouve dans les forums sociaux mondiaux et il ne me viendrait plus à l'idée de leur faire la charité de matériels rafistolés qui, souvent, ne s'adaptent pas à leurs besoins[6]. » Danielle n'imaginait pas, alors, que l'idée serait reprise au début du XXIe siècle, dans une France qui compte dix millions de pauvres !

En 1985, elle prend conscience que ces trois associations qui poursuivent un même but sous des formes et sur

5. *Ibid.*, p. 387.
6. *Ibid.*, p. 388.

des terrains différents, présentent, selon son expression, « un salmigondis d'actions ». Il serait plus logique et plus efficace de les regrouper. Pourquoi pas une seule fondation, France Libertés-fondation Danielle Mitterrand ? « Encore faut-il que le président soit d'accord pour que vous utilisiez son nom[7] », lui fait remarquer Raphaël Doueb, secrétaire général de Cause commune. Elle n'y avait pas pensé ! François Mitterrand donne son feu vert au cours d'un petit déjeuner rue de Bièvre, en présence de Doueb : « C'est convenu, cette fondation portera notre nom, et je contribuerai personnellement à la constitution du capital[8]. » Les statuts de France Libertés-fondation Danielle Mitterrand sont déposés au ministère de l'Intérieur, le 5 mars 1988. Raphaël Doueb en est le secrétaire général. C'est un homme chaleureux et volubile, un séducteur, un fonceur que rien n'arrête. On l'aime ou on le déteste. Né en 1940 dans le Sud algérien, il a connu Danielle Mitterrand en 1973, à l'occasion des travaux de rénovation de la rue de Bièvre. Il travaillait alors avec son père dans l'immobilier. Puis il a collaboré au journal *Actuel*, milité à l'extrême gauche, avant de se reconvertir dans l'humanitaire.

Il va jouer un rôle important dans la vie de Danielle. Elle est sous le charme, ne jure plus que par lui. Il devient son chevalier servant. Il la sort, l'emmène dîner chez ses amis galeristes. Quand elle parle de lui, elle dit mon « mentor[9] ». Il la conseille, la guide, lui évite bien des pièges ou des faux pas que sa naïveté lui aurait fait commettre. Lorsqu'il fait l'objet de violentes attaques, notamment sur sa gestion financière, pas toujours rigoureuse, elle le défend bec et ongles. Si on le salit, dit-elle,

7. Danielle Mitterrand, *Le Printemps des insoumis*, Ramsay, 1998, p. 35.

8. *Ibid.*, p. 36.

9. *Ibid.*, p. 46.

c'est pour discréditer la fondation. France Libertés va devenir la vie de Danielle, sa survie[10], selon sa biographe, Françoise Xenakis.

Le couple Mitterrand ne ressemble à aucun des trois qui l'ont précédé à l'Élysée. Il n'est pas né dans les mêmes conditions. Il ne vivra pas de la même manière. Danielle n'a pas été mariée par sa famille, comme Yvonne de Gaulle. Elle n'a pas eu le coup de foudre, comme Claude Pompidou. Elle n'a pas obéi à la loi de son milieu, comme Anne-Aymone Giscard d'Estaing. C'est une mariée de l'an I de la Libération, de l'urgence, du tourbillon de la victoire. Elle a connu François à Pâques et l'a épousé en octobre. Six mois ! Mais c'était, dit-elle, du concentré de vie. Elle l'admire tant, son beau résistant, qu'elle n'a pas su résister. À Geneviève, la sœur cadette de François, catholique pratiquante, qui lui demandait sur quel critère elle avait choisi son mari, Danielle répondit : « Pour moi le mariage est une loterie. Un élan m'a poussée vers François que je ne connaissais pas encore et de cet élan nous allons essayer de faire un bon mariage. » Une loterie ! Pour cette fille de prof, athée et qui se moque des conventions, le mariage n'est ni un sacrement ni même un lien social, seulement une tentative de vivre à deux. Ce qui ne l'empêche pas, mi-femme, mi-enfant, de rêver d'un amour fusionnel, d'une complicité de tous les instants. Ce à quoi François rêvait lui aussi. Mais c'était six ans plus tôt. La rupture avec sa fiancée, Béatrice – la future Catherine Langeais –, la captivité, la guerre l'ont durci. Il est devenu plus cynique. Il est séduit par cette fille de 20 ans aux yeux de chat, qui l'écoute et l'admire.

10. *Cf.* Françoise Xenakis, *Danielle Mitterrand*, Ramsay, 2006, p. 303.

« Il a pensé qu'il pouvait la former, la modeler[11] », dira sa cousine Marie-Claire Sarrazin, dont il fut amoureux. C'était mal connaître Danielle.

Le jour même de son mariage, elle comprend qu'elle aura du mal à trouver sa place auprès de son mari. À peine le repas de noce terminé, il s'échappe. Danielle s'étonne.

— Où allez-vous[12] ?

— À une réunion des mouvements de prisonniers de guerre, avenue Matignon !

— Je vous accompagne !

En robe de mariée, elle assiste, pour la première fois, à une séance de travail dirigée par François. « Dans un petit coin, dit-elle, le jour de mon mariage ! À 20 ans, ça ne passe pas bien. » Très vite, elle apprend à connaître son goût du secret, sa propension à cloisonner ses vies, sa soif d'exister, d'accomplir son destin.

Pour se rapprocher de François, le suivre dans ses meetings où il prononce ses discours, elle décide, sans le lui dire, de prendre des cours de sténotypie chez Pigier. Lorsqu'il l'apprend, il se fâche : « Tu ne seras jamais ma secrétaire, ne mélangeons pas le travail et la vie familiale[13]. » Alors, elle s'achète le petit outillage et le manuel d'apprentissage pour relieur. Pendant trente-cinq ans, elle pratiquera la reliure, deviendra une vraie professionnelle au talent reconnu. François, le bibliophile, ne pourra qu'approuver.

Tout va trop vite pour elle. À 22 ans, elle est femme de ministre. Une vie à laquelle elle n'était pas préparée et qui ne correspond ni à ses goûts simples ni à ses aspirations. Étoile montante de la IVe République, François, que le magazine *Elle* classe, en 1951, parmi les dix hommes les

11. Entretien avec l'auteur, 24 janvier 2007.

12. Danielle et François se sont vouvoyés au début de leur mariage.

13. Danielle Mitterrand, *Le Livre de ma mémoire*, *op. cit.*, p. 220.

plus beaux de France, collectionne les conquêtes. C'est un séducteur qui vit en célibataire, en marge de sa famille. Danielle et ses deux garçons, Jean-Christophe, né en 1946, et Gilbert, en 1949, sont l'une de ses vies. Et puis il y a l'autre… Danielle ne le supporte plus. Elle crie, elle pleure, lui fait des scènes. Il répond : « Le mariage, ce n'est pas l'Inquisition. » Évoque-t-elle le divorce, bien avant la liaison de François avec Anne Pingeot ? Pas question, lui répond-il, elle est sa femme, pour la vie. Il tient à elle, aux enfants, à Christine, sa belle-sœur qu'il aime beaucoup, et à son mari Roger Hanin qui le fait tant rire, à sa belle-mère à qui il porte une grande affection. Peut-être songe-t-il aussi à sa carrière. Comme Giscard, il pense qu'il est difficile, à l'époque, pour un divorcé, de briguer les plus hautes fonctions. Non, pas de divorce, mais un pacte. Pour tout le monde, pour les enfants, la famille, les amis, la presse, ils restent un couple classique. Mais chacun, désormais, pourra vivre sa vie sans en rendre compte à l'autre. Danielle regimbe, boude, ce n'est pas ainsi qu'elle avait conçu son union avec François. Mais chiche ! Il a des maîtresses, elle aura des amants. À l'époque, elle prend même plaisir à raconter ses aventures à François. Par bravade. Par défi. Il l'aura voulu. « J'ai aimé séduire, et j'ai séduit. D'autant que j'étais très mignonne. Je n'ai pas fait vœu de chasteté parce que mon mari me trompait. » Cet aveu, elle le fera, en 2010, à 85 ans, dans une interview donnée à *Paris Match*.

Danielle sait depuis le début des années 1960 qu'elle n'est plus la dame de cœur. Elle a accepté de partager François avec l'autre, la femme de l'ombre. Lorsqu'elle a surpris les premiers regards entre François et Anne sur la terrasse de la villa des Pingeot à Hossegor, elle a compris. Cette fois, il ne s'agit plus d'une passade, comme tant d'autres ! Avec ses jupes plissées, ses cheveux sagement coiffés en chignon, son regard qui ne se dérobe pas et son rire cristallin, la fille des Pingeot ressemble à un personnage de Barbey d'Aurevilly. Elle ne laisse pas François, qui aime jouer les pygmalions, indifférent. Au printemps 1961, quand Roland Dumas se marie avec Anne-Marie, Danielle lui glisse : « Tu épouses une fille beaucoup plus jeune que toi, tu me fais un sale coup, tu donnes le mauvais exemple à François[14]. »

Lorsqu'un quart de siècle plus tard, Hassan II, furieux, on le verra, de ses prises de position en faveur du peuple sahraoui, dénonce les ingérences de « l'épouse morganatique du président français », elle bondira sur son dictionnaire et lancera à une collaboratrice : « Morganatique ! Le roi se trompe. Je ne suis pas la femme épousée en secret, mais l'épouse officielle... » C'est elle, en effet, que l'on voit au côté de François. Pour le meilleur et pour le pire. Depuis tant d'années. Elle est là pendant sa longue traversée du désert, après le retour de De Gaulle au pouvoir en 1958. Là quand François tombe dans le piège tendu dans les jardins de l'Observatoire. On l'accuse d'avoir organisé un attentat dont il a été victime. Son immunité parlementaire est levée. Des amis qu'il croyait proches se détournent. *France-Soir*, le journal de son ami Lazareff, accrédite, lui aussi, la thèse de l'attentat bidon. Danielle fonce rue Réaumur, au siège du journal.

— Pierre, comment pouvez-vous ? Vous connaissez François ! Vous savez qu'il est incapable d'une chose pareille !

— Oui, mais...

Ce « mais » est de trop ! Elle claque la porte. Il ne la reverra jamais. Sur son carnet d'adresses, elle raye le nom de tous ceux qui ont manqué à son mari. Ils sont nombreux. Avec eux aussi, c'est fini.

---

14. Entretien avec l'auteur, 13 septembre 2007.

Danielle est là les soirs de défaite. Celle, prometteuse, de 1965, lorsque François Mitterrand, candidat unique de la gauche, met de Gaulle en ballottage. Celle, cruelle, des législatives de juin 1968 : la gauche est laminée et, battu dans la Nièvre, François, qui s'était imprudemment dit prêt à gouverner le 25 mai, perd le contrôle de la Fédération de la gauche socialiste. Celle, rageante parce que courte, de 1974, face à Giscard d'Estaing. Celle, déprimante, des législatives de 1978 : la gauche était majoritaire en voix au premier tour, mais le PC n'a pas voulu de la victoire au second. Elle est aussi présente dans les grands moments de la saga mitterrandiste. En 1971, quand François prend la tête du Parti socialiste à Épinay. En 1977, après la large victoire aux municipales qui laisse augurer des futures conquêtes. Elle aime les grands meetings, elle admire le talent d'orateur de son mari, sa capacité à soulever l'enthousiasme des foules : « Je tremblais, j'étais ému, François avait des discours qui partaient des tripes, qui étaient formidables, qui m'arrachaient des larmes[15]. » Comme elle se sent proche de lui lorsqu'il dénonce l'argent qui salit, qui corrompt, lorsqu'il pourfend le capitalisme qui opprime. « En l'écoutant, je savais pourquoi j'étais de gauche ! »

Danielle n'ignore pas qu'Anne Pingeot est souvent présente, elle aussi, dans ces foules socialistes qui applaudissent François. Discrète, accompagnée parfois à la fin des années 1970, d'une petite fille. Son mari ne lui a jamais parlé ni de l'une ni de l'autre. Et pourtant, en 1976, elle signe avec lui l'acte de vente d'un terrain qu'ils avaient acheté en 1968 à Gordes. Les acquéreurs ? Un ami

15. « Danielle Mitterrand l'insoumise », documentaire de Thierry Machado, Arte, 3 octobre 2008.

de Mitterrand, François de Grossouvre, sa femme et... Mlle Anne Pingeot, conservatrice de musée[16].

Elle a accepté de partager François. Elle avait Jean. Au cours des années 1960, la famille, les proches voient apparaître un beau brun, pas très grand mais athlétique, épaules larges, ventre plat, muscles saillants, sourire sympathique. Il est professeur de gymnastique, membre organisateur du CLAN, le Club des loisirs alpins et nautiques. L'hiver, il est moniteur de ski, l'été maître-nageur à Hossegor... où il fait la connaissance des Mitterrand. Il devient l'homme à tout faire de la famille. Prof de gym, de tennis, de natation, chauffeur, garde du corps. Il emménage dans une chambre de bonne au-dessus de l'appartement des Mitterrand, rue Guynemer, à Paris. Il déjeune et dîne très souvent à la table familiale. À Noël et à Pâques, à bord de sa Dauphine Gordini, il emmène Danielle et ses deux fils skier à Courchevel, à Cervinia ou à Saas Fee en Suisse. François, lui, ne vient jamais.

Jean suit la famille de la rue Guynemer à la rue de Bièvre où elle s'installe en 1973. Comme il l'avait suivie quelques années plus tôt d'Hossegor à Latche. Les familiers s'habituent à sa présence discrète, il fait partie des meubles. Ils comprennent vite que Jean est aussi l'amant de Danielle. François s'accommode de cette situation. Elle l'agace, mais elle est le prix de sa propre liberté. Cette cohabitation deviendra même amicale. Quand François entre à l'Élysée, Jean s'efface. Il a compris. Peut-être même est-il soulagé. Il est plus jeune que Danielle et cette vie, dans l'ombre, ne pouvait durer toujours. Il retourne chez lui, à Dax, où il se mariera et aura deux enfants. Le président ne l'oubliera pas. Il lui enverra régulièrement des places pour les matchs de l'équipe de France de rugby.

---

16. Révélé par Ariane Chemin et Géraldine Catalano, *Une famille au secret*, Stock, 2005.

Danielle vit cette séparation, imposée par la raison d'État, comme une injustice. Puisque François, elle l'a vite compris, n'a pas l'intention de quitter Anne Pingeot, pourquoi devrait-elle se sacrifier seule? Parce que François est un homme on tolère pour lui ce qu'on ne tolérerait pas pour elle? Voilà qui la révolte. Elle ressent un grand vide, comme un deuil sentimental. Elle s'enferme dans sa chambre, ne veut plus voir personne, tempête, boude. Elle ne reverra jamais Jean, n'en reparlera plus à personne, pas même à sa sœur à qui elle dit tout. Elle ne lui consacrera pas une seule ligne dans les 518 pages de ses Mémoires. Elle n'évoquera son existence qu'une seule fois, dans « Danielle Mitterrand, l'insoumise », le documentaire que lui a consacré Thierry Machado. Elle parle du « compagnon d'une période difficile qui correspond à l'entrée d'Anne Pingeot dans la vie de François ».

Dans un autre de ses livres, *En toutes libertés*, sans la moindre allusion à Jean, Danielle définit sa conception de la vie commune avec son mari : « Lorsque l'on est foncièrement attachés l'un à l'autre et qu'on désire profondément rester ensemble, vivre des amours séparés n'est pas inconcevable [...]. L'amitié, la tendresse, la complicité, les projets, l'ambition et les espérances sont autant de raisons pour envisager une longue vie commune [...]. Je n'ai jamais eu besoin de mentir et les non-dits de part et d'autre étaient suffisamment révélateurs pour ne pas être trompeurs. Rien de banal ou de médiocre, je ne regrette rien. Pour tous ceux qui nous aiment, François et Danielle sont inséparables, indissociables[17]. »

Jean parti, elle se sent seule, désemparée. Mais il lui faut tourner la page. Qu'elle le veuille ou non, elle est désormais la Première dame. Ce qui lui crée des obligations. Impossible de ne pas accompagner son mari à Londres

17. Danielle Mitterrand, *En toutes libertés*, *op. cit.*, p. 115-116.

pour le mariage du prince de Galles à Westminster. Cette première cérémonie officielle ne lui laissera pas grand souvenir. Elle n'est pas davantage impressionnée par son premier voyage aux États-Unis. « Très belle reconstitution dans un décor émouvant », note-t-elle à propos du spectacle retraçant le premier combat de la guerre de Sécession. Mais elle ajoute que le « style opérette » ne l'a pas « particulièrement éblouie[18] ». Ronald Reagan ? Il l'a beaucoup fait rire en lui racontant des histoires. Notamment son premier voyage en France, tout jeune marié... et sa confusion lorsqu'un douanier lui a fait ouvrir la valise de Nancy. Elle était pleine de petites culottes... Danielle avait consciencieusement révisé l'histoire de l'Amérique, la guerre de Sécession ! On ne lui en demandait pas tant ! Dès ce premier voyage officiel, elle a compris : il s'agit seulement de faire de la présence d'une tribune à l'autre, d'un repas officiel à l'autre. Beaucoup de temps qu'elle aurait pu consacrer à des tâches plus utiles, pense-t-elle.

Elle ne regrettera pas le voyage au Mexique qui précède le sommet de Cancún, en octobre 1981. Comme au Panthéon, elle a une bouffée d'amour pour François qui, au nom de la France, lance un message d'espoir à tous les combattants de la liberté : « Salut aux humiliés, aux émigrés, aux exilés sur leurs propres terres, qui veulent vivre et vivre libres [...]. Salut aux séquestrés, aux disparus et aux assassinés qui voulaient vivre, et vivre libres. Salut [...] aux Indiens, pourchassés dans leurs forêts, aux travailleurs sans droits, aux paysans sans terres, aux résistants sans armes, qui veulent vivre et vivre libres... » Danielle n'oubliera jamais la longue, l'interminable ovation qui monte de la foule massée place de la Libération. C'est dans ces moments-là qu'elle admire le plus François. Alors que son mari rejoint les autres chefs d'État à Cancún, elle est reçue par Mme Castañeda y

18. Danielle Mitterrand, *Le Livre de ma mémoire*, *op. cit.*, p. 394.

Alvarez de la Rosay, la femme du secrétaire aux Relations extérieures du Mexique. Rencontre que Danielle jugera déterminante : « Elle a su m'introduire dans le monde des Indiens, leur culture, leur art de vivre, leurs temples monumentaux, comme si j'étais des leurs[19]. » La défense des Indiens, ce sera l'un de ses grands combats.

La Première dame fait le métier. Elle accompagne son mari dans les voyages où sa présence est jugée indispensable. Seulement ceux-là. À l'Élysée, elle ne se considère pas comme une maîtresse de maison. Mme de Gaulle et Mme Giscard d'Estaing ont eu l'habitude, jeunes, de parler aux domestiques. Pas elle, la fille d'instituteurs. Elle n'aime pas commander, préfère suggérer. Au début, dans un souci d'économie, elle tente de rationaliser le train de vie du palais. Quel est le budget de la nourriture, des décorations florales, de l'entretien ? Combien coûtent les réceptions de chefs d'État, l'arbre de Noël, la *garden-party* du 14 Juillet ? Pendant quatre week-ends, elle épluche les comptes. Elle en tire la conclusion qu'il serait facile de faire des économies et propose quelques solutions à l'intendant. Elle apprend que l'Élysée, comme la cour d'Angleterre, a ses fournisseurs attitrés, et qu'en changer serait courir le risque d'une moins bonne qualité. Pendant quatorze ans, elle dégustera les mêmes plats, les mêmes petits fours de Potel et Chabot, et Lenôtre. Sa seule victoire aura un goût amer. Elle réussit à faire agréer un jeune artisan confiturier soutenu par Cause commune. Mais les commandes aux fournisseurs habituels n'ont pas cessé ! Danielle, la lutteuse, renonce au combat, perdu d'avance, contre les coutumes du palais.

Au cours des premiers mois de la présidence, elle approuve tout ce que fait le gouvernement sous l'impulsion de son mari : les nationalisations, l'impôt sur la

19. *Ibid.*, p. 402.

fortune, la revalorisation des bas salaires et des prestations sociales, la décentralisation qui rapproche les citoyens des centres de décision. Plus la droite et le monde de la finance crient au scandale, plus elle est convaincue que les mesures décidées par la gauche vont dans le bon sens. Elle ne tient pas rigueur à André Bettencourt, le mari de la fille d'Eugène Schueller, patron de L'Oréal, qui deviendra la femme la plus riche de France, d'être venu à l'Élysée « plaider la cause des malheureux assujettis à l'ISF ». Elle aurait pourtant des raisons de lui en vouloir. C'est lui qui avait mis en garde François contre le fait d'épouser une fille d'instituteurs sans argent et sans relations. Mais Bettencourt faisait partie du réseau de Résistance de Mitterrand et cela, pour elle, est sacré. En revanche, elle s'indigne du cynisme de Margaret Thatcher, dont François lui a rapporté les propos : « Vous n'y pensez pas, il n'y a pas assez de grandes fortunes chez vous pour que cela vous rapporte suffisamment, taxez plutôt les pauvres, ils sont tellement plus nombreux[20] ! »

Puis vient le temps des désillusions. Danielle, la fille d'enseignants laïques ne comprend pas pourquoi le gouvernement n'applique pas la quatre-vingt-dixième des cent dix propositions du candidat Mitterrand, une de celles à laquelle elle tenait le plus : la mise en place d'un « grand service public unifié et laïque de l'enseignement ». Le 9 mai 1982, Pierre Mauroy préside un grand rassemblement au Bourget pour célébrer le centenaire de l'école de Jules Ferry. Elle juge le Premier ministre « bien précautionneux » lorsqu'il déclare : « La mise en œuvre progressive d'un véritable service public de l'éducation ne sera pas décrétée, mais négociée. » Serait-il en train de reculer sous la pression des défilés des partisans de l'école privée ? « Est-ce si difficile, dans une république,

20. *Ibid.*, p. 440.

d'afficher sans se contorsionner : argent public, école publique ; argent privé, école privée [...]. Qu'une éducation religieuse se fasse à la demande de certaines familles, à leur aise ! Mais qu'elles en assument la charge financière[21] », note-t-elle.

Quand Alain Savary, le ministre de l'Éducation, présente des propositions sur l'avenir de l'enseignement privé, quand, écartant une intégration pure et dure, il propose un calendrier pour discuter d'une « rénovation de l'ensemble du système éducatif », Danielle tranche : « Il s'embourbe... » Elle approuve le Comité d'action laïque qui refuse d'entrer dans ce qu'il appelle « le piège » de la négociation. Dans ses Mémoires, elle écrira : « Les revendications [des partisans de l'école privée] sont appuyées de manifestations de plus en plus monstrueuses [...]. Un véritable fleuve draine Jacques Chirac, Jean-Marie Le Pen et même Mme Giscard d'Estaing à la tête des ouailles de Saint-Jean-de-Passy. Ils sont tous là les "revanchards" de mai 1981. Pensez donc, toucher à la fois au porte-monnaie et au bon Dieu ! Miséricorde ! Que la gauche soit au pouvoir, on est bien obligés de la subir, mais qu'elle touche à nos privilèges, ça, jamais[22] ! » Le ton en dit long sur son amertume.

Pourquoi François laisse-t-il faire ? Sait-elle alors que, pendant ces mois de crise, Geneviève, la plus jeune sœur de François, militante catholique, a joué les intermédiaires entre le cardinal Lustiger dont elle est proche et son frère ? Qu'elle n'a cessé de répéter : « François, tu ne peux pas faire ça. Pense à nos parents, à l'éducation qu'ils nous ont donnée ! » Sait-elle – Roland Dumas en fut le témoin à plusieurs reprises – qu'il lui répondait : « Ne t'inquiète pas, laisse-moi faire ! » ? Que François Mitterrand

21. *Ibid.*, p. 446.
22. *Ibid.*, p. 447.

a rencontré discrètement Mgr Lustiger et Mgr Vilnet au domicile de sa sœur et les a rassurés : «Je ne laisserai pas étouffer l'enseignement privé» ? Le connaissant, il ne lui a rien dit. Mais lorsqu'il déclare publiquement, le 2 juin 1983, qu'il n'entend pas remettre en question la liberté ou le choix des parents, lorsqu'il affirme : «Je ne veux aucune contrainte, surtout dans un domaine de cette importance vitale. Ma philosophie personnelle et profonde, qui sera la mienne jusqu'à mon dernier souffle, c'est le respect des consciences», elle comprend qu'il va enterrer la réforme. Elle et les laïques sont trahis et elle le lui dit. Pourquoi n'impose-t-il pas cette réforme, si symbolique pour la gauche et qu'il avait promise ? Il lui explique que la situation est bloquée. Il ne veut pas que la France se casse en deux. S'entêter à se battre sur ce terrain miné, c'est perdre son temps, c'est diviser le pays, alors que son rôle consiste à rassembler et « qu'il y a autre chose à faire qu'à réveiller la guerre scolaire. Ce n'est pas une priorité[23] ».

Pour elle, c'en était une ! Elle est, dit-elle, « mécontente ». Ce n'est pas la première fois. Avant l'enterrement de la quatre-vingt-dixième proposition sur l'école, elle avait vécu une autre désillusion, de taille, avec le tournant de la rigueur de 1983. Elle s'installe alors dans un « rôle attentif de contre-pouvoir ». Elle harcèle François : «Je ne comprends pas, puisque tu as le pouvoir, pourquoi ton gouvernement... » Elle l'entend lui répondre, lassé : «Je n'ai pas le pouvoir. La France, comme le reste du monde, est assujettie à une dictature financière qui gère tout, décide de tout [...]. Pendant trois ans, les Français ont engrangé ce que j'avais annoncé pendant la campagne. Dès que les puissances financières et les impératifs du FMI se sont mis en demeure de freiner nos ambitions, j'ai dû composer. Et plutôt que de trouver un

23. *Ibid.*

appui populaire j'ai dû me battre le dos au mur avec la contestation des miens et les lazzis de l'opposition qui comptait les points[24]. » Et François de reprocher aux amis de sa femme, ses partenaires du milieu associatif, de le « poignarder dans le dos ». Elle est bouleversée. Mais elle se récrie : « Les organisations non gouvernementales proches de la gauche ont voulu t'aider, pas te torpiller. » Un quart de siècle plus tard, dans ses Mémoires, elle se reprochera de ne pas avoir compris que son mari avait favorisé l'explosion des associations nées en 1981 en espérant qu'elles soutiendraient son gouvernement, lui permettraient de gagner la bataille de l'opinion : « Je reconnais, bien tardivement, avoir été cruelle [...]. Nous n'avons su que critiquer chaque fois qu'il y avait retard ou hésitation, ou entrave. Sans nous demander pourquoi[25]. »

Critique, elle l'est aussi avec le choix de Laurent Fabius pour succéder à Pierre Mauroy en 1984. Sur son carnet bleu, elle note ce jugement qu'elle publiera plus tard : « Trop bon élève, il n'a pas su se défaire d'un enseignement fondé sur la pensée unique du libéralisme. Énarque "de gauche", c'est comme le pâté d'alouette : une alouette, un cheval. Et le cheval galope, galope[26]. » Elle lui reproche tout à la fois d'associer son gouvernement à l'acte unique européen « qui prévoit de favoriser les mouvements de capitaux dans l'ensemble de la communauté européenne », de précipiter l'ouverture des marchés qui « sonne le glas pour les administrations publiques », « annonce l'arrêt des nationalisations des entreprises, l'abrogation de l'échelle mobile des salaires, l'installation d'un Disneyland dans la plaine à betteraves de la Brie ».

24. *Ibid.*, p. 452-453.
25. *Ibid.*, p. 454.
26. *Ibid.*, p. 448.

Conclusion : « La gangrène avance sournoisement : chômage, spéculation, première vague d'attentats... le cheval précipite ce gouvernement vers l'échec des élections législatives de 1986[27]. » Jamais une Première dame n'aura été aussi critique dans ses Mémoires, avec la politique menée sous l'autorité de son mari. Mais à l'époque, elle réserve ses doléances à François qui, apparemment, n'en tient pas compte.

Les deux cohabitations vont lui permettre de jouer un rôle politique au grand jour. Avec la certitude, cette fois, d'être en phase avec le président, puisqu'elle s'oppose à la nouvelle majorité de droite. Fin 1986, dans *Le Journal du dimanche*, elle critique le gouvernement Chirac : « Il fait n'importe quoi. » Jugement que partage François, mais il estime que ce n'était pas à elle de le dire : « Chacun son métier, ce sont des choses qu'il ne faut pas renouveler[28]. » Jusqu'en 1988, elle s'active au sein de la Commission nationale consultative des droits de l'homme (CNCDH), dont elle fait partie en tant que présidente de sa fondation. Elle lutte contre les effets des dispositions sécuritaires prises par Charles Pasqua, ministre de l'Intérieur de Jacques Chirac, qui vise notamment les citoyens d'origine étrangère de la première ou de la deuxième génération, et les immigrés en situation irrégulière. Elle prend la défense des cent un Maliens expulsés arbitrairement ou des Iraniens refusant l'intégrisme et menacés de rapatriement sans jugement.

Dès le début de la deuxième cohabitation, Danielle s'élève publiquement contre les lois Pasqua qu'elle qualifie de « machine à fabriquer des exclus ». Elle apostrophe leur auteur : « La France, terre d'accueil, notre fierté et notre identité à tous, il est dommage que vous n'en soyez pas

27. *Ibid.*
28. Danielle Mitterrand, *Le Printemps des insoumis*, *op. cit.*, p. 80.

persuadé, Monsieur le ministre ! [...] Hélas, vous avez associé à vos basses œuvres des citoyens que vous avez leurrés [...]. Vous nous avez divisés en “bons” Français de souche et en “mauvais” Français d'occasion [...]. Aujourd'hui, nos compatriotes, ceux que vous considérez exclusivement comme des “bons” Français, ne se rendent pas compte de l'infamie dans laquelle vous entraînez notre pays[29]. » Jamais une Première dame n'avait pris ainsi position dans le débat politique. Et avec quelle virulence : « basses œuvres », « infamie » ! Cette fois encore, François l'approuve sur le fond, mais il lui reproche d'avoir cité le nom d'un ministre : « Tu sors de ton rôle humanitaire, tu fais de la politique. » Elle se défend : « Mais, ce ministre appelle lui-même ses lois les “lois Pasqua”[30]. » Elle ajoute, provocante : « Je ne fais que cela à longueur de jour, de la politique[31] ! » La droite se déchaîne. En février 1993, plusieurs députés RPR, interrogés par *France-Soir*, critiquent ses prises de position sur la scène internationale : « Ce qu'elle pense, on s'en fout [...]. Mesdames Yvonne de Gaulle, Claude Pompidou, Anne-Aymone Giscard d'Estaing ont toujours été des modèles de réserve. Qu'elle imite l'exemple de ces grandes dames », tonne Robert-André Vivien. « C'est tout à fait scandaleux, son attitude engage la France [...]. À ma connaissance, Mme Mitterrand n'est pas une élue », renchérit Pierre Mazeaud. Danielle affirme même qu'un député qu'elle qualifie d'extrême droite, un certain Colombier, aurait tenté, mais en vain, de poser une question écrite au gouvernement demandant que la liberté de parole de la Première dame soit limitée ! Il en faudra plus pour la faire taire.

29. Danielle Mitterrand, *En toutes libertés*, *op. cit.*, p. 147-148.
30. *Ibid.*, p. 150.
31. Danielle Mitterrand, *Le Printemps des insoumis*, *op. cit.*, p. 162.

Danielle se souvient-elle avoir déclaré, en 1987, parlant de sa fondation à un journaliste de *Jeune Afrique* : « Nous nous interdisons toute forme d'ingérence politique. La seule chose que nous cherchons à faire est de témoigner en faveur des autres et à leur venir en aide. C'est un rôle strictement humanitaire, une manière de donner la main et la voix aux hommes et aux femmes privés des droits les plus élémentaires[32]. » Depuis, elle a appris, dit-elle, que « politique et humanitaire ne font qu'un », ce que François feint d'ignorer.

Lorsque l'équipe de la fondation et le secrétariat de Danielle à l'Élysée contribuent activement aux rapports de la CNCDH sur les effets de la loi Pasqua, ils font de la politique. Le 27 juin 1994, lors de la remise dudit rapport, la représentante du gouvernement émet des réserves sur ses conclusions. Danielle explose : « Des réserves ? Sur quoi ? Sur notre honnêteté ? Sur notre impartialité ? Sur les fautes rapportées, étudiées, qui relèvent les injustices vécues[33] ? » Elle refuse de prendre part au vote puisqu'à l'évidence le gouvernement ne tiendra aucun compte de l'avis de la commission, qui n'est que consultatif. Quelques jours plus tard, elle claque la porte. Elle rend publique sa lettre de démission. C'est un réquisitoire contre ce qu'elle appelle « la philosophie politique du gouvernement » et « les effets pervers des lois Pasqua ». Elle y dénonce entre autres les atteintes à la liberté de circulation des étrangers vivant en France, au droit du sol et au droit d'asile, les contrôles de police au faciès.

Cette lutte contre les lois Pasqua donne une cohérence à l'action militante de Danielle. En créant l'Association du 21 juin, dès 1981, elle s'était fixé pour mission de défendre les droits de l'homme partout dans le monde,

32. *Ibid.*, p. 57.
33. Danielle Mitterrand, *En toutes libertés*, *op. cit.*, p. 149-150.

dans tous les pays, nombreux, où ils n'étaient pas respectés. Elle ne pensait pas alors qu'elle se devrait d'intervenir en France même ! S'investir hors de l'Hexagone présentait un intérêt à ses yeux. Ne pas gêner François. C'était méconnaître une évidence : la défense des droits de l'homme et la *realpolitik* sont rarement compatibles. Et la présence de la femme du président de la République à la tête d'une ONG rend encore plus délicat le pilotage de cette dernière. La fondation Danielle Mitterrand va, à plusieurs reprises, contrecarrer la diplomatie du gouvernement de François Mitterrand.

Dès 1983, Danielle multiplie les appels en faveur du peuple kurde. Elle dénonce les pays qui l'oppriment, le pourchassent, quand ils ne l'exterminent pas. C'est contre la Turquie qu'elle a les mots les plus durs. Colère d'Ankara qui tente déjà de se rapprocher de l'Union européenne. Cause commune participe à la création de l'Institut culturel kurde à Paris, vécue comme une provocation par le gouvernement turc. Danielle ne cessera de défendre la cause des Kurdes, ce peuple méconnu, écartelé au nom de la raison d'État entre la Turquie, l'Iran et l'Irak. En dépit du danger, elle se rend sur le terrain à plusieurs reprises. En 1989, elle prend la tête d'une mission pour venir en aide aux centaines de milliers de Kurdes chassés d'Irak, qui se sont réfugiés en Turquie et en Iran. En 1991, elle est dans les camps de réfugiés quand les dix-sept camions de trente tonnes, partis de Roissy, chargés d'aliments, de boissons, de vêtements, de médicaments, y arrivent. Les images de l'exode en Iran des files de réfugiés kurdes irakiens, jetés sur les routes à flanc de montagne, ont ému les Français et les dons ont afflué à France Libertés. Sur place, Danielle se bat pour que les chargements soient bien distribués par le Croissant-Rouge iranien. Contre l'avis du responsable iranien qui l'escorte, elle passe en Irak et va à la rencontre de Massoud Barzani, coprésident du Front du Kurdistan d'Irak et président du PDK, le Parti démocratique kurde, entourée de son état-major et des Peshmergas, souvent des jeunes femmes, armées de kalachnikovs. Il s'agit, à l'évidence, d'une « ingérence ». Danielle n'en a cure. Si elle estime que « sa cause est juste », elle dit ne pas s'embarrasser des réactions politiques et diplomatiques : « J'avais compris que le mot "ingérence" est utilisé par les pouvoirs pour désigner une intervention qui leur déplaît[34]. »

La création d'un Kurdistan irakien protégé depuis 1991 par les forces de l'ONU et accessible aux ONG va permettre à la fondation d'exercer sa vraie mission. Une soixantaine d'écoles sont restaurées, quarante construites. Des milliers d'enfants sont scolarisés. C'est en allant inaugurer un des premiers établissements, le 6 juillet 1992, que Danielle échappe, de justesse, à un attentat à la voiture piégée. Il fera plusieurs victimes, les occupants de la voiture dans laquelle elle aurait dû monter. Sa petite silhouette frêle est désormais connue de nombreux réfugiés, qui lui ont donné un surnom, « la mère des Kurdes ». Elle en est très fière.

À Washington, à Genève, à Londres, devant les instances internationales des droits de l'homme ; à Bonn, devant le Bundestag ; à Téhéran, auprès de Mme Rafsandjani, la femme du président iranien ; à Paris, elle se fait partout l'avocate de « ce peuple bâillonné », défend son existence, son droit d'expression, sa culture, réclame l'ouverture de négociations entre les gouvernements turc, irakien, iranien et les Kurdes. Devant le Parlement européen, elle suggère que l'intégration de la Turquie dans l'union douanière, prélude à son entrée dans l'Union européenne, soit assortie d'une contrepartie, le règlement pacifique du problème kurde. En vain...

En 1993, elle dénonce le « génocide » de ceux qu'elle appelle « mes enfants kurdes ». « Il faut hurler », écrit-elle.

34. Danielle Mitterrand, *Le Printemps des insoumis*, *op. cit.*, p. 82.

Elle hurle. Le sort des Kurdes l'obsède. Elle en parle, en reparle, en reparle encore, au point de lasser jusqu'au sein de sa famille. François Mitterrand feint de se lamenter devant l'auteur : « Votre femme, Robert Schneider, est française. La femme du président de la République française est devenue kurde[35] ! » Roger Hanin, son beau-frère, s'amuse : « Quand on demande l'heure à Danielle, elle répond : il est cinq heures moins kurde ! » Lorsqu'on l'interroge sur l'efficacité de son action, elle répond : « Est-ce négligeable d'avoir sauvé des centaines de vies ? Est-ce négligeable d'avoir brisé la conspiration du silence[36] ? »

Ce qui vaut pour les Kurdes vaut pour d'autres peuples, d'autres combats. Le 4 décembre 1989, dans la grande salle du palais de Chaillot, devant trois mille personnes, France Libertés remet le prix de la Mémoire au dalaï-lama. L'ambassadeur de Chine avait tenté, en vain, de dissuader Danielle de recevoir les « terroristes ennemis de la Chine ». Pékin réagit vivement. Roland Dumas alerte François Mitterrand : « Danielle fait encore des siennes. Les Chinois sont furieux. Elle commence à nous poser de vrais problèmes. Calmez-la. » Accusée d'ingérence, elle estime que c'est Pékin qui fait « de l'ingérence dans nos libertés françaises[37] ».

Avec le roi du Maroc, c'est carrément l'incident diplomatique. Furieux des prises de position de Danielle Mitterrand en faveur des Sahraouis, il menace, à l'automne 1990, de rompre les relations de coopération entre la France et le Maroc. Et l'ambassadeur de France au Maroc affirme vouloir démissionner si Mme Mitterrand s'entête… François n'apprécie pas : « Eh bien ! Tu en fais de belles, Danielle. Tu ne facilites pas nos relations

---

35. En présence de l'auteur, un mois après la seconde opération de François Mitterrand.

36. Interview donnée à *L'Express*, 3 novembre 1989.

37. Danielle Mitterrand, *En toutes libertés*, *op. cit.*, p. 209.

franco-marocaines[38]. » Il doit envoyer Dumas calmer la colère d'Hassan II. Danielle est déjugée. Plus tard, elle écrira : « J'ai l'impression pénible que la diplomatie française doit s'employer à réparer mes "bévues"[39]. » Ce n'est pas une impression et ce n'est pas la première fois. Humiliée, elle exprime son dépit dans son carnet bleu : « Libre ! Libre, dites-vous ? Libre d'apporter aide et secours à ceux qui sont opprimés ? Vous voulez rire [...]. Il est des tyrans auxquels il ne faut pas déplaire [...]. Que deviennent les victimes ? [...] Et si d'aventure il en est qui s'indignent, qui s'obstinent à apporter matériel et nourriture, il faut réparer le préjudice porté... à l'honorabilité du tyran bien-aimé ! Suis-je bien en France ? Je ne comprends plus rien [...]. J'acceptais les impératifs d'un système marchand dont il est bien difficile de sortir puisque le monde entier y est désormais soumis [...]. Je suis obligée de constater que, même pour un gouvernement démocratique élu par des socialistes, une petite dose de droits de l'homme introduite dans les rouages d'une impitoyable politique économique internationale trouble le bon fonctionnement de la machine[40]. » Elle avoue avoir très mal vécu cette victoire du « terrorisme d'État ». Partagée entre un sentiment de révolte et un constat d'impuissance, elle propose même sa démission aux dirigeants de France Libertés. Ils la refusent. Ensemble, ils décident d'agir désormais « sans influence extérieure ». En clair, Danielle se déterminera comme une citoyenne, une militante des droits de l'homme, pas comme une Première dame. Mais n'est-ce pas ce qu'elle fait déjà depuis longtemps !

En 1991, France Libertés signe avec la Fédération internationale des droits de l'homme une lettre ouverte

38. *Ibid.*, p. 302.
39. Danielle Mitterrand, *Le Printemps des insoumis*, *op. cit.*, p. 62.
40. *Ibid.*, p. 63-64.

aux présidents des Républiques algérienne et française condamnant les massacres d'étudiants à Alger. Cette fois, François Mitterrand réagit vivement : « Tu m'as poignardé dans le dos et tes amis des associations humanitaires sont des gauchistes excités, ils ne savent pas de quoi ils parlent[41]. » Poignardé dans le dos ! L'expression qu'il emploie lorsqu'il s'estime trahi. N'a-t-elle pas conscience que la présence de son nom, Mitterrand Danielle, au bas d'un texte adressé au président de la République, Mitterrand François, pose un évident problème ? Elle feint de ne pas comprendre. Son raisonnement est simple, simpliste : puisque tout citoyen a le droit de s'organiser pour s'exprimer librement, pourquoi la Première dame citoyenne serait-elle la seule qui ne le pourrait pas ? Précisément parce qu'elle est la Première dame, lui rappelle son mari. Blessée, elle lui écrit : « Si tu voulais admettre que tous ceux qui m'entourent ont les mêmes objectifs et réagissent aux mêmes valeurs que celles que tu as développées tout au long de ta vie de militant, tu comprendrais que nous puissions conjuguer nos efforts et nos démarches [...]. Tu ne verrais pas alors en nous des êtres irresponsables ni des individus qui te poignardent[42]. » Dans son carnet bleu, elle note ce qu'elle espère pouvoir lui dire à Latche, où ils doivent se retrouver : « Je ressens tes propos comme une injustice à mon égard [...]. Je ne veux en aucun cas que la fondation, par son silence, soit un alibi qui couvre une vile action déjà inscrite dans le palmarès de la fourberie, de la mauvaise foi, de l'arbitraire et de la tyrannie, sous le couvert commode de la "raison d'État"[43]. »

41. *Ibid.*, p. 83.
42. *Ibid.*
43. *Ibid.*, p. 84-85.

C'est une confirmation. Non seulement la présidente de France Libertés a décidé d'ignorer cette raison d'État, mais, lorsqu'il le faudra, elle la combattra, quitte à bousculer les diplomates. La *realpolitik*, très peu pour elle. « Certains auraient préféré une fondation purement caritative[44] », persifle-t-elle. Est-ce sa faute à elle si, partout dans le monde, les opprimés, les pourchassés, les damnés de la terre viennent frapper à sa porte ? Est-ce sa faute si défilent au siège de France Libertés ou rue de Bièvre les Indiens d'Amérique latine, les victimes de l'apartheid d'Afrique du Sud, les paysans sans terres du Brésil, les enfants de Manille, les orphelins du Bangladesh ? Elle est l'amie de Fidel Castro, à Cuba, d'Alan García, au Pérou, de Daniel Ortega, au Nicaragua, du sous-commandant Marcos, au Mexique. Tous victimes de l'impérialisme américain, de l'« alliance monstrueuse des cartels de la drogue, de la CIA et des détenteurs de capitaux ». Les guérilleros d'Amérique latine, qui luttent contre les régimes autoritaires, lui rappellent les combattants de l'ombre, ceux qu'elle ravitaillait et qu'elle soignait dans les maquis de Cluny. Eux aussi étaient traités de terroristes par l'occupant nazi !

En mai 1993, à Washington, devant un parterre d'industriels, de banquiers et d'avocats, elle reçoit le prix des Droits de l'homme pour son combat en faveur des Kurdes. Elle n'hésite pas à dénoncer l'« embargo impitoyable » qui étrangle les Cubains. Plusieurs invités quittent ostensiblement la salle pendant son discours. Tant pis pour les mécènes qui étaient prêts à l'aider !

Pourquoi aller si loin dans la provocation ? Hubert Védrine[45], secrétaire général de l'Élysée pendant le second septennat, se souvient que certains de ses collègues de la

44. *L'Express*, 3 novembre 1989.
45. Entretien avec l'auteur, 23 janvier 2013.

cellule diplomatique s'interrogeaient: agissait-elle uniquement pour emmerder son mari et les diplomates qu'elle n'aimait pas, ou bien était-elle mue par sa volonté de revanche et sa propension à l'excès?

À chacun de ses voyages à risques, les ambassadeurs sont discrètement chargés de corriger ses éventuels dérapages, de faire en sorte qu'elle ait le moins de contacts possible avec la presse. Mais Mitterrand le sait mieux que personne: il est difficile de brider Danielle. Si, dès 1989, le président a chargé ses proches, Georges Beauchamp, Georges Kiejman, Pierre Bergé, Erik Orsenna, de siéger au conseil d'administration de la fondation, si le préfet Georges Abadie devient le seul et unique responsable des finances, c'est moins pour la contrôler politiquement que pour éviter toute dérive financière que l'opposition ne manquerait pas d'exploiter. France Libertés est devenue une énorme machine, avec soixante-cinq «comités relais» départementaux et des «fondations sœurs» à l'étranger. Son budget, 12 millions de francs début 1989, a plus que doublé en trois ans.

C'est toute l'ambiguïté de la démarche de Danielle. Elle affirme que France Libertés est une ONG comme les autres, elle revendique sa totale indépendance, mais sa présidente bénéficie, où qu'elle aille, d'un traitement officiel, avec escorte et protection policière. Pour tous, en France et dans le monde, elle est la femme du président français tout autant sinon plus que la présidente de France Libertés. Cette double casquette, elle la reconnaîtra implicitement dans une interview donnée à *L'Express* après la mort de François Mitterrand: «Je tenais mon rôle de représentation quand c'était nécessaire et j'essayais d'utiliser au mieux les contacts établis dans ce cadre de rencontres internationales pour défendre mes causes avec les meilleurs soutiens [...]. Combien de fois François ne m'a-t-il pas dit que j'exagérais!» Elle l'exaspère souvent. Parfois, rarement, il ne peut le lui cacher.

Ainsi, lorsqu'elle lui fait lire, devant Michel Charasse, le premier chapitre de son premier livre :

— C'est trop naïf et puis, en quelques lignes seulement, tu te contredis…

— Tu trouves que c'est nul !

— Non, mais ce n'est pas au niveau…

— De toute façon, tu m'as toujours prise pour une conne !

— Je ne dis pas que tu es conne, je dis que le début de ton livre est con !

Vexée, Danielle quitte le bureau présidentiel avec ses quelques feuillets dont elle était si fière. Décidément, pense François, elle est trop naïve, trop entêtée, trop manichéenne. Mais malheur à celui qui le lui dirait. « Il ne supportait pas qu'on émette la moindre critique sur elle en sa présence[46] », se souvient son ami André Rousselet. C'est qu'il admire aussi son courage, sa ténacité, sa générosité. Elle est sa caution de gauche lorsqu'elle dénonce, en mars 1991, à La Réunion, une situation « coloniale » et notamment la fermeture autoritaire de Télé Free Dom par le ministre rocardien des DOM-TOM, Louis Le Pensec ; lorsqu'elle se rend, en mai, à la Goutte-d'Or, après les propos de Jacques Chirac, président du RPR, sur « les odeurs » ; lorsqu'elle attaque, en janvier 1992, l'amendement du ministre de l'Intérieur, Philippe Marchand, visant à légaliser les zones de transit – la gauche des droits de l'homme se sent alors soutenue contre un gouvernement socialiste qu'elle ne comprend plus. Et François Mitterrand ne peut que se féliciter de l'ambiguïté ainsi créée. Elle est la bonne conscience du couple présidentiel. C'est ainsi qu'elle se voit : « François disait toujours que tout pouvoir suscite un contre-pouvoir. C'est peut-être ce que j'ai été. » Sans

46. Entretien avec l'auteur, 22 novembre 2007.

doute envie-t-il la liberté de sa femme. Il aurait parfois voulu dire ce qu'elle dit, faire ce qu'elle fait.

Le 15 juillet 1994, Danielle doit subir une grave opération à cœur ouvert, dont elle mettra beaucoup de temps à se remettre. Elle, si vive, si active, habituée à courir le monde, doit rester cloîtrée de longs mois rue de Bièvre. La période est d'autant plus noire que François Mitterrand, contraint à une seconde cohabitation, souffre de son cancer. Le 3 novembre, lorsque *Paris Match* publie la photo de Mazarine en couverture, Danielle vient de passer trois jours à l'hôpital pour des examens postopératoires. Elle est en pleine dépression. Comment va-t-elle réagir ? Bien sûr, elle connaît depuis longtemps l'existence de la fille de François. Avant même sa naissance. Lorsqu'elle a su qu'Anne Pingeot était enceinte, elle a compris : « Elle ne pouvait l'être que de François[47]. » En 1983, quand Roland Dumas vient l'avertir, à la demande de Mitterrand, qu'un brûlot signé Jean-Edern Hallier, révélant l'existence de la fille du président, circule sous le manteau, elle l'arrête : « Mazarine ? Ne te fatigue pas, Roland. Tu ne m'apprends rien. Je sais tout et depuis le premier jour. » Et d'ajouter : « C'est la vie privée de François. C'est sa fille. Entre elle et moi, il n'y aura jamais de conflit[48]. » Mais savoir que quelques dizaines de personnes, proches, voisins, politiques, journalistes, sont au courant, et voir le visage de la « fille cachée » de son mari, donc la double vie de celui-ci étalée au grand jour, c'est tout autre chose. Elle accuse le coup. Le journaliste Georges-Marc Benamou qui déjeune rue de Bièvre, quarante-huit heures après la sortie du magazine, est frappé par l'atmosphère pesante. Danielle, le visage douloureux, ne desserre pas les dents. Rien, pas même

47. Thierry Machado, « Danielle Mitterrand, l'insoumise », doc. cit.
48. Entretien avec l'auteur, 13 septembre 2007.

les efforts de François, ne réussit à vaincre son mutisme boudeur. Elle n'en sort que pour exploser : « On en a marre de cette ambiance de chasse à l'homme ! »

François Mitterrand quitte l'Élysée, le 17 mai 1995, Danielle devient une ex, ce qui, apparemment, la laisse de marbre. Elle confiera, en juin 2009, à *VSD* : « Première dame n'est pas une identité. Certes, à un moment, j'ai eu un bureau à l'Élysée, parce que mon mari y était. Il y a un mythe autour de ce palais, que je n'ai pas ressenti. Je n'ai le sens ni de la hiérarchie ni des titres. » Sa véritable identité n'a pas changé, elle est et reste présidente de France Libertés.

Quelques semaines avant la mort de François, Danielle fera la connaissance de Mazarine. Elle est au chevet de son mari, avenue Frédéric-Le-Play. La jeune fille, elle le sait, est dans une pièce voisine : « François, tu ne vas pas la cacher ! » Il appelle sa fille. Intimidée, Mazarine se retrouve face à cette femme qu'elle a si souvent vue à la télévision ou en photo au côté de son père. « Mazarine, je te présente Danielle ; Danielle, voilà Mazarine », dit Mitterrand. Danielle embrasse la jeune fille, lui meuble le silence : « Tu sais, Mazarine s'intéresse beaucoup aux autres. Elle admire ce que tu fais à la fondation. » Treize ans plus tard, évoquant la naissance de celle que la presse appelait « la fille cachée », Danielle dira : « François était tellement heureux d'avoir une fille ! Moi, je ne savais faire que des garçons [...]. Mazarine a éclairé sa vie[49]. » Mitterrand, qui n'extériorisait jamais ses sentiments, n'avait pu cacher la joie, blessante pour sa femme, que lui procurait Mazarine !

Devant le cercueil de François Mitterrand, le 11 janvier 1996, les Français découvrent Anne Pingeot, écrasée de douleur, le visage dissimulé derrière une voilette. Première et dernière apparition publique de celle qui fut

49. Thierry Machado, « Danielle Mitterrand, l'insoumise », doc. cit.

la femme de cœur du président. Ce sera « l'unique journée où sa vie intime rencontrait l'espace public parce que la mort exigeait cette coïncidence[50] », écrira sa fille. Anne, la femme de l'ombre. « Son amour pour François était exceptionnel. Je n'en ai pas connu de comparable », dira Robert Badinter. Elle formait avec François un couple fusionnel. Il aimait les femmes cultivées, elle l'était. Tous deux savaient tout du XIXe siècle, elle conservatrice de musée, de la sculpture, lui de la littérature. Discrète, Anne n'en avait pas moins pris toute sa place dans la double vie bien réglée de François. Avec Danielle, le nouvel an et le mois d'août à Latche, le week-end de la Pentecôte à Solutré, en Bourgogne, le dîner du dimanche soir rue de Bièvre en compagnie des Dumas, des Lang, des Burguburu, de Christine et Roger Hanin. Avec Anne, Noël, souvent en Égypte, le carnaval de Venise, les week-ends chez Grossouvre, dans l'Allier, chez les Badinter, dans l'Oise, chez Salzmann, dans les Cévennes, et, après 1981, à Souzy, l'une des résidences mises à la disposition du président, le mois de juillet à Gordes, les soirées et les nuits quai Branly où Anne et Mazarine, quittant la rue Jacob, ont emménagé.

Anne, qui n'a vécu que pour François, aura eu la satisfaction d'être, dans son domaine, une femme d'influence. Les Français lui doivent la pyramide du Louvre. Sans elle, sans sa passion pour ce musée où elle a longtemps travaillé, sans sa connaissance de l'histoire de son extension sous Napoléon III, François aurait-il pensé à l'agrandir à son tour ? Anne a suivi toutes les étapes des travaux au jour le jour. Du musée d'Orsay tout proche, elle venait à vélo, à l'heure du déjeuner, surveiller leur avancement. La nuit, elle avait souvent rendez-vous avec François sur le chantier. Et parfois même dans son bureau

50. Mazarine Pingeot, *Bouche cousue*, Julliard, 2005, p. 144-145.

de l'Élysée, pour voir les plans et les maquettes. Quelques jours avant l'inauguration officielle, François Mitterrand organise pour elle une visite très privée commentée par l'architecte Pei lui-même. Ce Louvre agrandi d'un tiers, cette pyramide de verre plantée tel un diamant au centre de la cour Richelieu, c'est le cadeau offert par François à Anne.

Dans l'appartement de l'avenue Frédéric-Le-Play, où François souffrant le martyre a fini ses jours, une chambre était réservée à Anne Pingeot, une autre à Mazarine. Quand Danielle venait, les officiers de police prévenaient Anne et sa fille qui quittaient le chevet de François et se réfugiaient dans leurs chambres.

La présence des deux femmes aux obsèques du président n'a pas choqué les Français. Elle les a émus. On ne les reverra jamais plus ensemble. Anne est retournée à son anonymat, jalousement préservé, et à ses sculptures. Danielle, qui s'est comportée avec beaucoup d'élégance lors de ces funérailles, a repris ses combats. Pendant quatorze ans, à l'Élysée, elle avait souvent eu l'impression, justifiée on l'a vu, de harceler François, de l'agacer. Après sa mort, elle emploie le présent, comme s'il était toujours là, pour évoquer leurs différends : « Il comprend que je ne puisse taire mon indignation au souvenir de telle population dans un marasme indescriptible, mais il lui semble que ma véhémence tend à le culpabiliser et il ne l'admet pas[51]. » Lorsqu'au retour du Nicaragua, du Pérou, du Mexique, elle entendait plaider en faveur des victimes de la misère, de la corruption, de la violence, il la coupait : « Danielle, dis-moi en deux mots, je suis attendu… » Elle se taisait, lui écrivait pour crier sa révolte, obtenait parfois qu'il mobilise un de ses conseillers. Ses petites victoires…

Veuve, elle continue de se battre. Seule, désormais. À 80 ans, elle vole au secours de son fils Jean-Christophe, mis

51. Danielle Mitterrand, *En toutes libertés*, *op. cit.*, p. 314.

en examen dans le cadre de l'affaire Falcone sur les ventes d'armes présumées à l'Angola, puis pour «blanchiment» concernant le financement de son usine de poissons en Mauritanie. En son absence, le juge Courroye perquisitionne rue de Bièvre, fouille la chambre et le bureau de François Mitterrand, occupés par son fils. Pour sauver l'usine et aider à payer la caution – elle dit la «rançon» – de 5 millions de francs, permettant la remise en liberté de Jean-Christophe, elle hypothèque sa maison de la rue de Bièvre, vend les meubles aux enchères, fait appel à la générosité des amis de François. «Mon travail quotidien, depuis des années, est de lutter pour défendre, à travers le monde, les victimes d'une justice dépravée. Je peux bien défendre mon fils», déclare-t-elle au *Parisien*, le 3 avril 2004. Une justice dépravée ! Elle vise le juge Courroye qu'elle accuse d'avoir voulu se payer les Mitterrand. On apprendra plus tard que ce magistrat, qui sera l'objet de sanctions, était très lié au pouvoir politique.

Puisque François n'est plus là, elle se sent libre, totalement libre. Peu lui importe désormais si ce qu'elle dit, ce qu'elle fait crée des polémiques. En France, que le gouvernement soit de droite ou de gauche, elle prend la défense des victimes de décisions qui lui paraissent injustes. Sous Juppé, en juin 1996, elle qualifie le projet de loi rédigé par le ministre de l'Intérieur, Jean-Louis Debré, de «liberticide, injuste et extrémiste». Sous Jospin, elle manifeste avec les réfugiés kurdes qui demandent le droit d'asile, avec l'extrême gauche pour exiger la régularisation de tous les sans-papiers. Elle reproche au Premier ministre socialiste de ne pas trancher «comme François savait le faire». Pour elle, c'est simple : «Quand une loi est mauvaise, on la défait[52].»

Au forum économique, à Crans-Montana, en Suisse, devant un parterre de décideurs mondiaux, elle n'hésite

52. Interview au *Parisien*, 5 novembre 1998.

pas à appeler à « la désobéissance civile contre la dictature des marchés qui, partout, même dans les démocraties, donc en France, sème la pauvreté et la mort ». Dans la foulée, elle participe au pique-nique des partisans d'Attac – Association pour la taxation des transactions financières – devant la Bourse, à Paris. Elle n'hésite plus à intervenir dans les débats électoraux. En 2005, elle se prononce pour le « non » à la Constitution européenne qui, à ses yeux, instrumentalise une dictature qui fait de l'homme un sujet économique et génère la misère, le chômage, la pollution de l'eau et de l'air. En 2007, à Toulouse, on la voit scandant « Ségo, Ségo » dans la voiture qui la conduit au meeting de la candidate socialiste. Mais, malgré sa sympathie pour l'ex-collaboratrice de son mari – « Elle a la même écriture que François » –, elle dit voter surtout contre Sarkozy. Elle « s'étrangle » en effet quand Ségolène parle d'« ordre juste[53] ». L'année précédente, à l'occasion de la sortie du *Livre de ma mémoire*, elle affirmait : « Les dirigeants socialistes n'ont pas la tripe socialiste. Ils ont un regard beaucoup trop attendri pour l'argent [...]. Peut-être veulent-ils amender le système, moi je veux en finir[54]. » En un mot, ils lui semblent bien frileux. Deux ans après l'élection de Sarkozy, elle précisera, à propos de Ségolène : « Nous n'avons pas la même vision du monde. Elle continue de penser que la croissance nous sortira de la misère. Je suis persuadée qu'elle augmente les inégalités et amplifie la pauvreté[55]. »

C'est « tout le système », le capitalisme, le libéralisme, le diktat de l'argent qu'elle dénonce. L'avenir, selon elle, se joue ailleurs, aux quatre coins du monde, partout où « on imagine et met en lumière de nouvelles formes de

53. Thierry Machado, « Danielle Mitterrand l'insoumise », doc. cit.
54. Interview donnée au *Parisien*, 15 novembre 2002.
55. Interview donnée à VSD, 2 juin 2009.

solidarités, d'autres manières de produire, d'échanger, de redistribuer de la richesse[56] ». Avec un optimisme inaltérable, elle estime que les trois quarts de l'humanité sont désormais en accord avec le slogan des altermondialistes, « penser autrement ». C'est-à-dire résister à la pensée unique, donner la priorité à la solidarité et non aux profits confisqués par quelques grandes multinationales. Courant d'un continent à l'autre, elle est présente partout, aux côtés de ceux qui mènent ce combat. Au Tibet avec le dalaï-lama, au Mexique avec les zapatistes du sous-commandant Marcos et les Indiens du Chiapas, au Chili avec les Indiens mapuches, en Indonésie avec les victimes du dictateur Suharto. Figure de l'altermondialisme, elle participe à tous les forums.

Danielle, longtemps tétanisée par les médias – après une prestation calamiteuse chez Anne Sinclair, sur TF1, elle s'était jurée de ne plus jamais venir sur un plateau de télévision –, multiplie les interventions et devient, à sa manière, une vedette médiatique. À Los Angeles, Sharon Stone, elle aussi engagée dans les combats humanitaires, lui rend hommage avant que le dalaï-lama lui remette le *Light of Truth Award* pour « sa contribution significative » à la lutte des Tibétains. Elle dialogue avec la star américaine sur TF1. Elle est filmée, photographiée, interviewée avec le dalaï-lama, Rigoberta Menchú, Nelson Mandela, Mère Teresa. Une véritable amitié la lie, elle, la fille de libres-penseurs, l'athée, avec celle qu'elle appelle « une sainte vivante ». Danielle n'a-t-elle pas confié à *Télérama* : « Lorsqu'elle m'a donné son chapelet, je lui ai dit : "Vous le mettez entre les mains d'une mécréante !" Elle m'a répondu : "Il est dans de bonnes mains." »

À la sortie de ses livres qui sont tous des best-sellers et dont elle verse les droits d'auteur à France Libertés,

56. Interview donnée au *Journal du dimanche*, 5 octobre 2003.

elle multiplie les interviews, désormais très à l'aise. Face à des journalistes qui la respectent et la ménagent, elle réécrit sa vie en rose. Comme le fera après elle Bernadette Chirac. Son mari était un grand séducteur? «François a toujours aimé plaire! Cela fait partie de sa personnalité. Pourquoi reprocher à un homme d'aimer séduire[57]?» Elle a fait avec. Mais il n'a jamais été question de séparation. L'amour entre eux «était tellement fort qu'il pouvait se partager». Elle dit tenir particulièrement à une photo où François et elle se regardent avec une grande tendresse. Ce cliché résumait à ses yeux cinquante ans de complicité: «Les gens peuvent dire ce qu'ils veulent, ce regard-là, c'est toute ma vie.» Politiquement, elle affirme avoir toujours été d'accord avec François... mais souvent en désaccord avec le président de la République. Habile formule qui sous-entend que son mari était parfois contraint de prendre des mesures qu'il désapprouvait.

Plus elle avance en âge, plus elle se radicalise. En 2004, à 80 ans, elle provoque le départ de plusieurs collaborateurs de France Libertés désapprouvant le changement de cap qu'elle impose. Elle leur reproche une conception trop juridique, pas assez politique de la lutte pour les droits de l'homme. «Petit à petit, ils ont transformé la fondation en une organisation de redresseurs de torts. Ce n'est pas notre vocation[58]», affirme-t-elle.

Au forum social de Porto Alegre, elle a pris conscience que ceux avec lesquels la fondation a construit des écoles, creusé des puits, apporté du matériel souhaitent désormais prendre leur destin en mains. D'où la nécessité de mettre l'accent sur leur droit à l'eau, à l'éducation ou sur la démocratie participative à laquelle ils aspirent. De sa petite voix douce, dans un sourire, elle dit: «Notre rôle,

57. Interview donnée à *Elle*, 15 juin 2005.
58. Interview donnée au *Parisien*, 13 décembre 2004.

c'est de changer le monde ! » La sauvegarde de l'eau – un habitant sur cinq de la planète en est privé – devient à ses yeux « le préalable à toutes les démarches pour défendre les droits de l'homme ». Ce sera son dernier grand combat. La dernière grande cause qu'elle plaide à travers la planète. À 84 ans, après quatre semaines passées au Brésil et en Argentine, elle arrive, épuisée, en Patagonie chilienne pour soutenir la population locale mobilisée contre la construction de barrages sur des rivières sauvages.

De retour à Paris, à bout de forces, elle a mis ses affaires en ordre et elle s'est laissée mourir. Quelques années plus tôt, elle avait espéré être enterrée avec François au mont Beuvray, ce lieu chargé d'histoire – le mont domine l'antique cité de Bibracte où Vercingétorix fut désigné chef par les Gaulois – et proche de son berceau familial. Mais François ne l'a pas voulu. Être enterré là, avec elle, eût été nier la place éminente prise dans sa vie pendant plus de trente ans par Anne Pingeot, la mère de Mazarine. Il a choisi de reposer dans le caveau des Mitterrand à Jarnac. Danielle sera inhumée, le 26 novembre 2011, à Cluny, là où tout avait commencé pour elle, quatre-vingt-sept ans plus tôt. Cérémonie laïque, à l'image de cette Première dame atypique qui disait : « Je sors d'un nid de socialistes bien rouges. » En présence notamment d'une centaine de Kurdes.

Jusqu'à son dernier souffle, elle aura voulu croire que les droits de l'homme finiraient par s'imposer partout, que le capitalisme vivait ses dernières heures, que le socialisme dans la liberté finirait par triompher. La jugeait-on naïve, puérile, par trop irréaliste, elle répondait d'une formule : « L'utopiste est celui qui a raison trop tôt. »

Bernadette Chirac

> «Le président est veuf […]. Je ne suis personne» (premier mandat).
> «J'aime cette vie» (2005).

Ce 7 mai 1995, peu avant 20 heures, son mari lui fait demander de le rejoindre dans son grand bureau de l'hôtel de ville de Paris qui domine la Seine. Il lui dit: «Voilà, ça y est, je suis élu.» Pas un mot de plus. Pas de grande effusion. Entre eux, il n'y en a jamais eu. Elle est émue, elle ne peut retenir ses larmes. Elle pense à sa mère, qui lui répétait: «Vous pleurerez un autre jour.» Mais ce jour-là est exceptionnel. Elle pense à son père, si réticent à son mariage, une mésalliance selon lui. S'il voyait… Elle pense à cette pique que son Jacques lui avait lancée, un jour déjà lointain, mais qu'elle n'a jamais oubliée: «Vous ratez tout et vous faites tout rater aux autres.» Non, elle n'a pas tout fait rater! Plus tard elle dira: «Cette victoire est aussi en partie la mienne.» Le pense-t-elle vraiment? Veut-elle effacer de sa mémoire les humiliations que son mari et sa fille Claude lui ont fait subir depuis cinq ans?

Ce 7 mai est un autre jour. Elle est fière, ce soir, d'être au côté de cet homme qu'elle aime et admire depuis quarante ans. Elle est là, dans la grande salle des fêtes de l'Hôtel de Ville où il prononce sa première allocution, dans la voiture qui les conduit au siège de la campagne, avenue d'Iéna, où il apparaît au balcon, dans la voiture à nouveau qui sillonne Paris, escortée d'une nuée de photographes et de cameramen. Moments indescriptibles, inoubliables. Bernadette devient la cinquième Première dame de la Ve République. Elle entend bien tenir sa place. Toute sa place. À l'Hôtel de Ville, pendant dix-huit ans, elle a été la reine de Paris. À l'Élysée, elle sera la reine de France.

Comme Yvonne de Gaulle, son modèle, Bernadette ne conçoit pas de ne pas vivre à l'Élysée. « Il serait impensable de ne pas y habiter. Quand on est président de la République et la femme du président, on accepte non seulement les honneurs, mais les charges. Il est impossible de diriger des équipes et de leur demander un travail de qualité si l'on n'est pas sur place[1] », confiera-t-elle. Bref, l'Élysée a besoin d'une maîtresse de maison. Elle le sera. Faut-il voir là une critique implicite de son amie Claude Pompidou qui ne vécut qu'à mi-temps au palais, d'Anne-Aymone Giscard d'Estaing et de Danielle Mitterrand qui n'ont jamais quitté leur domicile privé ? Plutôt un autre choix de vie : depuis plus de vingt ans, Bernadette n'a pas connu d'autre domicile que les palais nationaux.

En 1974, elle a choisi de vivre à Matignon. Aucune des femmes de Premier ministre depuis Mme Debré n'y avait habité. Elle a adoré l'Hôtel de Ville, ses salons majestueux, son vaste appartement de fonction de plus de 1 000 mètres carrés, qu'elle a entièrement rénové, sa domesticité nombreuse et prévenante, son budget sans limites. Bernadette et Jacques y faisaient appartement à part. Chacun chez soi. Pas question de changer de style de vie à leur âge. Impossible pour eux de cohabiter dans

1. Caroline Pigozzi, *Jacques et Bernadette en privé*, Robert Laffont, 2002, p. 32.

les 300 mètres carrés dont leurs prédécesseurs s'étaient contentés. Ils ne se supporteraient pas. À l'Élysée comme à l'Hôtel de Ville, ils vont vivre sous le même toit, mais séparément. Sous les combles, au-dessus du bureau présidentiel, Mme Chirac décide donc de faire aménager un trois pièces totalement indépendant : deux chambres – une pour elle, l'autre pour sa mère –, une salle de bains, une salle à manger. Ce sera son domaine à elle. Un cadre très personnel, très féminin, avec un peu partout sur les tables, les guéridons, des photos de famille.

Elle entreprend aussi de transformer l'appartement qu'occupera son mari, avec l'aide d'un ami, le décorateur Alberto Pinto. Le décor voulu par le président Mitterrand, qui avait fait appel à des designers contemporains, Jean-Michel Wilmotte et Philippe Starck, ne lui plaît pas. Elle le juge trop impersonnel, trop froid. Comme Anne-Aymone, Bernadette a des goûts plus classiques, plus bourgeois. La journaliste Caroline Pigozzi décrit les lieux après travaux : « Mme Chirac a choisi des peintures dans des tons crème, de nouveaux rideaux dans des tissus dans l'esprit du XVIIIe siècle pour la plupart, avec de lourdes passementeries, et des meubles, des tableaux, du mobilier de la même époque [...]. La cuisine des appartements privés est jaune, pastel et blanc, inspirée de celle de la maison de Claude Monet à Giverny. C'est Mme Chirac qui a choisi sa décoration : rideaux à grosses fleurs bleues sur fond blanc, carreaux de faïence de Gien aux murs dans les mêmes tons[2]. » La faïencerie des bords de la Loire appartenait à la famille de Bernadette.

Le bureau de la Première dame au rez-de-chaussée, celui qui fut occupé par Anne-Aymone Giscard d'Estaing et Danielle Mitterrand, est lui aussi refait. Mme Chirac change tout : la décoration murale, le mobilier et même

2. *Ibid.*, p. 23-30.

les fenêtres qui sont équipées de vitres fumées pour préserver son intimité. Caroline Pigozzi décrit ainsi cette « vaste pièce » où Bernadette passera beaucoup de temps : « Tentures de moire rayée beige aux murs, lourds rideaux bordeaux de velours frappé avec passementerie et embrasses à pampilles, bibliothèques à placage de bois de rose XVIIIe, grande table ronde juponnée éclairée par une imposante lampe de porcelaine, et bronzes XIXe avec un abat-jour plissé de soie crème [...]. Sur son bureau plat Louis XV, au-dessus de cuir havane, il y a un trèfle presse-papiers en cristal, un cendrier marocain en argent, une belle tortue de bronze, son animal fétiche[3]. »

Bernadette aime le confort, le luxe, le raffinement. Les travaux pour les appartements durent. Ils coûtent cher. Mme Chirac est très exigeante. Selon Jean-Claude Laumond, le chauffeur de son mari, longtemps complice de ses escapades galantes, « elle a fait refaire deux fois le marbre des salles de bains qui ne lui convenait pas[4] ». René Dosière, auteur de *L'Argent caché de l'Élysée*, estime que Jacques Chirac aura été « le plus dépensier de tous les présidents de la Ve République[5] ». Bernadette n'y est pas pour rien.

Est-ce l'ampleur des transformations ? Est-ce la difficulté de quitter un univers de luxe où ils avaient pris leurs marques depuis tant d'années ? Jacques, qui déteste le changement, n'emménagera à l'Élysée qu'en octobre 1995, six mois après son élection. Et Bernadette seulement en février 1996, dix mois après ! Jean Tiberi, successeur de Chirac, et Xavière, son épouse, tenus pour quantité négligeable par le couple présidentiel, ont dû subir, en silence, cette longue occupation indue.

3. *Ibid.*, p. 15.

4. Pascale Tournier, *La Reine mère,* Éditions du Moment, 2011, p. 52.

5. René Dosière, *L'Argent caché de l'Élysée*, Seuil, 2007.

Peu après son arrivée à l'Élysée, Georges Pompidou avait convoqué son conseiller de presse: «Baudouin, je vous préviens et je tiens à ce que cela se sache dans cette maison: ma femme, c'est sacré. Vous voudrez bien l'écouter. Simplement, vous me rendrez compte[6].» Jacques Chirac n'a rien dit de tel. Bernadette doit s'imposer seule. Non sans difficulté. À l'Hôtel de Ville, elle était servie par un personnel dévoué qu'elle connaissait et avec qui elle entretenait des liens directs au point d'appeler souvent les gens par leur prénom. Chacun avait compris que si son mari était le maire de Paris, elle était la maîtresse du palais. À l'Élysée, son pouvoir ne va pas de soi. Le personnel militaire, qui dépend en principe du président et de lui seul, accepte mal, en l'absence d'ordres de ce dernier, la volonté de tout régenter et l'autoritarisme de la Première dame. Caroline Pigozzi raconte que la «présidente» qui la recevait peu après l'élection en 1995, lasse de ne pas être servie, dut aller chercher elle-même des boissons. Les gardes républicains avaient fait mine de ne pas comprendre ce qu'elle avait demandé! Un an plus tard, en mai 1996, lorsqu'elle fait changer, en catastrophe, alors que la table était mise, la nappe du dîner officiel donné en l'honneur du roi du Maroc Hassan II parce que sa couleur ne lui plaisait pas, un maître d'hôtel marmonne: «Ça commence à suffire!» Elle explose: «On ne parle pas comme ça à Mme Chirac[7].» À l'occasion d'un dîner officiel où elle a commandé de grands vins, un intendant lui demande si elle connaît le prix de telles bouteilles. Elle répond sèchement: «On ne s'occupe pas du prix[8].» La «présidente» exige d'être obéie sans discussion. Elle

6. Christine Clerc, *Tigres et tigresses*, *op. cit.*, p. 576.
7. Caroline Pigozzi, *Jacques et Bernadette en privé*, *op. cit.*, p. 83.
8. Pascale Tournier, *La Reine mère*, *op. cit.*, p. 55.

tolère mal qu'on manque du respect dû à sa personne et à son rang.

Bernadette et Jacques n'ont jamais vécu au même rythme. Elle est du soir, lui du matin. Ils ne vont pas changer leurs habitudes à l'Élysée. Elle se lève tard, vers 9 heures, et démarre lentement. Lui est debout depuis 6 h 30 et part au quart de tour. Il est dans son bureau depuis longtemps lorsqu'elle sort de ses appartements. La matinée de la Première dame est en grande partie consacrée à ses obligations de maîtresse de maison. Elle convoque l'intendant du palais, surveille les équipes de ménage, veille à l'organisation des réceptions et des grands dîners officiels. Elle supervise aussi les repas de son mari qui exige d'être servi à l'heure et copieusement. En fin de matinée, deux à trois fois par semaine, elle se rend chez le coiffeur. N'étant jamais conviée aux repas de travail de son mari, elle déjeune seule dans ses appartements privés, ou au restaurant avec des amies.

L'après-midi, elle travaille dans son bureau. Comme ses devancières, elle doit répondre à un volumineux courrier. Elle dispose d'un personnel plus nombreux : quatre assistantes, quatre secrétaires et trois assistantes sociales chargées d'étudier des demandes d'aide et d'intervention. Mais elle consacre aussi son temps à ses administrés corréziens et à ses fondations. Elle assume également l'intendance du couple. « Mon mari n'a jamais fait un chèque de sa vie, dit-elle. S'il en avait signé un, la banque l'aurait refusé, ils ne connaissent pas sa signature ! » C'est encore elle qui s'occupe de la déclaration de revenus. Chaque année elle râle : « On paye beaucoup trop d'impôts ! » Et lui, à chaque fois : « Oui, mais on a le TGV ! » Rien ne l'agace plus que ces réponses mécaniques qu'elle a déjà entendues cent fois.

Le soir, lorsqu'il reste au palais, il la rejoint vers 20 heures, dans son bureau où elle a tendance à s'attarder.

Il la bouscule : « Bernadette, il est temps que vos collaborateurs rentrent chez eux. » Ce qui signifie : j'ai faim, il est temps que nous passions à table. Mme Chirac a raconté à un journaliste, qu'elle connaissait pourtant peu, un dîner type avec son époux. Il assoit le chien entre eux et s'adresse à l'animal plus qu'à elle. Il suit avec attention le journal télévisé s'il en est encore temps ou zappe sur des chaînes d'information continue. Puis, télécommande en main, il s'installe devant un western, un film de guerre ou un policier. Il se passionne aussi pour le sport, le football, le tennis, le judo, au point que Bernadette ne peut dire un mot. Le pire pour elle, ce sont les cassettes de combats de sumos, dont il lui explique à chaque fois et par le menu les subtilités dont elle n'a que faire ! À ces soirées devant la télé elle préfère les réceptions officielles ou les dîners en ville où elle se rend presque toujours seule. Elle adore les mondanités, lui les déteste.

Si Bernadette a espéré que l'élection lui permettrait d'exister davantage – elle a été marginalisée depuis 1988 au profit de sa fille Claude –, elle déchante vite. Rien n'a changé. Elle en a la preuve dès le 14 juillet 1995. Le nouveau président reçoit à sa table des jeunes représentants des régions françaises. Bernadette s'étonne de ne pas être invitée. Constatant qu'un des convives est un agriculteur de son canton de Corrèze, elle insiste pour l'être. Jacques Pilhan, l'ex-conseiller de François Mitterrand qui a désormais avec Claude la haute main sur la communication de son mari, s'approche et lui explique : « Madame, il est impossible que vous déjeuniez avec les jeunes et le président. Vous comprenez, ça ferait papa, maman et leurs enfants. Nous nous sommes permis de faire retirer votre couvert. » Bernadette, qui racontera la scène dans son livre d'entretiens, *Conversation*, paru en 2001, avoue : « Je n'ai rien dit, mais j'étais furieuse. » Au journaliste Patrick de Carolis, son intervieweur, qui lui demande : « Une telle situation pourrait-elle se reproduire aujourd'hui? Vous laisseriez-vous faire?» elle répond: «Certainement pas[9].» Mais à l'époque, elle ne peut qu'endurer. Elle devra avaler beaucoup d'autres couleuvres.

En août 1997, *Paris Match* consacre six pages aux vacances de la famille Chirac à l'île Maurice. On y voit Jacques en grand-père affectueux couver du regard son petit-fils Martin qui vient d'avoir 16 mois. On y voit l'enfant dans les bras de sa mère Claude, en short sur la plage, mais pas une seule photo de Bernadette. Et c'est Claude, sa mère le sait, qui a supervisé l'opération de communication avec l'hebdomadaire. «Le président est veuf», grince Bernadette. Elle dit aussi: «Je ne suis personne.» L'année suivante, elle n'est pas invitée, malgré son insistance, dans la tribune officielle lors de la finale de la Coupe du monde de football au Stade de France. Ulcérée, elle refuse d'être présente à la *garden-party* du 14 Juillet à l'Élysée, où Zidane et ses coéquipiers champions du monde sont reçus par son mari, en présence de sa fille Claude: «Puisque je n'étais pas là pour les voir, je ne serai pas là pour les recevoir!» Elle boude aussi le défilé. Son absence est d'autant plus remarquée que le carton d'invitation était imprimé au nom du président et de son épouse. Elle s'est réfugiée en Corrèze, soi-disant pour préparer la venue du Tour de France… quatre jours plus tard. C'est la première fois que la Première dame marque aussi spectaculairement sa désapprobation.

Comment son mari et sa fille peuvent-ils la traiter ainsi? Elle envoie Bernard Niquet, ancien directeur de la communication de la mairie de Paris, qui est devenu à l'Élysée son conseiller particulier, tenter de convaincre le président qu'il aurait intérêt à la montrer plutôt que

9. Bernadette Chirac, avec Patrick de Carolis, *Conversation*, Plon, 2001, p. 52-53.

de nier ainsi son existence. Christine Clerc raconte la scène : « Jacques, M. Niquet a quelque chose à vous dire. » Ainsi, c'est clair, la supplique vient d'elle. Niquet, courageux, se lance : « Monsieur le président, vous avez une femme reconnue qui joue un rôle important. Plutôt que de marcher dix pas devant elle et d'accélérer l'allure quand elle tente de vous rattraper, vous qu'on voit si chaleureux avec les autres femmes, il me semble que vous devriez présenter davantage l'image d'un couple présidentiel uni. La photo de Georges et Claude Pompidou sur le balcon de l'Élysée est restée dans toutes les mémoires. Quant à François Mitterrand, il tenait, quoi qu'on en dise, à son image familiale : tous les étés, il se faisait photographier à Latche entouré de Danielle et des siens[10]... » Chirac le coupe : « Ce n'est pas ce que les Français attendent. » Rien ne l'agace plus que d'être photographié avec sa femme. Si ce n'est de reconnaître qu'il lui doit quelque chose. Le président ne pardonnera pas à Niquet d'être intervenu ainsi. Encore moins à sa femme de l'y avoir poussé. Quelques années plus tard, lorsque le directeur de cabinet de celle qu'il appelle « Madame » est nommé préfet, une réception est organisée en son honneur à l'Élysée. Jacques Chirac, qui en de telles circonstances en fait d'ordinaire des tonnes, se contente de quelques mots, un peu froids. En substance : « Vous avez aidé ma femme. » C'est Niquet qui salue « le rôle de premier plan » tenu par Bernadette et, s'adressant au président : « Vous n'auriez pas été réélu sans elle. » Tous les témoins remarquent alors l'agacement de Chirac. Visiblement, il ne partage pas cet avis[11].

Bernadette enrage. La cuisine, l'argenterie, les fleurs, c'est elle. Elle est la maîtresse de maison. Mais la maîtresse femme de l'Élysée, c'est sa fille. Les standardistes du 55,

10. Christine Clerc, *Tigres et tigresses*, *op. cit.*, p. 578-579.
11. Entretien avec Christine Albanel, 28 mars 2013.

rue du Faubourg-Saint-Honoré ne connaissent qu'une seule Mme Chirac : Claude. Une image nocturne du film de Pierre Hurel et Anne Fulda[12] dit tout : dans le palais désert, Bernadette rejoint seule ses appartements. Derrière l'unique fenêtre de la façade qui reste éclairée, on aperçoit Claude qui travaille avec Jacques Pilhan. La stratégie présidentielle s'élabore là. Loin de la Première dame.

Chirac ne peut plus se passer de sa fille. Et malheur à celui qui risque, devant lui, de la critiquer ! Bernadette les surnomme « les Chirac ». Un huissier n'a-t-il pas annoncé, à l'arrivée du président et de sa fille : « M. et Mme Chirac » ? Comme si l'on niait son existence à elle. « Quand je pense parfois que la France est gouvernée par M. Pilhan et Claude », lâche-t-elle à un ministre. Entre la mère et la fille, les relations sont tendues. « Claude a un caractère exclusif. Elle n'avait pas envie de partager. Mme Chirac s'est sentie marginalisée », confiera Charles Pasqua. Interrogée par France 2 sur ses rapports avec sa fille, Bernadette concède : « Je fais ce que je peux pour que ça ne soit pas trop compliqué. » En privé, elle est moins diplomate : « Vous aussi, ma fille vous fait peur ! »

Cette situation humiliante ne date pas de 1995. Tout a commencé sept ans plus tôt, après l'échec cuisant de son mari face à François Mitterrand. Elle ne reconnaît plus son guerrier, celui dont elle disait : « Les coups de blues, il ne connaît pas. » Sonné, sans ressort, il ne croit plus en son étoile. Il traverse, selon l'expression de Charles Pasqua, « une déprime très, très sérieuse ». Bernadette constate, fataliste : « Les Français n'aiment pas mon mari ! » Lui s'aime moins que jamais. Elle voudrait tant qu'il fasse appel à elle pour l'aider à traverser cette épreuve difficile. Mais non ! Il ne lui demande rien. Sans doute ne sait-elle pas trouver les mots. Ce n'est pas auprès d'elle

12. Pierre Hurel et Anne Fulda, « Le clan Chirac », France 2, 2013.

qu'il cherche le réconfort, mais auprès de sa fille Claude. Jusqu'alors, il ne s'est pas beaucoup occupé d'elle. Le peu de temps libre que lui laissaient ses fonctions politiques multiples – maire de Paris, président du RPR, député de Corrèze puis Premier ministre – et ses virées galantes, il le consacrait à Laurence, sa fille aînée, la plus brillante, la plus fragile. Victime d'une méningite à l'âge de 15 ans, elle souffre, depuis, d'anorexie mentale. Il l'a longtemps négligée, elle aussi. Depuis les tentatives de suicide de Laurence, il s'efforce d'être plus présent. Souvent, avant ou après un déjeuner officiel, il vient prendre un second repas avec elle.

Claude a souffert, elle aussi, des absences de son père. « Il a tout à coup découvert que j'existais quand je devais avoir 15 ans. Jusque-là c'était : "Bonjour, ça va ?" » confie-t-elle à *Paris Match*. Elle ne se souvient pas avoir passé un seul dimanche entier en sa compagnie. Elle sort de l'adolescence quand il l'invite pour la première fois à déjeuner en tête à tête ! Une adolescence marquée par un climat familial alourdi par la maladie de Laurence et les relations tendues entre ses parents. « Je ne serais pas capable de me sacrifier comme maman pour un homme », dit-elle, en juillet 1987, au magazine *Confidences*.

À 24 ans, Claude est une jeune femme un peu paumée. Elle ne sait plus trop quoi faire de sa vie. Elle a raté ses études, s'est initiée à la communication lors d'un stage chez Euro RSCG. Depuis, elle ne fait plus grand-chose, fréquente le show-biz, sort beaucoup, rentre très tard dans un Hôtel de Ville désert. Elle a besoin de se raccrocher à quelque chose, à quelqu'un. Bernadette craint qu'elle ne sombre, comme Laurence. Elle demande à son mari de l'occuper, de la faire travailler avec lui. Elle ne se doute pas qu'elle vient de signer son propre effacement.

C'est Claude qui va piloter l'opération résurrection de son père. Même les amis politiques du maire de Paris l'ont enterré. Ulcéré par la rébellion de ceux qu'on appelle les quadras – douze jeunes élus RPR et UDF à qui l'on prêtait, à tort, un avenir prometteur –, profondément blessé par la trahison de Philippe Seguin et de Charles Pasqua, Chirac décide de repartir au combat. Après tout, il ne sait rien faire d'autre.

Claude est alors une des seules à croire encore en son avenir. Cornaquée par Jacques Pilhan, elle s'occupe d'abord de son look trop ringard. Elle l'initie au prompteur, lui si tendu, si mécanique à la télévision. Elle lui fait rencontrer ses amis du show-biz. Elle organise ses voyages en province où il va à la rencontre de ceux qu'elle appelle les « vrais gens ». Une complicité de tous les instants naît entre le père et la fille qui, au fond, se connaissaient mal. « Claude est une Chirac », dit Jacques. Bernadette, elle, ne sera jamais qu'une Courcel. Depuis des années, les collaborateurs de la mairie de Paris l'entendaient crier dix fois par jour : « Où est Bernadette ? »

Désormais, il ne cesse de demander : « Où est Claude ? » Il ne peut plus se passer d'elle, la cherche sans cesse du regard, quête ses approbations lors des entretiens. D'un signe, elle lui indique s'il peut faire confiance à son interlocuteur. Évoquant une photo prise aux États-Unis, en 1989, au bord d'une piscine, où l'on voit Claude en maillot de bain poser la joue sur l'épaule de son père torse nu, Christine Clerc écrit : « On dirait un couple d'amoureux. » Ils paraissent en effet seuls au monde. Nicolas Sarkozy, qui les connaît bien tous les deux, dira : « Elle n'aime que lui et il n'aime qu'elle. » Philippe Habert, un politologue éditorialiste au *Figaro*, qui a épousé Claude le 12 septembre 1992, est retrouvé mort dans sa chambre moins d'un an plus tard. Suicide, overdose de médicaments ? Lui aussi avait confié, dépité, à des proches, que sa femme n'aimait qu'un seul homme. Son père.

Bernadette souffre de l'omniprésence de Claude. Tout se fait sans elle ou presque. Pour contrer Édouard

Balladur, Jacques Chirac a choisi de s'adresser d'abord aux jeunes, aux classes populaires, aux victimes de la fracture sociale. Bref, à un électorat moins âgé, moins conservateur que celui, traditionnel, du RPR. Pour cet électorat-là, Bernadette, la catholique, lectrice du *Figaro Magazine*, opposée au divorce, est un repoussoir. Trop bourgeoise, trop ringarde, elle est tenue à l'écart. Les jeunes conseillers de Chirac, conscients du peu de cas qu'il fait alors de sa femme, la traitent avec désinvolture. Dominique de Villepin, le futur secrétaire général de l'Élysée, exige d'elle, sans ménagement, des informations précises sur son patrimoine familial après sa mise en cause par *Le Canard enchaîné*. Elle se dit choquée par le manque de savoir-vivre de celui qu'elle n'appellera plus que « Néron ».

Claude, elle, a droit à tous les égards. Jeune, moderne, branchée, lectrice de *Libé*, elle est mise en avant. C'est elle que l'on voit partout accompagnant son père, veillant sur lui. Frustrée, humiliée, bafouée, Bernadette endure, en silence. Pour continuer d'exister malgré sa mise au placard, pour sortir « de son trou » – l'expression qu'elle emploie dit son état d'esprit du moment –, la Première dame va se battre sur deux fronts. En Corrèze, où son siège de conseillère générale lui confère une légitimité personnelle. À Paris, sur le terrain caritatif, avec, notamment, l'opération Pièces jaunes qui va lui donner une présence médiatique exceptionnelle.

Au départ, en 1979, cette implantation dans le canton de Corrèze, le plus symbolique puisqu'il porte le nom du département, elle ne voulait pas en entendre parler. Elle lui a été imposée par son mari. Il n'a pas fait appel à elle pour lui rendre service, lui permettre de jouer un rôle ! Non, ce qu'il veut, c'est sauver le canton. Puisque aucun candidat ne fait le poids, il décide que ce sera Bernadette. Après tout, elle s'appelle Chirac, un nom qui à lui seul devrait permettre de gagner. Bernadette est réticente. Elle connaît trop sa timidité. Jamais elle ne sera un animal politique qui va chercher les voix avec les dents, pour reprendre une expression chère à son mari. Elle est certes conseillère municipale à Sarran, la petite commune de trois cents habitants sur laquelle est implanté leur château de Bity. Un mandat qui lui tient à cœur, mais qui n'est pas vraiment politique. Conseillère générale, c'est autre chose. Jacques ne lui laisse pas le choix : « C'est un ordre ! » Elle obéit. Première femme élue au Conseil général de Corrèze, elle siégera pendant trois ans avec son mari. Situation inédite, inconfortable pour elle. Quand elle se hasarde à vouloir prendre la parole, il lui fait passer un petit mot : « Taisez-vous ! » Il lui faudra attendre le départ de son époux pour commencer à exister. Bien sûr, si les Corréziens l'adoptent, c'est d'abord parce qu'elle est la femme du grand Jacques. Lui, ils l'aiment, et pas seulement parce qu'il a couvert le département d'or. Ils apprécient son côté bon vivant, ripailleur, coureur de jupons, amateur de blagues salaces. Bernadette, la Parisienne, la mondaine, la prude, n'a pas le même profil. Mais elle s'adapte.

Depuis 1979, elle a sillonné, au volant de sa Peugeot 205 rouge, toutes les routes sinueuses de son canton. Elle a troqué ses escarpins pour des bottes de caoutchouc – parfois signées Gucci, on ne se refait pas ! – plus appropriées à la boue des cours de ferme. Elle s'est même initiée au porte-à-porte, à l'heure des campagnes électorales. Elle aussi se bat pour son canton, son département. Sur ces terres arides, elle acquiert progressivement son autonomie. Et elle se révèle à elle-même : elle est une femme de pouvoir. Désormais, en Corrèze, Chirac, c'est aussi elle. C'est sa légitimité corrézienne qui lui permettra de dire en 2001 : « Je ne suis pas facile à manier. Pourquoi serais-je commandée comme un soldat de première classe ? J'ai fait mes armes. »

À l'Élysée, faute de mieux, elle joue le rôle traditionnel de la femme du président, celui tenu avant elle par Yvonne de Gaulle, Claude Pompidou et Anne-Aymone Giscard d'Estaing, Premières dames patronnesses. Elle se coule d'autant plus facilement dans ces habits-là qu'elle n'a pas attendu l'élection de 1995 pour s'engager sur le terrain caritatif. Conseillère générale de Corrèze, femme du maire de Paris, elle fait depuis des années le tour des hôpitaux, des maisons de retraite, des bureaux d'aide sociale. Dès 1989, après la chute du mur de Berlin, elle a créé Le Pont Neuf, une association dont le but est d'aider des étudiants de l'Europe de l'Est à venir se perfectionner en français grâce à l'attribution de bourses. En 1994, elle a pris la présidence de la fondation Hôpitaux de Paris, lancée quatre ans plus tôt par le professeur Claude Griscelli et Jean Choussat, alors directeur général de l'Assistance publique de Paris. Elle a obtenu la reconnaissance d'utilité publique et imposé une nouvelle appellation, Fédération Hôpitaux de Paris-Hôpitaux de France.

La principale ressource de la fondation provenait de l'opération Pièces jaunes. Là encore, Bernadette n'a rien inventé puisque le concept a été imaginé, dès 1990, par le professeur Claude Griscelli et Anne Barrère, alors productrice de l'émission « Santé à la Une » sur TF1... qui deviendra conseillère médias de la Première dame. Mais grâce à ses relations personnelles et à celles de son mari, grâce à sa pugnacité et à la présence du populaire judoka David Douillet, elle va donner un tout autre élan à l'opération. Mme Chirac parcourt la France, à bord du train des Pièces jaunes. Dans chaque ville-étape, uniquement des municipalités de droite, des fêtes sont prévues à l'arrivée en gare, puis sur la place de la mairie. Partout, le succès populaire est au rendez-vous. En 2001, le montant de la collecte s'élève à 65 millions de francs. Prenant modèle sur son amie Claude Pompidou, Bernadette organise aussi de grands dîners à l'Élysée au profit de la fondation où se pressent têtes couronnées et *happy few*... Ceux qu'elle invitait déjà pour ses soirées de gala à l'Hôtel de Ville.

Qu'est-ce qui l'a poussée à s'investir ainsi ? Le fait d'avoir une fille malade ? Elle s'interroge elle-même, qui confessera : « Si j'avais eu deux enfants en parfaite santé, j'aime à penser que j'aurais agi de même[13]... » L'exemple familial ? Sans doute. Chez les Courcel, la compassion pour ceux qui souffrent est une vertu qu'on apprend dès l'enfance. La volonté de montrer à Jacques et à sa fille qu'ils ont eu tort de la marginaliser, la soif de reconnaissance ? Assurément. « Aucune des Premières dames n'a su autant que Bernadette tirer profit de ses activités humanitaires[14]... », note Pascale Tournier. Quelles que soient ses motivations, le capital de sympathie et de notoriété qu'elle acquiert ainsi va progressivement changer son image et lui permettre de jouer – enfin ! – un rôle politique.

Le fiasco de la dissolution de 1997 contraignant Jacques Chirac à une humiliante cohabitation de cinq ans avec la gauche va lui donner des ailes. Elle avait alerté son mari et ses conseillers qui la méprisaient sur les risques de ces législatives anticipées. Ni Jacques ni Claude ne l'ont écoutée. Qu'importe ! Elle paraît libérée. Elle ne sera plus « la servante du seigneur », selon son expression. Elle le servira autrement en existant, en s'imposant, en occupant le devant de la scène.

Elle profite de la campagne des cantonales de 1998 pour distiller, l'air de rien, des petites phrases du style : « Moi, j'aime être à l'écoute des gens. » Sous-entendu : pas comme les collaborateurs de mon mari qui, enfermés dans leurs bureaux de l'Élysée, ne connaissent rien à la France profonde. Elle se met en tête de faire venir le

13. Bernadette Chirac, avec Patrick de Carolis, *Conversation*, *op. cit.*, p. 108.

14. Pascale Tournier, *La Reine mère*, *op. cit.*, p. 76.

Tour de France dans son canton. À force d'obstination, elle obtient qu'un contre-la-montre de 58 kilomètres soit disputé autour du village de Sarran. « Mon mari m'avait dit : vous ne l'aurez jamais. Il croyait que nous n'avions pas les infrastructures. Il s'est trompé. Je vais toujours de l'avant », glisse-t-elle aux journalistes. Deux mois avant, elle avait déjà attiré une meute de cameramen et de photographes en faisant venir Hillary Clinton dans son fief électoral. La *First lady* chez la Première dame ! Succès médiatique assuré. Bernadette, admirative, glisse : « En voilà une au moins qui a su négocier son statut. » Avant de répéter sa formule : « En France, le président est veuf. » Comment mieux dire que la République française, son mari et sa fille continuent de l'ignorer. Bernadette change de registre. Elle se situe désormais à mi-chemin entre Yvonne de Gaulle, la femme soumise qui fut longtemps son modèle, et Hillary Clinton, la femme libérée qu'elle est en train de devenir.

Elle qui a toujours affirmé ne pas vouloir faire de politique ailleurs qu'en Corrèze n'hésite plus à s'engager personnellement. En octobre 1998, dans *Le Figaro Magazine*, elle prend position contre le Pacs, refusant ainsi « une banalisation du couple homosexuel jusqu'à l'adoption des enfants ». Elle dénonce même l'« intolérance homophile », alors que sur ce sujet Chirac observe une prudente réserve. Puis elle se prononce contre les quotas tout en se disant révoltée de voir des femmes compétentes marginalisées ou sous-estimées. On croirait l'entendre parler d'elle !

Ses prises de position plaisent aux électeurs de droite. Les jeunes députés chiraquiens demandent que sa présence publique soit plus visible. Bernadette la ringarde devient tendance. En 1999, paraît sa première biographie signée Bertrand Meyer-Stabley. Son premier portrait télévisé est diffusé sur France 3. Le document mérite le prix Kim Il-sung décerné chaque année à Pyongyang au dictateur coréen, ironise *Le Monde*. Il est effectivement très hagiographique, mais près de quatre millions de téléspectateurs le regardent.

Les candidats RPR aux municipales de 2001 s'arrachent Bernadette. On la réclame au Havre et à Marseille, à Tours et à Avignon, à Dijon et à Toulon. À Paris, elle soutient Philippe Seguin au grand dam des Tiberi. Partout, elle exhorte les élus de droite menacés : « Battez-vous jusqu'à la dernière minute. J'ai appris ça durant trente ans auprès de Jacques Chirac. » Elle répond aux sollicitations sans consulter personne. Elle est la seule à déroger au dispositif de communication mis en place par sa fille Claude. Ses interventions ne sont pas toujours payantes, loin de là. Dans plusieurs villes, notamment à Paris, à Lyon, à Tours, à Dijon, les candidats qu'elle soutenait sont battus. Qu'importe ! Elle fait un tabac au 25e anniversaire du RPR où les ténors se pressent pour être à son côté sur la photo. Elle est devenue la nouvelle coqueluche de la droite, des médias. On la moquait, on l'encense. Ce qui provoque l'agacement de Jacques Chirac : « Il n'a pas beaucoup aimé cette avalanche de presse », sourit-elle.

Quelques mois plus tôt, Christine Clerc avait promu Bernadette « nouvelle star de la droite ». Pour bien souligner d'où elle venait, la journaliste rappelait que sa propre fille était allée « jusqu'à l'exclure des photos de famille autour du petit Martin ». Furieuse, Claude avait appelé la journaliste pour lui reprocher d'avoir attenté à sa vie privée. Bernadette Chirac avait réagi tout autrement. Fâchée avec Christine Clerc depuis vingt-deux ans, elle avait renoué et l'avait invitée à la cérémonie du prix Habert qu'elle avait lancé en mémoire de son gendre. Elle s'était isolée avec la journaliste dans un des petits salons du restaurant Ledoyen sur les Champs-Élysées et l'avait remerciée « des gentilles choses écrites à son sujet », mais, rapportait alors Christine Clerc, « elle m'avait priée instamment de ne plus évoquer ses relations avec sa fille. Celle-ci était venue la voir, dans tous ses états. Au milieu de ses larmes de colère et de chagrin elle avait exigé que sa mère publie un démenti contre moi[15] ». Le ton très serein de Bernadette laissait penser qu'elle ne donnerait pas suite à la requête de Claude. Pourtant, quelques semaines plus tard, en octobre 2001, lorsque *Conversation* paraît, Christine Clerc a la surprise de lire sous la plume de la même Bernadette : « On a voulu m'opposer de manière très perverse à ma fille [...]. Cette histoire d'opposition entre Claude et moi est complètement inventée par la presse [...]. Ma fille joue un rôle important au sein du cabinet du président de la République, tout le monde le sait [...]. Elle a une responsabilité. Moi pas. D'ailleurs la femme du président de la République n'a pas de fonction propre. Sinon d'être la maîtresse de maison de l'Élysée. Moi, je n'ai aucun rôle à jouer au sein du cabinet. Il n'y a donc aucune concurrence entre ma fille et moi et il ne peut pas y en avoir[16]. » Formellement, Bernadette dit vrai, Claude est au cabinet du président et elle pas. Mais quelle langue de bois ! On croirait entendre son mari.

Il faut dire aussi qu'à six mois de la présidentielle, alors que Bernadette s'apprête à jouer un rôle important dans la campagne, *Conversation* est conçu comme un outil politique. L'objectif de la Première dame est désormais de mettre sa popularité au service de son mari pour le faire réélire. Peut-être reconnaîtra-t-il enfin son utilité ? Ce livre est aussi l'occasion pour elle d'affirmer sa pugnacité : « Je n'aime pas échouer et surtout je n'aime pas qu'il [Jacques] échoue. » Elle cherche à magnifier son propre rôle, quitte à tenir des propos contradictoires. Elle affirme ainsi :

15. Christine Clerc, *Tigres et tigresses*, *op. cit.*, p. 581.

16. Bernadette Chirac, avec Patrick de Carolis, *Conversation*, *op. cit.*, p. 57-58.

« Un homme évolue toujours plus ou moins dans l'orbite d'une femme. En particulier le Corrézien, qui bombe le torse sur la place publique, mais qui est bien différent lorsqu'il rentre à la maison. Dans ces régions du Massif central, l'influence des femmes est majeure, notamment en période d'élection. Pourquoi le couple Chirac échapperait-il à la règle ? » Quelques lignes plus loin, elle affirme, évoquant son propre cas : « Parler d'influence est trop dire. D'ailleurs, j'ai beau lui répéter certaines choses tous les matins dans la salle de bains, il n'y a rien à faire, il ne m'a pas écoutée[17] ! » Pas de scoop, pas de révélations fracassantes, quelques confidences sur les difficultés de sa vie de couple, sur ses filles. *Conversation* obtient un énorme succès. Près de 300 000 exemplaires.

Bien avant la sortie, le plan com prévoyait que Bernadette donne une interview à *Elle* et soit l'invitée de *Vivement dimanche*. Pour préparer l'émission, Michel Drucker appelle Bernadette à Brégançon. C'est Jacques qui répond. Il a manifestement très peur de cette émission. Sera-t-elle à la hauteur ? Le dialogue que rapporte Drucker dans le film de Pierre Hurel et Anne Fulda est révélateur.

— Vous ne trouvez pas qu'elle est lente ?

— Non !

— Mais si, elle est lente, très lente !

— Pouvez-vous me la passer ?

— Elle nage… lentement !

Bernadette finit par arriver. Drucker l'entend dire d'une voix sèche : « Jacques, laissez-moi. » Un silence, le temps qu'il s'éloigne, puis elle lance :

— C'est un ventilateur, un moulin à vent, une tornade, qu'est-ce qui m'a pris d'épouser ce fou ?

— Cet homme vous aime à sa manière !

17. *Ibid.*, p. 42.

— À sa manière, oui ! Il est fatiguant, exaspérant[18].

Bernadette est devenue un atout maître. En 1995, son mari la cachait, cette fois, il l'exhibe. Pas sur la scène des meetings comme Anne-Aymone Giscard d'Estaing. Chirac trouve cela choquant. Mais au premier rang, aux côtés des leaders de la droite, sous les flashs des photographes. Parlant du couple, un dirigeant gaulliste affirme : « Le meilleur candidat des deux, c'est elle. » Elle est, selon François Hollande qui la voit sur le terrain en Corrèze, « le véritable chef de campagne de la droite ». Ne devient-elle pas la personnalité politique la plus appréciée des Français, détrônant Bernard Kouchner ? Avant la présidentielle de 2002, le président-candidat se livre à un exercice auquel il répugnait : il se fait longuement photographier avec son épouse par *Paris Match*. Le guerrier paraît « vieilli, usé, fatigué », selon l'expression de Lionel Jospin. Les affaires ont dégradé son image. Les sondages sont mauvais. En vieux routier de la politique, il comprend que Bernadette, populaire chez les personnes âgées et dans cet électorat de droite catholique conservateur que lui n'a jamais beaucoup aimé, peut lui apporter des voix. D'ordinaire si avare de compliments lorsqu'il s'agit de sa femme, il lui rend publiquement hommage : « Elle est mon alliée la plus précieuse depuis toujours. Elle m'aide beaucoup et je lui en suis très reconnaissant. Il est bon qu'elle puisse exprimer certaines sensibilités qu'elle a acquises dans les contacts qu'elle entretient, notamment par sa qualité d'élue dans une région pauvre et difficile – la Corrèze –, et par son action en faveur des malades, des enfants, des personnes âgées. Elle a de ce point de vue une expérience, une sensibilité tout à fait exceptionnelle[19]. »

18. Pierre Hurel et Anne Fulda, « Le clan Chirac », doc. cit.
19. *Paris Match*, 27 mars 2002.

Que ne l'a-t-il dit plus tôt, pense Bernadette. Jusqu'à maintenant, quand il saluait son action – jamais publiquement ! –, il se contentait d'un bref : « C'est bien. » Ou d'un blessant : « Ça vous a évité de devenir une femme futile. »

Le coup de tonnerre du 21 avril la surprend moins que son mari. Jospin éliminé, Le Pen au second tour ! Chirac ne veut pas croire aux premières estimations. Ces diables de sondeurs se plantent une nouvelle fois, c'est tout. Lorsque le doute n'est plus permis, il se tourne vers Bernadette et dit devant ses collaborateurs : « Il y en a au moins une qui l'avait prévu ! » Quand elle avait évoqué cette hypothèse devant lui, il avait haussé les épaules : décidément, elle ne comprendrait jamais rien à la politique ! Bernadette savoure.

Elle a eu très peur. Elle a compris que son mari, déstabilisé par les affaires, était en danger. Bien sûr, elle espérait mieux au premier tour qu'un petit 19,88 %, plus mauvais résultat pour un président sortant. Mais grâce à Le Pen, Jacques est réélu avec un score de maréchal : 82 %. Un triomphe en trompe-l'œil pour lui. Une vraie victoire pour elle. En 1995, quand son mari saluait ses supporters, debout, à la fenêtre de son QG de campagne, on l'apercevait à peine derrière lui. Sept ans plus tard, elle est à son côté sur le podium, place de la République, juchée sur d'inconfortables chaussures à talons hauts pour paraître moins petite. En pleine lumière, associée au succès. Ce 5 mai 2002 marque un tournant dans l'histoire du couple Chirac. La phase ultime de l'émancipation de Bernadette. Rien, désormais, pense-t-elle, ne sera plus comme avant.

Tandis que Jacques Chirac s'adresse à la foule black-blanc-beur, plus soulagée de la défaite de Le Pen qu'euphorique, le film de ses quarante ans de vie commune avec son mari défile dans sa tête. Sciences-Po où elle fit la connaissance de Jacques. Elle a 20 ans, lui 22. Toutes les étudiantes sont amoureuses de ce grand garçon dégingandé, décontracté, au sourire enjôleur. « Il avait du succès, un succès énorme – partout. Dans tous les milieux. Et des filles éblouissantes[20] », se souvient-elle. Pourquoi ce bourreau des cœurs l'a-t-il choisie, elle qui n'était ni la plus belle, ni la plus élégante, ni la plus brillante ? Plus tard, il dira avoir été séduit par « son air appliqué et studieux[21] ». On ne saurait être moins romantique. Il l'utilise, elle n'est pas dupe. Elle lit pour lui, lui fait des fiches. Elle, si pudique, si réservée, si contrôlée, fait tout pour se faire remarquer du beau Jacques. Elle est folle de lui. « Elle ne le mange pas des yeux, elle le dévore », dira, très fière, la mère de Jacques. Lui n'a pas d'yeux que pour elle. Elle aurait dû se méfier. À la fin de la première année, il part pour la Suède, plus attiré par les charmes des belles et libres Scandinaves que par le modèle social-démocrate qu'il est censé étudier. Deux ans plus tard, au cours de son premier voyage aux États-Unis, il tombe amoureux, à Boston, d'une étudiante américaine. Au point de se fiancer et de vouloir se marier. Bernadette ? Apparemment il n'y pense plus. Il faudra l'insistance de ses parents pour qu'il se décide à rompre. « Je garderai de mon idylle avec Florence un souvenir délicieux [...]. Mais mon destin était ailleurs[22]... », écrira-t-il dans ses Mémoires. Bernadette pardonne. Après tout, ils ne sont pas encore mariés !

Dès octobre 1953, peu après son retour en France, Jacques Chirac lui annonce qu'il veut se fiancer. Elle est aux anges. Ses parents, eux, sont réticents. Un mariage avec ce garçon d'origine modeste, un peu rustre et que l'on dit même de gauche aurait tout d'une mésalliance. Bernadette est une Chodron de Courcel, une famille au

20. Bernadette Chirac, avec Patrick de Carolis, *Conversation*, *op. cit.*, p. 68.

21. Caroline Pigozzi, *Jacques et Bernadette en privé*, *op. cit.*, p. 53.

22. Jacques Chirac, *Chaque pas doit être un but*, NIL éditions, 2009, p. 52.

passé prestigieux qui a donné à la France des militaires, des diplomates, des financiers et des industriels. Le grand-père de Bernadette, Robert Chodron de Courcel, était ministre plénipotentiaire à Constantinople, puis à Rome. Le cousin de son père, Geoffroy, fut l'aide de camp du Général à Londres avant de devenir ambassadeur de France en Grande-Bretagne, puis secrétaire général du Quai d'Orsay. Son père, Jean de Courcel, dirige les Manufactures de Gien et de Briare, entreprise familiale depuis 1945. Ses deux tantes ont épousé les frères Panhard, héritiers du constructeur automobile. Les Courcel possèdent un château dans le Lot, un autre à Gien ; les Panhard une immense propriété près d'Orly, où Bernadette a vécu, enfant, entourée de cousins, de nurses et de domestiques. Les Chirac sont certes des gens honorables, mais ils ne sont pas du même monde et ils manquent de savoir-vivre. Ainsi, Marie-Louise Chirac agace-t-elle prodigieusement la mère de Bernadette lorsqu'elle lui dit : « Vous savez, Madame, mon fils aurait pu faire n'importe quel mariage ! » Bernadette écrira : « Cette phrase, Maman me la ressortait encore à 90 ans ! Elle lui est restée en travers de la gorge[23]. »

Bernadette supplie ses parents d'accepter cette union. Ils finissent par céder. Puisque leur fille y tient tant ! Après tout, ce Jacques Chirac est sorti troisième de sa promotion de Sciences-Po. Il sera énarque, donc haut fonctionnaire, serviteur de l'État comme on l'est chez les Courcel. D'ailleurs, il cherche manifestement à s'intégrer dans leur milieu. Il vouvoie sa femme, ce qui est apprécié. Il s'initie au baisemain d'une manière très personnelle. Et il séduit même sa belle-mère ! « Quand ils sont ensemble, je ne compte plus ! » dira Bernadette.

23. Bernadette Chirac, avec Patrick de Carolis, *Conversation*, *op. cit.*, p. 68.

Elle se revoit à la sortie de l'église, le 16 mars 1956, sourire radieux sous son voile de tulle blanc, lui en grand uniforme de sous-lieutenant de cavalerie. Elle pense à toutes ses amies de Sciences-Po qui auraient aimé être à sa place. C'est elle qu'il épouse. Elle sera la femme de sa vie.

Première désillusion : elle est privée de la traditionnelle lune de miel. Et sa nuit de noces sera courte. Au petit matin, Jacques part pour l'Algérie. Avec une joie si évidente qu'elle en est blessante pour elle. Il lui dit : « Je file. » Une phrase qu'elle entendra souvent. On pense à François Mitterrand écourtant son repas de noce pour aller présider une réunion d'anciens combattants et prisonniers de guerre. Toute sa vie Bernadette ne cessera de chercher son mari, comme Danielle a cherché le sien.

Jacques sera absent dix-huit mois. Il a été si heureux sur son pic de Souk el-Arbaa, dans les djebels, loin de Bernadette, que dès son retour il veut s'engager, repartir. Seule l'obligation de respecter son contrat signé avec l'État en entrant à l'ENA l'en empêchera ! Ces dix-huit mois qu'il juge trop courts, la jeune mariée les a trouvés très longs. Elle n'a pas poursuivi ses études après Sciences-Po. Elle l'a attendu en aménageant leur petit appartement dans le 16e arrondissement de Paris. Bernadette sera longtemps une femme soumise, comme Yvonne de Gaulle et Anne-Aymone Giscard d'Estaing. Tout l'y pousse : son milieu, son éducation, sa timidité, la forte personnalité de son mari né pour commander. Une épouse doit d'abord tenir son foyer, élever ses enfants, faciliter la vie de son mari, se mettre au service de ses ambitions. Jacques ne conçoit pas la vie de couple autrement. C'est un macho, qui cite volontiers en exemple la femme corrézienne, dure au travail et soumise à son homme. La timide Bernadette sera cette femme-là. Il n'en doute pas.

En 1959, les élèves de la promotion Vauban sont envoyés en Algérie. Jacques devrait être dispensé puisqu'il vient d'avoir une fille, Laurence. Pas question, dit-il. Bernadette ne se plaint pas. Elle est fière que son mari soit volontaire pour une mission difficile. Un vrai Courcel !

À son retour, Chirac s'ennuie à la Cour des comptes. Passant à Tulle, il dit à Bernadette, lui montrant la préfecture de Corrèze : « Un jour peut-être vous habiterez cette maison. » « Moi, ça me paraissait plutôt bien de devenir femme du préfet de la Corrèze », avouera-t-elle. Elle se prépare à mener la vie tranquille d'une épouse de haut fonctionnaire. Aussi, quand, en 1962, Jacques entre au cabinet du Premier ministre, Georges Pompidou, elle se cabre. Il ne s'en cache plus, il brûle de faire de la politique. Elle se souvient : « Ça m'a fait l'effet d'une douche froide. Comme disait Papa : "La politique n'était pas vraiment dans le contrat de mariage." Il ne nous a plus parlé pendant six mois. Ce fut une période assez pénible. Je devinais bien qu'en s'engageant dans cette voie mon mari allait m'échapper, qu'il serait parti tout le temps, sans cesse sollicité. D'ailleurs je ne me suis pas beaucoup trompée. Mais que faire[24] ? »

Il y eut, selon son expression, du « tangage » dans le couple. Elle admet mal qu'il prenne ainsi seul une décision qui risque de bouleverser leur vie. Il ne tolère pas que ses ambitions politiques se heurtent aux réticences de sa belle-famille et moins encore à celles de sa femme. C'est alors qu'il lui lance : « Vous ratez tout et vous faites tout rater aux autres. » Pour la première fois, la timide Bernadette a dit son désaccord, mais il n'en a tenu aucun compte et elle a cédé.

Elle a vu juste. Il lui échappe. Il considère que sa place à elle est à la maison, avec ses filles. Pas question d'accompagner l'ascension politique de son mari, même modestement, de le soutenir, de l'encourager, encore

---

24. *Ibid.*, p. 21.

moins de le conseiller. Jacques est de plus en plus souvent absent. Il rentre rarement dîner. Que fait-il ? Où est-il ? À Matignon, où il travaille tard le soir ? Pas toujours ! Elle n'est pas dupe. Elle découvre alors son infortune qu'elle reconnaîtra avec délicatesse dans son livre, *Conversation*. « Mon mari n'était pas un homme ordinaire [...]. Il avait un succès formidable. Bel homme, et puis très enjôleur, très gai. Alors, les filles, ça galopait [...]. C'était un très beau garçon. Avec en plus la magie du verbe [...]. Les femmes y sont très sensibles[25]. » Elle est jalouse, très jalouse, mais elle tient, comme elle dit : « La chance de mon mari, c'est que j'étais une fille très raisonnable. »

Et lui qui fait mine de ne pas comprendre ! De quoi se plaint-elle ? Elle est Mme Chirac. Elle l'accompagne aux soirées cinéma et aux dîners donnés par les Pompidou à Matignon. Elle fait la connaissance de Claude, dont elle deviendra l'amie. Elle côtoie les grands noms de l'industrie, de la finance, de la politique, du show-biz. En 1967, peu après l'élection à la députation de Jacques en Corrèze, puis son entrée au gouvernement, le couple est invité à la table du président de la République avec M. et Mme Edgar Faure. Elle revoit la scène comme si c'était hier. Le Général, peu inspiré lorsqu'il s'adresse à une femme, lui pose ses traditionnelles questions, les mêmes qu'à Anne-Aymone : « Combien avez-vous d'enfants, quel âge ont-ils ? » « Deux, dit-elle, très intimidée. Laurence a 9 ans, Claude 4 ans. » Mais quand, entre la poire et le fromage, Charles de Gaulle lui demande : « Eh bien, Madame, quand vous voulez vous distraire, que faites-vous ? », elle ne sait trop quoi répondre. Elle s'occupe de ses enfants, des tâches domestiques, rien de plus. C'est un choc, une révélation. Le Général lui a fait prendre conscience de la vacuité de sa vie. Elle décide de

25. *Ibid.*, p. 69.

retourner à la faculté pour préparer une licence d'archéologie. Chirac tombe des nues. Une femme de ministre à la fac ! « C'est ridicule, vous allez vous attirer des ennuis ! » Il pense : m'attirer des ennuis. Elle tient bon. Cette fois, c'est lui qui cède. Elle s'inscrit à l'université Paris I. Sous son nom de jeune fille. Cette revendication d'autonomie constitue le premier acte de son émancipation.

Pour la galerie, les Chirac donnent l'image d'une famille modèle. Jacques, devenu Premier ministre en 1974, se fait filmer à Matignon assis sur un canapé avec sa femme, ses filles et un chien à leurs pieds. Il dit regretter de n'avoir pas plus de temps à consacrer aux siens. Elle dit comprendre son mari, la politique est sa vocation. Pourtant, c'est pendant ces deux années passées à Matignon que le couple a failli éclater. Bernadette a supporté toutes les infidélités de Jacques. Elle lui a même trouvé des excuses : « Le pouvoir attire. Les femmes s'approchent comme des papillons [...], bon, c'est humain. Mais il faut quand même tenir[26] ! » Cette fois, c'est plus grave. Il ne s'agit plus d'une de ces nombreuses passades sur lesquelles elle acceptait bon gré mal gré de fermer les yeux. Jacques est amoureux. Amoureux fou d'une journaliste du *Figaro*. Lui qui, depuis tant d'années déjà, sacrifie sa femme et ses enfants à sa carrière est prêt à tout quitter. À changer de vie. Il veut divorcer. Le Tout-Paris de la politique et de la presse est au courant de cette *love story*. Le discret Jérôme Monod, proche collaborateur et ami de Jacques Chirac, se souvient qu'alors « le bateau a tangué ». Moment pénible pour lui : « Ce n'est jamais très agréable de voir deux personnes que l'on aime bien se disputer, s'éloigner l'une de l'autre. »

Bernadette est humiliée, blessée. Elle pleure, lui fait des scènes. A-t-elle envisagé, elle aussi, le divorce? «J'ai hésité

26. *Ibid.*, p. 69-70.

parce que j'avais des enfants et peut-être aussi parce que j'étais prisonnière des traditions familiales. Les conventions faisaient que devant ce genre de situation on offrait une façade et on tenait le coup [...]. Il faut trouver le courage de se dire : "Il y a de mauvais passages." Quelle vie n'en connaît pas[27] ? »

En fait, elle n'a pas hésité longtemps. Le mariage, pour Bernadette la catholique, c'est d'abord un sacrement, en engagement devant Dieu. Et le divorce une forme d'égoïsme et un constat d'échec. Une Chodron de Courcel déteste l'échec. « De mon temps, si on s'était trompé, tant pis ! », affirme-t-elle. Elle a donc décidé de se battre pour garder son mari, sauver sa famille. Sauver les apparences. Elle a compris que le seul véritable objectif de Jacques est le pouvoir. Elle trouve les mots justes pour le pousser à rompre avec la journaliste : « Si vous ne la quittez pas, Jacques, vous ne serez jamais président de la République. » L'argument porte. À l'époque, on l'a dit, il est encore admis qu'un divorcé ne peut accéder à l'Élysée. Victoire amère pour Bernadette. Si Chirac met fin brutalement à sa liaison, ce n'est pas par amour pour elle, mais pour ne pas compromettre sa carrière. Rien ne sera plus comme avant. Bernadette a mûri, elle s'est durcie. Mais elle n'est toujours pas une rebelle. Elle ne réagit pas à la manière de Danielle Mitterrand : tu me trompes, je te trompe. Non, elle sera fidèle pour deux. Lorsqu'elle s'est mariée, son père lui a dit, parlant de Jacques : « Vous êtes son point fixe. » Elle le restera. En dépit de tout.

Elle sait que son Jacques ne renoncera jamais à sa vie de séducteur. Député de Corrèze, maire de Paris, président du RPR, il collectionne les liaisons avec des journalistes – il faut savoir joindre l'utile à l'agréable, dit-il volontiers –, des militantes et des dirigeantes de

---

27. *Ibid.*, p. 70.

son parti, des ministres. « Parfois je ne vois pas Jacques pendant des jours. Je n'ai aucune idée de ce qu'il fait », dira Bernadette. Aucune idée, vraiment ? Souvent, le soir vers 20 heures, il disparaît. Pour le joindre, il faut passer par Jean-Claude Laumond, son chauffeur. Lui seul sait où est le maire de Paris. Et pour cause : il est le complice de ses escapades. « Ils faisaient une drôle de paire [...]. Avec leurs airs de conspirateurs on voyait bien qu'ils partaient pour leur tournée nocturne, qu'ils allaient se donner du bon temps[28] », écrit Franz-Olivier Giesbert. Après que Bernadette a obtenu sa tête, celui qu'on appelait à la mairie le « chauffeur des plaisirs » s'est laissé aller à raconter : « Chirac a eu, jusqu'à l'écœurement, les militantes du parti, les secrétaires de l'organisation, toutes celles avec lesquelles il passait cinq minutes, affairé, au sixième étage du 123, rue de Lille, redescendant l'œil vif et les chaussettes tire-bouchonnées[29]. »

Bernadette n'a pas le choix. Puisque ses principes religieux et son respect des traditions familiales lui interdisent de rompre, elle accepte d'être une femme trompée. Elle feint d'ignorer les passades, mais lorsque Jacques s'entiche de l'une de ses conquêtes, elle lui rappelle : « Souvenez-vous, le jour où Napoléon a abandonné Joséphine, il a tout perdu ! » C'est son arme de dissuasion. Au fil des années, Jacques va s'apercevoir qu'elle n'est plus la femme soumise qu'il a épousée. Le Petit Chose, un peu mal à l'aise, un peu sur la touche, qui essaye de bien faire, s'est métamorphosé en femme de caractère. Il découvre qu'elle peut même être méchante. Il est sur son lit de douleur, à Cochin, après son accident de voiture en Corrèze. Il faut le faire manger et boire. Elle refuse de l'aider : « Vous vous

---

28. Franz-Olivier Giesbert, *La Tragédie du président*, Flammarion, 2006, p. 155.
29. Jean-Claude Laumond, *Vingt-cinq ans avec lui*, Ramsay, 2001, p. 127.

débrouillerez bien tout seul ! » Sous-entendu : comme vous l'avez toujours fait, sans vous soucier de moi ! Elle décide, sans lui demander son avis, qu'il « ne verra pas Reagan », ce *cow-boy* californien. De passage à Paris, le candidat à la Maison Blanche voulait rendre visite à Jacques Chirac. Elle l'accueille à l'entrée de l'hôpital : « Il n'est pas en état de vous recevoir. » Lorsque Jacques est en position de faiblesse, elle donne déjà le sentiment de se venger. Il en fera la cruelle expérience bien plus tard, après son départ de l'Élysée.

Avec les proches de Jacques, Bernadette a la dent dure. Peu nombreux sont ceux qui trouvent grâce à ses yeux. À l'automne 1977, elle représente, à Nice, son mari au banquet des Limousins de la Côte d'Azur. Dans l'avion, elle dit pis que pendre sur plusieurs d'entre eux, devant Jean-François Probst qui l'accompagne. Du style : « Roussin [un ancien gendarme], on aurait mieux fait de le laisser dans sa guérite. » Seul Balladur trouve alors grâce à ses yeux. Elle apprécie son côté bien élevé, onctueux, poudré. Il a une autre classe que ce Pasqua et sa bande qu'elle rend responsables de toutes les turpitudes de son mari.

Le 10 mai 1979, le soir du fiasco des européennes – le RPR arrive en quatrième position derrière le PCF –, elle lance à son mari : « Ce sera elle ou moi ! » Elle, c'est Marie-France Garaud. Bernadette ne supporte plus l'influence que la belle, la sensuelle, la très autoritaire conseillère exerce sur Jacques. Tout ce qu'elle juge suicidaire – le départ théâtral de Matignon en 1976, les violentes attaques contre Giscard, la ligne antieuropéenne – porte à ses yeux la signature de celle qu'on surnomme la « Walkyrie guerrière ». Bernadette grince : « Elle vous manipule. » Lui, agacé, ne prend même pas la peine de répondre. Mme Chirac n'admet plus le mépris avec lequel Marie-France la traite. Non seulement elle la juge nulle en politique, mais elle lui parle comme à une domestique. Bernadette n'a pas apprécié ce jour d'octobre 1975 où la conseillère, qui donnait ses instructions pour un déjeuner officiel à Matignon, l'apostrophe : « Qu'est-ce que vous faites là, vous ? Vous avez vu l'heure ! Allez vous habiller ! » La femme du Premier ministre se tourne alors vers le collaborateur de son mari, témoin de la scène : « Vous voyez, Monsieur Probst, comme on me traite ici[30] ! » Ni ce dîner où, toujours devant témoins, elle lui reproche de « ne pas savoir tenir une maison », parce que la langouste n'était pas assez cuite !

Mme Chirac n'a pas pardonné. Elle a attendu son heure. A-t-elle eu la peau de Marie-France Garaud, comme on l'a beaucoup dit ? Ou bien Chirac lui-même, las d'être traité comme une marionnette, a-t-il tiré les conséquences d'un désastre électoral ? C'est Bernadette, en tout cas, qui va rendre toute réconciliation impossible. Elle donne une interview à Christine Clerc pour l'hebdomadaire féminin *Elle*. Marie-France ? « C'est une femme intelligente et pleine de charme, répond-elle. Mais elle a beaucoup trop de mépris pour les gens. Elle les utilise, puis les jette. Moi, elle me prenait pour une parfaite imbécile [...]. Son tort a été de ne pas assez se méfier de moi. On ne se méfie jamais assez des bonnes femmes[31]. »

L'interview fait d'autant plus de bruit que Mme Chirac ne s'était encore jamais exprimée publiquement. Sait-elle alors que son mari appelle la journaliste : « C'est Hiroshima[32] ! » ? La presse, en effet, ironise. *L'Express* notamment : « Le second cadavre à propos de l'assassinat par Mme Chirac de Marie-France Garaud, est plus encombrant : c'est celui de son mari. » Bernadette a-t-elle voulu le départ de Marie-France Garaud pour permettre le rapprochement, qu'elle souhaite, de Jacques avec l'Élysée ?

30. Entretien avec l'auteur, 20 juin 2013.
31. *Elle*, 19 septembre 1974.
32. Christine Clerc, *Tigres et tigresses*, *op. cit.*, p. 524.

Chirac ne décolère pas. Non seulement sa femme l'a ridiculisé, mais une nouvelle fois elle n'a rien compris. Avec Giscard, les ponts sont définitivement coupés. Bernadette s'entête. Elle fera tout pour tenter de dissuader son mari de se présenter en 1981. Se dresser contre le président sortant, c'est affaiblir la droite et risquer de faire élire Mitterrand, c'est aller au-devant d'une défaite dont il ne se relèvera pas, lui répète-t-elle pendant des mois.

Jacques ne veut rien entendre. De quoi se mêle-t-elle ? Pas question d'attendre 1988 ! Elle lui lance : « Vous serez peut-être Bonaparte au pont d'Arcole, mais vous ne serez jamais Napoléon[33]. » Elle cherche des alliés pour lui faire entendre raison. Devant le philosophe Jean Guitton, elle livre le fond de sa pensée : « Moi, je vais vous dire ce qu'est Jacques : c'est un brillant second. Mais ce n'est pas un premier [...]. Non, il n'a pas la stature. Il est fait pour obéir. Il n'est jamais meilleur que sous les ordres d'un général Pompidou ou Giscard[34]. » Jugement cruel, mais lucide.

Aime-t-elle toujours son Jacques comme elle l'affirme ? En tout cas, l'amour n'est plus aveugle. Cette fois, c'est bien une divergence de vues politique qui les oppose. Bernadette, qui se lance dans une impossible mission de réconciliation entre Giscard et son mari, n'a pas compris ou ne veut pas comprendre que ce dernier a décidé de « tuer » le président sortant. Il espère l'éliminer au premier tour et, s'il n'y parvient pas, s'il n'est pas présent au second, il le fera battre. Bernadette ne cède pas. Elle, la catholique pratiquante, refuse même d'accompagner Jacques à Rome pour rencontrer le pape. Elle y voit, à juste titre, une étape dans sa marche vers la candidature à l'Élysée. Mais lorsqu'il se lance dans la course, elle

33. *Ibid.*, p. 526.
34. *Ibid.*, p. 527.

redevient un bon petit soldat. Elle « s'accroche au rocher » comme elle dit, l'accompagne dans ses meetings, prêche elle-même la bonne parole chiraquienne en Corrèze et à Paris. Même si, contrairement à son mari et malgré sa formidable campagne, elle n'a jamais cru à la victoire. Ses prédictions étaient fondées. Mitterrand est élu le 10 mai 1981 et, dans la foulée, une vague rose déferle sur l'Assemblée nationale.

Bernadette s'interroge plus que jamais sur l'avenir de Jacques. L'électorat de droite lui pardonnera-t-il un jour d'avoir aidé la gauche à accéder au pouvoir ? Elle n'est pas, elle ne sera peut-être jamais la Première dame de France. Elle est, elle reste, la Première dame de Paris. Un rôle, une position sociale qui lui permettent d'exister, d'organiser des fêtes fastueuses où se presse le Tout-Paris, de lancer l'Association pour la promotion des arts, de rendre de fréquentes visites aux hôpitaux de la capitale, aux clubs du troisième âge, aux bureaux d'aide sociale, de prendre la présidence de la fondation Hôpitaux de Paris-Hôpitaux de France. Mais aussi d'avoir sa cour, d'imposer ses diktats.

Désarçonné par sa nouvelle défaite, Jacques, lui, est très vite remonté sur son cheval. Il a repris le contrôle du RPR, gagné les municipales de 1983, les européennes l'année suivante, les législatives de 1986. Mais, en 1988, chef du gouvernement de la première cohabitation, il a perdu la mère des batailles, la présidentielle. Pour Bernadette, on l'a vu, les années les plus noires commencent.

Cette somme de joies et de peines, de malentendus et d'humiliations, de victoires sur elle-même et d'autres arrachées à son macho de mari, c'est sa vie. Pourquoi son couple si souvent ballotté dans la tempête a-t-il tenu ? Sans doute parce qu'elle n'a cessé de l'aimer. Sans doute aussi parce que la maladie de leur fille Laurence les a soudés,

Jacques et elle. Comme celle de la petite Anne avait lié à jamais Charles et Yvonne de Gaulle.

Sa présence, le soir de la victoire de 2002, au côté de son mari en témoigne. En quelques mois elle est passée de l'ombre où elle se morfondait à la lumière à laquelle elle aspirait depuis si longtemps. Plus question de jouer les figurantes. Le 15 mai, les Chirac reçoivent à l'Élysée l'équipe qui a animé la campagne. Claude s'approche de sa mère pour lui dire un mot. Elle répond à sa fille de 39 ans comme on parle à une enfant: «Tu vois, Claude, je suis en train de prendre des photos avec des gens qui ont beaucoup fait pour la réélection de ton papa. Quand j'aurai terminé, nous pourrons parler.» Claude tourne les talons, sans commentaire.

Pour Bernadette, ce second mandat présidentiel ne ressemblera pas au premier. Désormais, elle compte. Villepin parti, les nouveaux collaborateurs de son mari lui témoignent un respect auquel elle n'avait pas toujours eu droit. Les ministres dont les compétences recoupent ses domaines d'expertise – l'hôpital, les personnes âgées, le handicap – la consultent. Le nouveau Premier ministre, Jean-Pierre Raffarin, qu'elle a poussé à Matignon, ne tarit pas d'éloges: «Bernadette, c'est une star.» La presse souligne son nouveau pouvoir. Pour *Le Monde*, elle est «Madame la présidente». Pour *Le Nouvel Observateur*, «la reine de France». Pour *Le Point*, «la reine Bernadette». Quelques semaines plus tard, elle confiera à l'historien Alain Decaux: «À vous, je veux le dire, c'est moi qui ai fait élire mon mari[35].» Jacques concédera seulement qu'elle lui a peut-être fait gagner un point ou deux. Pas plus! Comme s'il ne tenait pas à partager sa victoire. Ne rien devoir à personne, pas même à sa femme!

35. *Ibid.*, p. 591.

Qu'importe ! Les candidats aux législatives demandent à Bernadette de venir les soutenir. La dame des pièces jaunes devient une pièce maîtresse du dispositif Chirac. Elle choisit ses déplacements sans en référer ni à Jacques ni à Claude. Fini le temps pas si lointain où on la tenait éloignée des micros de peur qu'elle ne gaffe. Elle mène sa propre campagne, sur le thème classique : « Mon mari a besoin de vous. » Désormais, elle dit ce qu'elle pense. Même lorsque ce n'est pas politiquement correct. Elle déplore le manque de candidates à droite : « Si les investitures ne tenaient qu'à moi, ce serait moitié-moitié. » Elle revendique son indépendance : « Ah ! Ça, je ne dois ma place qu'à moi-même ! On dit que les collaborateurs de mon mari ont décidé maintenant de m'utiliser, mais c'est faux. Je n'ai pas à obéir à qui que ce soit. Je suis très indisciplinée d'ailleurs, et ce ne sont pas ces messieurs du premier étage de l'Élysée qui vont me siffler[36]. » Elle épingle les technocrates : « Ils ne connaissent rien à la vie quotidienne. » Et s'interroge à propos d'Alain Juppé, l'une de ses bêtes noires : « Vous croyez qu'il a autant d'influence sur mon mari ? » Au nom de son expérience personnelle, elle qui fréquente depuis si longtemps les hôpitaux, elle critique la politique de santé menée sous… Jacques Chirac, préconise la création d'un secrétariat à la Famille : «J'ai une très bonne candidate à ce poste. » Elle ne rate plus une occasion de suggérer son influence. Même lorsqu'elle plaisante. Ainsi, un vieux monsieur l'ayant prise pour l'épouse de Jacques Toubon qu'elle est venue soutenir dans la 13e circonscription de Paris, elle lui répond : «Je ne suis pas sa femme. Non. Sinon, il serait président de la République. » Elle affirme même son indépendance vis-à-vis du chef de l'État : «Je mène ma vie de mon côté, lui, c'est lui, moi, c'est moi… cela demande

36. Raphaëlle Bacqué, *Le Monde*, 30 mai 2002.

beaucoup d'héroïsme de se consacrer à son mari. » Si Chirac est agacé, il n'en laisse rien paraître. Mais il la surveille. Discrètement. Lorsqu'il apprend qu'elle a décidé d'aller soutenir Françoise de Panafieu, dans la 17e circonscription de Paris, il se fâche. Le sortant n'est autre que son vieil ami Bernard Pons, président de l'Association des amis de Jacques Chirac, investi par le RPR ! Le président intime l'ordre à Bernadette de renoncer. Elle obéit.

N'empêche ! Elle est sur un nuage. Partout on la reçoit avec les égards dus à son rang. On l'écoute, on l'applaudit. Dieu, qu'elle aime ça ! Le *Sunday Times*, le 2 juin 2002, titre sur sept colonnes : LA FRANCE A TROUVÉ À L'ÉLYSÉE SON HILLARY CLINTON, et la présente comme « l'incontournable icône du gaullisme, championne des élections ». La comparaison avec la femme du président américain qu'elle admire au point de l'appeler « ma star » la comble. À son zénith, Bernadette affirme rester lucide. Faussement modeste, elle confie qu'elle risque, après les législatives, de « retomber dans son trou ». Mais elle est bien décidée à tout faire pour l'éviter. Surtout ne pas quitter le devant de la scène dont elle a été si longtemps écartée et où, à 70 ans, elle s'épanouit.

Le 17 novembre 2002, Bernadette, la politique, est la star du congrès fondateur de l'UMP au Bourget. Les quinze mille militants présents lui réservent une longue ovation. Bel hommage, impensable trois ans plus tôt ! Le 21 janvier 2003, Bernadette, la dame patronnesse, est l'invitée du 20 heures de TF1 dans le cadre de l'opération Pièces jaunes qu'elle parraine depuis quatorze ans. Le 2 avril, elle est à nouveau l'invitée de PPDA sur le même plateau, avec son amie Hillary Clinton venue faire la promotion de son autobiographie. En mai, elle est en Afghanistan où elle s'entretient avec le président Hamid Karzai, inaugure un hôpital, rend visite aux troupes françaises. Jamais elle n'avait tenu un tel rôle.

Le couple Chirac, en vacances au Canada, commet l'erreur d'y rester alors qu'en août la canicule fait des milliers de morts en France, en grande partie des personnes âgées. À la rentrée, c'est elle qui tente de faire taire les critiques en se livrant à plusieurs exercices de rattrapage. Elle profite d'une émission-fleuve – 3 h 35 – prévue de longue date sur France 3, pour le lancement de l'opération + de Vie ! visant à aider les personnes âgées hospitalisées : « Je suis allée en visite dans un certain nombre d'hôpitaux gériatriques, pas vraiment au plus fort de la canicule, parce que je n'étais pas à Paris, mais dès le jour de mon retour. » Elle donne une série d'interviews. Le 29 septembre, interrogée par la chanteuse Lorie, elle fait la couverture de *Télé 7 jours* et déclare : « Après le drame qui s'est déroulé cet été, les Français ont pris conscience que, malheureusement, les personnes âgées sont trop isolées. » Début octobre, elle accorde un entretien à l'hebdomadaire catholique *Le Pèlerin* et un autre au *Nouvel Observateur* où elle revient sur le lancement de l'opération + de Vie ! Si elle consacre, dit-elle, 80 % de son temps au social et à l'humanitaire, elle n'oublie pas de faire de la politique à sa façon : « Jacques Chirac à la retraite, je ne vois pas ! Il sera difficile à remplacer. Très », glisse-t-elle. C'est qu'elle ne s'y voit pas non plus, à la retraite ! L'air de rien, elle vient de lancer l'idée d'un troisième mandat. Elle confiera à un élu UMP : « Vous nous imaginez, tous les deux le soir, devant notre assiette de soupe ! »

L'après-Élysée, elle n'ose y penser. Elle s'épanouit au Château. Désormais, elle dit : « J'aime cette vie. » Jamais Bernadette n'a été aussi courtisée, aussi influente, aussi sûre d'elle-même, aussi cassante avec ceux qui l'importunent. Ainsi, lorsque des journalistes belges lui tendent un micro dans la rue, elle leur répond : « C'est étonnant d'être abordée sur le trottoir comme cela. Si vous souhaitez m'interroger, il faut prendre contact avec mon collaborateur. Je ne vois pas la reine Paola, ou la princesse Mathilde de Belgique être accostées comme cela, sur le trottoir, je crois que cela ne fait pas partie des usages[37]. » Se prendrait-elle pour la reine ? En tout cas, que l'on soit préfet, responsable du Mobilier national, chauffeur de son mari ou conseiller général en Corrèze, il ne fait pas bon être dans son collimateur. Elle réclame et obtient des têtes. Elle qui témoigne d'une vraie compassion pour les personnes âgées, les malades, les jeunes en difficulté, elle qui souvent, loin des caméras, vient en aide à ceux qui souffrent, peut être aussi d'une grande dureté avec ceux qui lui résistent. Ou ne la servent pas assez bien ou assez vite à son goût.

Bernadette est devenue un personnage médiatique. On la voit, très à l'aise désormais, chez Fogiel, Denisot, Ardisson, dans ces émissions people où elle côtoie des stars du show-biz. On l'invite dans les réceptions et les dîners mondains où elle fréquente les riches amis de son mari… qui, lui, préfère rester devant sa télévision pour regarder des westerns ou des films policiers. On quête sur ses lèvres des « mon mari pense que… mon mari veut que… ». Désormais, elle fait partie du paysage politico-médiatique. Elle incarne une certaine idée de la tradition française. Jean-Marie Rouart, qui l'interviewe longuement pour *Paris Match*, lui trouve « le charme solide et résistant d'un buffet Henri II » et lui sait gré de défendre « la famille de papa, la messe, le pape, le gigot du dimanche[38] ».

Pourquoi se plaît-elle tant à l'Élysée ? Son amie Claude Pompidou qui, elle, y fut malheureuse, croit connaître l'explication. Contrairement à elle, Bernadette est, dit-elle, « une personne politique ». Elle l'est devenue, en effet. Elle

37. Pierre Hurel et Anne Fulda, « Le clan Chirac », doc. cit.
38. *Paris Match*, 21 au 27 juillet 2005.

a acquis ce qu'on appelle « le sens politique », cette juste appréciation du rapport de force. Elle sait qui compte, sur qui s'appuyer, qui promouvoir. Bien qu'elle s'en défende, elle a même envisagé de se présenter au Sénat. Sénatrice, comme Hillary Clinton ! Être une voix nationale, se battre pour défendre à visage découvert les valeurs catholiques et traditionnelles auxquelles elle croit. Mais non ! Son mari ne l'a pas voulu : les Français ne comprendraient pas, lui dit-il. Elle se contentera donc d'agir en sous-main. Plus à droite que Jacques, comme Danielle Mitterrand fut plus à gauche que François.

Elle pousse Jean-Louis Debré et Jean-Claude Gaudin à faire courir la rumeur : Jacques Chirac pourrait briguer un troisième mandat. Pense-t-elle vraiment que son guerrier peut réussir ce que même de Gaulle ou Mitterrand n'ont pas été en mesure de tenter ? Elle fera comme si, même après l'accident cardio-vasculaire de Jacques, en septembre 2005. Le 14 juillet 2006, lors de la *garden-party*, un familier du Château lui ayant souhaité « Bon courage pour les mois à venir », elle répond : « Pourquoi les mois ? Les années plutôt ! La messe n'est pas dite. » Début novembre, recevant Carole Barjon, du *Nouvel Observateur*, elle s'emporte à l'idée que Jacques Chirac pourrait siéger au Conseil constitutionnel. « Oui, il ira, dans cinq ans. » Un silence, puis : « Vous entendez ? Dans cinq ans ! » Chirac va avoir 74 ans. Et alors ! « Vous avez vu comme il est en forme [...]. Mon mari n'est pas gâteux[39]. » Quelle que soit la décision du président, Bernadette, elle, ne désarme pas : « Je serai en campagne, je soutiendrai mon camp et ma famille politique. » Elle est devenue une vraie Chirac, une combattante.

Depuis 2004, elle milite pour la réconciliation entre son mari et Nicolas Sarkozy. C'est décidément une vocation !

39. *Le Nouvel Observateur*, 16 au 23 novembre 2006.

Elle avait déjà tenté, on l'a vu, un rapprochement entre Chirac et Giscard. En vain. Dieu sait pourtant si elle a détesté Sarkozy ! Elle n'avait pas de mots assez durs contre celui qu'elle appelait « le traître » ou « le nabot ». Son mari le considérait comme un fils, sa fille Claude entretenait une relation si étroite avec lui qu'il avait souvent dormi chez eux – il a connu les draps de la famille, grinçait Bernadette – et il avait choisi Balladur contre Jacques en 1995. Pis, elle ne lui pardonnait pas d'avoir utilisé sa fonction, ministre du Budget, pour faire fuiter qu'elle et trente-deux membres de la famille Chodron de Courcel avaient réalisé une forte plus-value sur la vente d'un terrain. S'attaquer ainsi à sa famille ! Outrée, blessée, Bernadette tonnera devant Nicolas Domenach et Maurice Szafran : « Ce petit monsieur peut bien serrer les fesses. Je les lui botterai tant et si bien qu'il n'en aura plus[40]... »

Entre Bernadette et Jacques, la gestion du cas Sarkozy ne cessera d'être un objet de discorde. Bernadette n'a rien oublié, mais elle estime qu'il est de son devoir de jouer les Casques bleus au sein de son camp. Elle veut éviter un *remake* de 1981, quand Jacques avait fait gagner la gauche, ou de 1995, quand il avait dû affronter Balladur. Elle réagit en politique. « En 2007, il ne doit y avoir qu'un candidat de la droite », dit-elle. Si son mari peut se représenter, il aura besoin de Sarkozy pour être réélu. S'il n'est pas en mesure de briguer un nouveau mandat, seul Sarkozy peut battre le candidat socialiste. En 2004, pendant la campagne des élections régionales, elle invite Sarkozy à un meeting à Tulle. Il la félicite pour sa contribution à la victoire de son mari en 2002. Elle paraît aux anges. Puis, l'ayant rejoint à la tribune, elle lui glisse à l'oreille, suffisamment fort pour que les magnétoscopes enregistrent : « Heureusement qu'on vous a. »

40. Christine Clerc, *Tigres et tigresses*, *op. cit.*, p. 572.

Chirac, lui, ne pardonne pas. Le 14 juillet 2004, il remet sèchement à sa place son ministre de l'Intérieur: «Je décide, il exécute.» Le 14 juillet 2005, le président, marqué par l'échec du oui au référendum sur le traité européen, reçoit pour la traditionnelle *garden-party*. C'est au tour de Sarkozy de dégainer. Il organise sa propre réception place Beauvau et compare Chirac à Louis XVI réparant ses serrures à Versailles alors que le peuple gronde à Paris. Bernadette tente de calmer le jeu. «Oui, ce n'était pas épatant», admet-elle après l'initiative du ministre de l'Intérieur. On l'a connue moins indulgente. Pour Chirac, c'est un *casus belli*. Quant à Sarkozy, il soupçonne le président de cautionner Villepin qui a tenté de l'impliquer dans l'affaire Clearstream.

L'année suivante, alors que son mari n'a toujours pas dévoilé ses intentions, elle confie: «Il n'est pas toujours facile de jeter la rancune à la rivière. Mais il faut penser au pays. Il faut aider Sarkozy au cas où Jacques Chirac ne se représente pas[41].» Bernadette garde le contact avec le ministre de l'Intérieur. Ils se téléphonent souvent. Il leur arrive même de prendre le thé à 17 heures. Pour Chirac le pragmatique, le ministre de l'Intérieur reste un pestiféré. Pour Bernadette l'intransigeante, il faut savoir tourner la page: «Le passé est le passé. Il s'est trompé, bon, il s'est trompé», dit-elle. Elle n'aime toujours pas le Sarkozy brutal et vulgaire, mais elle apprécie son dynamisme et son éloquence: «Un sacré battant», «un avocat qui sait parler au peuple», «un homme qui parle clair, ce qui n'est pas donné à tout le monde». Elle ne manque pas une occasion de rappeler: «Vous savez, Sarkozy fait partie des poulains de mon mari. On l'oublie, ça. Il a été formé par Jacques Chirac[42]...» C'est très vrai, même si le poulain veut désormais oublier ce qu'il doit à son mentor.

41. Pascale Tournier, *La Reine mère*, *op. cit.*, p. 105.
42. *Le Nouvel Observateur*, 16 au 23 novembre 2006.

Comment lui, l'hyperactif, pourrait-il être le fils politique de celui qu'il traitera plus tard de « roi fainéant » !

Chirac, plus diminué physiquement par son AVC qu'on ne l'avait cru au départ, déstabilisé par les affaires qui finiront par le conduire devant les juges après son départ de l'Élysée, affaibli politiquement par l'échec du référendum et les critiques de moins en moins voilées de Sarkozy, n'est plus en état de se représenter. Bernadette a compris. Elle se range derrière Sarkozy. D'autant plus volontiers qu'elle déteste Villepin. Elle le rend responsable de la fin de règne crépusculaire de son mari. La présence de la femme du président à deux de ses grands meetings est précieuse pour Sarkozy. Elle devient sa caution chiraquienne. La seule. Jacques, lui, se tait. Pas le moindre signe en faveur du champion de son camp.

Le 16 mai 2007, les Sarkozy s'installent à l'Élysée. L'heure que Bernadette redoute depuis si longtemps a sonné. Finis la vie de château, les dîners d'État, les voyages officiels, les sirènes et les gyrophares, Bernadette ne s'en cache pas : « L'Élysée me manque[43] », ou encore, plus noble : « J'ai aimé servir la France[44]. »

Les Chirac emménagent quai Voltaire, dans un appartement de 400 mètres carrés appartenant à la famille de l'ancien Premier ministre et milliardaire libanais Rafic Hariri. Après quarante années passées dans les palais nationaux, les deux septuagénaires peinent à trouver leurs marques, à vivre comme des Français ordinaires. Enfin presque !

Cette dernière étape est à l'image des précédentes. Ils seront à la fois très proches et très éloignés. Ils ne peuvent se passer l'un de l'autre, mais ils se supportent de moins en moins. Chacun aménage son espace de vie où il s'isole. Le salon télé pour lui, le salon de thé pour

43. Europe 1, 4 octobre 2007.
44. France 5, 23 octobre 2007.

elle où elle convie ses amies. Chacun organise son emploi du temps pour échapper à un tête-à-tête conflictuel. Elle l'a toujours agacé, avec sa lenteur, ses retards, son côté mouche du coche, ses reproches. Bernadette reconnaît: « Il aurait aimé que je sois plus cool, toujours souriante, toujours décontractée[45]. » Elle l'horripile, désormais, avec sa propension à vouloir le mener par le bout du nez, à devenir son chaperon. Comme dans les vieux couples où le mari, plus âgé, ayant cessé d'être dominant, la femme prend sa revanche et domine à son tour.

Pendant de longues années, Bernadette a supporté son égoïsme, son côté macho et ses phrases toutes faites qu'il lui assénait quotidiennement. Tous les matins : « Vous avez une chance formidable de m'avoir épousé. » Et tous les soirs, en guise de bonsoir: «Je vais couche-couche panier. » Ou, variante : « C'est l'heure du dodo couché, papattes croisées, bouboule en rond. » Quand il déjeunait avec elle: « Qu'avez-vous fait ce matin? Rien, naturellement ! » Et lorsqu'elle se rendait à un concert: « Vous allez écouter leur crincrin. » Elle a supporté ses infidélités qui n'ont pas cessé, malgré l'âge. Il a 65 ans, le soir de la mort de Lady Di et il est injoignable. Le préfet de police appelle Bernadette: « Où est votre mari?» Elle répond: « C'est à vous de me le dire ! » Il arrivera sur le lieu de l'accident bien après le prince Charles venu d'Angleterre ! Elle a tout supporté parce qu'elle admirait sa force, son optimisme, sa volonté de fer, son aplomb. Il lui en imposait. « Un roc qui a une personnalité tout à fait exceptionnelle [...], une volonté de conquérir, un guerrier[46]. » Et il était si beau, il avait une telle allure, il était si plein d'enthousiasme ! Il traçait sa route à vive allure, à grandes enjambées, lui que l'on surnommait « le bulldozer » ou « fend la bise ». Elle suivait de loin. Difficilement. En novembre 1974, lors

45. Bernadette Chirac, avec Patrick de Carolis, *Conversation*, *op. cit.*, p. 78.

46. *Ibid.*

d'un vol Paris-Pékin, elle confie : «Je passe mon temps à courir derrière mon mari, physiquement et intellectuellement.» Le lièvre et la tortue. Désormais, c'est lui qui marche à petits pas, elle qui galope. Il est physiquement et intellectuellement diminué, elle est en pleine forme. Chaque jour de la semaine, de 10 à 19 heures, il est à son bureau, rue de Lille. Il s'occupe, un peu, de sa fondation pour la prévention des conflits, reçoit des fidèles, évoque avec eux ses souvenirs. Chaque samedi, Bernadette le dépose chez Haïm Korsia, le rabbin des Armées, qui est devenu l'un de ses meilleurs amis, son confident. Avec lui, Jacques est en totale confiance. Il parle beaucoup, se répète un peu, a des absences parfois, mais il est aussi souvent vif et drôle.

L'ex-président s'efface, disparaît de la scène politico-médiatique qu'il a animée pendant tant d'années. L'ex-Première dame y demeure, toujours aussi présente. Elle continue d'exister. À travers ses œuvres caritatives auxquelles s'ajoute, en 2007, à la mort de son amie, la présidence de la fondation Claude Pompidou. Les photographes et les cameramen la suivent lorsqu'elle visite des hôpitaux pour la promotion des Pièces jaunes, organise ses galas de bienfaisance. Elle est invitée aux soirées mondaines où se retrouve le Tout-Paris des affaires, de la mode, du show-biz et de la politique. Naguère, quand Jacques lui disait : « Dans la vie il y a des gens qui sont nés pour commander et d'autres qui sont nés pour obéir », elle acquiesçait, se rangeant dans la seconde catégorie, malgré son fichu caractère. Il était si irrésistiblement né pour être chef ! Mais ce temps-là est révolu.

Elle continue d'afficher l'image de l'épouse dévouée qui ne manque jamais de rappeler qu'elle a eu un mari exceptionnel. Mais elle ne peut s'empêcher de le rabrouer, parfois, même devant témoins : « Vous voyez ce qu'il est devenu, un vieillard. Et dire que c'était un président[47] ! »

47. Pascale Tournier, *La Reine mère*, *op. cit.*, p. 114.

Lorsqu'on lui demande pourquoi Jacques Chirac ne l'accompagne pas, elle répond : « Il n'est pas invité. Ce n'est pas sa mentalité, il n'est pas drôle, vous savez[48]. » Ou encore : « Il garde le chien. » À Thierry Ardisson qui ose : « Regrettez-vous de l'avoir épousé », elle répond : « J'aurais pu en épouser un autre... ! » Elle paraît lui en vouloir d'être devenu ce qu'il est. Cet homme qu'elle a tant aimé et qu'elle continuera, à sa façon, d'aimer jusqu'à son dernier souffle, elle l'humilie en public. Interviewée sur Europe 1, le 28 septembre 2011, elle cite, à son propos, le mot du général de Gaulle : « La vieillesse est un naufrage. » Le 31 octobre 2012, le couple dîne à La Gazelle d'Or, à Taroudant, un hôtel de luxe, où il a ses habitudes. Jacques ayant émis le vœu de dîner avec les Badinter, elle s'écrie soudain : « Élisabeth et Robert Badinter ont mieux à faire, ce soir, que de dîner avec vous... Vous n'êtes que le bruissement des ailes d'un insecte. » Haussant le ton pour être sûre d'être comprise, elle répète : « Vous n'êtes que le bruissement des ailes d'un insecte[49]. » Sans doute a-t-elle élevé la voix parce qu'il est sourd, mais elle n'ignore pas que tous les clients de l'hôtel ont entendu. Comme si elle prenait un malin plaisir à lui rappeler qu'il ne compte plus !

Elle n'agit pas autrement lorsqu'une collaboratrice à laquelle il tenait beaucoup donne sa démission. L'entourage de Jacques lui fait croire que la jeune femme a dû, à son grand regret, le quitter pour des raisons familiales. Cruelle, Bernadette laisse un mot sur le bureau de son mari lui révélant la vérité : « Elle est partie parce que travailler avec vous n'a plus d'intérêt ! » Les vieux amis de Chirac l'accusent de prendre sa revanche sur les longues,

48. Au cours de l'émission de Thierry Ardisson « Salut les terriens », Canal +, 22 janvier 2011.

49. Béatrice Gurrey, « Les Chirac, l'histoire secrète », *Le Monde Magazine*, 15 décembre 2012.

très longues années où elle a été bafouée. Ils ne supportent pas la manière dont elle le surveille, le rabaisse, le houspille devant eux. Ainsi, François Pinault, recevant le couple, comme chaque année, dans sa propriété de Saint-Tropez, coupe sèchement Bernadette : « Jacques est mon ami. Quand vous êtes chez vous, vous lui parlez comme vous voulez. Mais chez moi, je ne veux pas que vous vous adressiez à lui sur ce ton[50]. »

Mme Chirac inflige un camouflet à son mari en entrant, sans l'en informer, au conseil d'administration de LVMH, le groupe de Bernard Arnault, l'ennemi juré de François Pinault. Pinault qui met son jet privé à leur disposition et qui a embauché Claude de 2007 à 2010 comme directrice de la communication du groupe. Interrogée par *Le Monde*, en Corrèze, pendant la campagne des cantonales, sur son étonnante décision, Bernadette avait confié : « J'y suis parce que Bernard Arnault me l'a proposé et cela m'honore [...]. C'est pour moi enrichissant et inespéré [...]. À l'âge que j'ai, je n'ai pas levé le doigt pour demander la permission[51]. » Elle connaissait à l'avance la réaction de Jacques : « Arnault, moi je n'ai jamais pu l'encadrer ! »

Entre les époux Chirac, les éclats de voix sont désormais fréquents. Lui aussi la rabroue sans ménagement. Il ne s'en est jamais privé. Mais désormais, il ne met plus les formes. Totalement désinhibé, il se lâche. Elle qui a été élevée dans le strict respect des convenances vit dans l'angoisse qu'il fasse ou dise n'importe quoi en public. Ses interventions sont d'autant moins discrètes que, devenu sourd, il parle fort. Difficile de feindre de n'avoir rien entendu lorsqu'au cours d'un dîner tropézien chez François Pinault, en présence d'un ambassadeur et de son

50. Bruno Dive, *Le Dernier Chirac*, Éditions Jacob-Duvernet, 2011, p. 165.

51. Béatrice Gurrey, « Les Chirac, l'histoire secrète », art. cit.

ami, il part dans un couplet douteux sur les « tarlouzes », ou de n'avoir rien vu quand, infatigable dragueur, il lorgne ostensiblement le décolleté d'une jolie femme. À Saint-Tropez, il aime s'asseoir au premier rang de la terrasse de Sénéquier, le glacier à la mode depuis toujours. Il invite les jeunes femmes qui veulent se faire photographier avec lui à s'asseoir sur ses genoux. Lorsque Bernadette le rejoint, furieuse, elle chasse les impudentes, le morigène devant témoins et l'oblige à rester plus d'une heure dans une voiture pendant qu'elle est chez le coiffeur.

Une scène qui sera fréquemment rediffusée à la télévision en dit long sur les rapports du couple. Elle se déroule en Corrèze, en juin 2009. Mme la conseillère générale, très sérieuse, prononce une allocution. Dans son dos, son mari fait ostensiblement la cour à Sophie Dessus, la vice-présidente socialiste du Conseil de Corrèze. Furieuse, Bernadette se retourne, lance un regard assassin à son mari qui s'en moque et continue à plaisanter à haute voix avec la jeune femme. Mme Chirac jugera bon de s'expliquer publiquement : « Si par hasard, pendant un discours de mon mari, je disais un mot, il m'en faisait la remarque vivement. Et maintenant que c'est moi qui parle, il trouve tout naturel de ne pas me prêter attention... Avouez qu'il y a quand même de quoi être agacée[52] ! » Agacée ! Le mot est faible. Elle ne supporte pas qu'il la provoque. Il ne s'en prive pas. Par exemple, en la tutoyant ostensiblement devant témoins, ou en l'appelant « Maman », ce qu'elle déteste. Ou en évoquant devant elle... et devant témoins, quelques-unes de ses nombreuses conquêtes[53].

La présidentielle de 2012 va provoquer de nouvelles tensions dans le couple. Bernadette soutient Sarkozy

52. *Le Figaro*, 12 octobre 2010.
53. Caroline Pigozzi, *Paris Match*, 28 novembre 2013.

comme elle l'a soutenu cinq ans plus tôt. Son mari, lui, ne cesse de répéter qu'il ne veut pas voter pour son successeur. Jean Daniel, le fondateur du *Nouvel Observateur*, peut en témoigner. En vacances à La Gazelle d'Or, il est convié à déjeuner, au bord de la piscine, par l'ancien président. Le journaliste lui demande quel regard il porte sur l'action de Nicolas Sarkozy. Réponse : « Vous comprendrez que je ne peux pas porter jugement sur mon successeur. » Bernadette, qui craignait le pire, respire. Mais Jacques ajoute aussitôt : « Maintenant, si vous me demandez pour qui je voterai à la présidentielle, ce sera Strauss-Kahn ou Hollande ! » C'était avant l'affaire du Sofitel de New York ! Le collaborateur qui accompagne Chirac explique à Jean Daniel que l'ex-président a des moments de faiblesse, qu'il ne faut pas tenir compte de ce qu'il dit.

Lors de l'inauguration d'une exposition d'art chinois au musée de Sarran, Jacques Chirac profite de la présence des caméras pour confier à voix haute à son ami Stéphane Martin, président du musée du Quai Branly qui l'accompagne : « Moi, je voterai Hollande… Sauf si Alain Juppé se présente, parce que je l'aime bien, Juppé ! » Autant dire qu'il s'agit avant tout d'un vote anti-Sarkozy. Bernadette est atterrée. Difficile d'expliquer publiquement que l'ancien président ne sait plus ce qu'il dit au moment où il publie le second tome de ses Mémoires qui, comme le premier, sera un best-seller, plus vendu que le livre de Bernadette. Elle fait donc diffuser un communiqué qualifiant les propos de son mari de « trait d'humour corrézien entre républicains qui se connaissent de longue date ». C'est d'autant plus ridicule que, dans son livre, Chirac n'est pas tendre avec son successeur. Il le décrit ainsi : « Nerveux, impétueux, débordant d'ambition, ne doutant de rien et surtout pas de lui-même. » Et qu'avec une belle constance qui ne doit rien à la maladie, il répète tout le mal qu'il pense de celui dont il disait quelques années plus tôt : « Il faut lui marcher dessus, ça porte bonheur. » À ses proches, il confie : « Sarkozy, vous m'entendez bien, je veux qu'il soit battu. Personne ne dit plus de mal de moi que lui. » Ce dont Bernadette ne tient apparemment pas rigueur à Sarkozy. Non seulement elle le soutient, mais elle s'affiche avec lui dans ses meetings, oubliant visiblement qu'il a traité son mari de « roi fainéant ». Elle n'hésite pas davantage à polémiquer avec son adversaire avec qui elle entretient pourtant d'excellentes relations au Conseil général de Corrèze au point de voter, à plusieurs reprises, avec la gauche et de lui lancer un jour : « Vous me rappelez mon mari ! » Elle n'en déclare pas moins : « François Hollande est un homme parfaitement courtois, mais ce n'est pas le gabarit d'un président de la République. » Elle contredit ainsi son mari qui avait estimé, lui, que Hollande avait la dimension d'« un homme d'État ».

Claude Chirac, qui connaît la compagne du candidat socialiste, la journaliste Valérie Trierweiler, lui envoie ce SMS : « Frédéric [Salat-Baroux, son mari] et moi découvrons les déclarations faites par maman en Corrèze. Nous en sommes vraiment désolés, c'est si regrettable. Pour notre part, nous vous souhaitons à tous les deux toute la force et la chance du monde. Claude. » Valérie lui ayant demandé si elle pouvait faire état du fait qu'elles avaient déjeuné ensemble, la fille de l'ancien président lui répond : « Chère Valérie, je ne souhaite pas que l'on puisse m'opposer à ma mère une fois encore. Comme tu le sais, j'en ai trop souffert par le passé. En revanche, tu peux parfaitement dire que nous nous sommes vues, toute l'amitié et l'admiration que j'ai pour toi. Et que je vous ai toujours témoigné à toi et à François Hollande mon amitié et mon soutien. Claude[54]. » Ces deux messages de Claude, dont l'existence sera révélée, en décembre 2012, par la

54. Béatrice Gurrey, « Les Chirac, l'histoire secrète », art. cit.

journaliste du *Monde* Béatrice Gurrey, montrent à quel point Mme Chirac est isolée au sein de sa propre famille. Est-ce à la demande expresse de Claude et de Jacques ? Bernadette fait machine arrière. On l'a mal comprise.

Après l'élection elle dira, non sans humour : « Rendez-vous compte, dans ma famille ils ont tous voté Hollande, sauf Jacques. Mais il ne le sait pas[55]. » Elle a voté par procuration à sa place. Pour Sarkozy. Contre son gré. Ultime petite vengeance. Celle qui fut longtemps humiliée dit désormais devant Jacques : « La politique de la famille, c'est moi. » Lui hausse les épaules, l'air de dire : « Cause toujours. »

Isolée au sein de sa famille, elle l'est aussi au sein du clan Chirac. Ils sont tous là, le 3 décembre 2012, dans le grand salon du Conseil constitutionnel, pour fêter les 80 ans de Jacques. Les grognards de la Corrèze, de la mairie de Paris, de Matignon, de l'Élysée réunis par le fidèle Jean-Louis Debré. Bernadette plaide en faveur de Sarkozy. Malgré sa défaite, il reste, à ses yeux, le meilleur atout de l'UMP pour l'avenir. Personne ou presque ne partage ce point de vue. La plupart des fidèles réunis autour de Jacques détestent Sarkozy.

Deux mois plus tôt, dans son numéro daté du 29 septembre, *Paris Match* a donné une tout autre image du couple. Bernadette, debout, y couve du regard son Jacques assis dans un fauteuil qui lève la tête vers elle. LA TENDRESSE DE BERNADETTE, titre l'hebdomadaire. Il fallait oser. Ceux qui ont été témoins de leurs violents accrochages ont souri ou ont été choqués. Pourtant, cette image-là a aussi sa part de vérité. Son Jacques, elle l'aimera toujours, malgré tout. À Caroline Pigozzi qui lui faisait remarquer que si elle avait écouté ses parents, si elle avait épousé un aristocrate bien élevé, respectueux,

55. *Ibid.*, p. 64.

comme elle, des convenances, elle aurait eu une vie moins passionnante, elle a répondu : « C'est vrai, j'aurais sans doute mené une existence sans surprise… mais je n'aurais pas été la servante du seigneur[56] ! » La servante ? Elle l'a été ! Mais il y a longtemps qu'elle a cessé de l'être. Bien avant que son seigneur décline.

56. *Paris Match*, 28 novembre 2013.

Cécilia Sarkozy

«*First lady*, ça me gonfle.»

Cécilia fait une entrée de star dans la cour de l'Élysée, ce 16 mai 2007. Bras et jambes nus, dans une robe Prada, le port altier, cheveux au vent, Ray Ban, elle foule le tapis rouge sous les flashs des photographes. Radieuse, elle envoie des baisers de la main. La nouvelle Première dame est entourée de ses enfants et de ceux de Nicolas Sarkozy. Yvonne de Gaulle, Claude Pompidou, Anne-Aymone Giscard d'Estaing, Danielle Mitterrand n'étaient pas présentes à la cérémonie de passation de pouvoir. Bernadette Chirac y avait assisté discrètement. Cécilia, elle, est là et elle crève l'écran. Pour la première fois, ce n'est pas l'élu du peuple français qui prend possession du palais, mais un couple. Un couple moderne, une famille recomposée. La voilà, la rupture promise par Sarkozy.

C'était leur rêve. Gravir ensemble les marches de l'Élysée. La main dans la main, jusqu'au sommet. Ils se sont battus côte à côte pendant vingt ans pour y parvenir. C'est fait, ils ont gagné. Mais à quel prix ! Elle réajuste la cravate de son mari, se laisse embrasser, lui sourit. La mise en scène est parfaite. Le nouveau président a même demandé à la garde républicaine de jouer *Asturias*, d'Albéniz, l'arrière-grand-père de sa femme. Si ce n'était ce léger mouvement de recul qu'elle ne peut réprimer lorsqu'il lui tapote la joue, on finirait par croire à leur romance.

Mais non ! La France entière sait depuis deux ans que ce couple, que l'on disait fusionnel et qui l'était, s'est brisé. Cécilia est partie avec un autre. Le 21 mai 2005, la rupture est devenue publique. Ce jour-là des hommes politiques, dont François Fillon, et des publicitaires français participent au forum de Pétra, en Jordanie. Ils ont la stupeur de voir arriver Cécilia accompagnée de l'organisateur, Richard Attias. Aussitôt, la rumeur se répand dans Paris. À quelques jours du référendum sur le traité européen, Sarkozy, sonné, annule une émission télévisée. Lui, le ministre de l'Intérieur, l'homme fort du gouvernement, le favori pour la présidentielle, lui, si sensible à son image, trompé par sa femme qui s'affiche avec son amant ! Pour tenter d'atténuer le choc dans l'opinion, il décide, le 26 mai, de venir s'expliquer à la télévision. « La vérité est simple : comme des millions de familles, la mienne a connu des difficultés. Ces difficultés, nous sommes en train de les surmonter. » Terrible humiliation d'autant, il le sait, qu'il n'en est rien. Depuis deux ans, Cécilia lui échappe et il ne parvient pas à la reconquérir. Le 16 mai 2005, elle lui a dit qu'elle le quittait, qu'elle aimait un autre homme, Richard Attias, le publicitaire qui avait organisé le grand show marquant l'élection de Nicolas à la tête de l'UMP. Et elle est partie le rejoindre. Nicolas n'a pas compris. Il n'a rien vu venir, trop occupé de lui-même. Il enrage : il allait faire d'elle la reine de France et elle se tire, comme elle dit. Avec celui qu'il appelle l'éclairagiste parce qu'il a réglé les lumières de son sacre. Un pubard ! « Ce type, c'est rien », grince-t-il. Pour elle, c'est tout.

Pendant ces deux années, Cécilia va vivre entre cœur et raison, entre passion et devoir, entre espoir et remords, entre New York et Paris, entre son amant, qu'elle aime, et le père de son fils, qu'elle a aimé. Écartelée, elle va se livrer à d'incroyables va-et-vient entre les deux hommes. Les deux années les plus dures de sa vie, confiera Attias. Lorsqu'elle est à Paris, elle se réfugie souvent dans l'église où elle a été baptisée, où elle priait, enfant : « J'attendais, assise dans le silence de Saint-Pierre-de-Chaillot, une sorte de révélation qui aurait eu l'éclat de l'évidence. Elle n'est jamais venue, et il m'a fallu décider seule, dans le huis clos de mon cœur et de mon âme[1]. » C'est dire à quel point elle est perdue.

Fin mai 2005, premier retour. Son mari a su faire jouer la corde sensible. Il lui a demandé de l'accompagner à Madrid. Le roi Juan Carlos ne comprendrait pas, a-t-il plaidé, que l'arrière-petite-fille d'Albéniz refuse son invitation. Le 29 mai, ils votent ensemble à Neuilly pour le référendum sur la Constitution européenne. Le non l'emporte, Villepin devient Premier ministre, au grand dam de Sarkozy, nommé numéro deux du gouvernement, ministre d'État et ministre de l'Intérieur. Ce jour-là, elle déjeune avec lui au Bristol où ils avaient leurs habitudes. Un photographe est présent, comme par hasard, pour acter la réconciliation. Cécilia va-t-elle réintégrer la place Beauvau, où elle a fait la pluie et le beau temps ? Non ! Elle ne remet pas davantage les pieds à l'UMP, où son bureau a été réaffecté, ni à la mairie de Neuilly.

Elle veut divorcer, contacte l'avocat Georges Kiejman, qui devient aussi celui de Sarkozy. Le couple se met d'accord pour une séparation à l'amiable avec partage de la garde de leur fils Louis. Brusquement, Cécilia change d'avis. Comme elle avait annulé son mariage avec un photographe de mode quelques jours avant la cérémonie. C'était en 1980, elle avait 23 ans. La femme de 48 ans

1. Cécilia Attias, *Une envie de vérité*, Flammarion, 2013, p. 187.

serait-elle restée cette fille fantasque aux sautes d'humeur imprévisibles ? Mal dans sa peau, partagée entre des sentiments contradictoires, elle n'en finit pas de se chercher, de se contredire. Son histoire d'amour avec Sarkozy avait commencé comme un vaudeville dans une chambre d'hôtel de Megève. Surpris avec Cécilia par sa femme de l'époque, Nicolas s'était enfui par la fenêtre, laissant des traces de pas dans la neige ! Elle va se terminer par un autre vaudeville. À la tête de l'État, celui-là.

L'été de Cécilia est erratique. Pas de séparation officielle, mais elle repart pour New York. Puis on la voit à Cannes, toujours avec Attias. Le 14 juillet, elle n'est pas présente à la *garden-party* de l'Élysée ni à celle que son mari a organisée dans les jardins du ministère de l'Intérieur, où il compare Chirac à Louis XVI réparant ses serrures à la veille de la Révolution. Après Manhattan, Cécilia passe quelques jours avec Attias dans sa maison du Connecticut. Se reproche-t-elle d'être loin de son fils Louis ? Elle le rejoint au Pilat, près d'Arcachon, où il passe le mois d'août avec son père. Mais au bout de quatre jours, elle regagne Paris.

Le 25 août, *Paris Match* publie en couverture une photo de Cécilia et d'Attias à New York, étudiant le plan d'un appartement. En pages intérieures, d'autres photos du couple prises à Paris et à Cannes. Sarkozy est furieux. Il obtient de son ami Lagardère la tête d'Alain Genestar, le directeur du magazine.

Le président ne veut pas donner aux Français l'image du cocu malheureux. Il s'affiche désormais avec une belle journaliste du *Figaro*, Anne Fulda. Il l'invite dans sa famille pour les 80 ans de sa mère, la présente à ses amis, l'emmène à Venise. Elle le suit dans ses meetings, assiste à des réunions de cabinet, au ministère de l'Intérieur. On les voit chez Darty faire des achats pour l'appartement qu'ils vont occuper. Bref, elle a pris la place de la Première dame. « Cécilia était ivre de rage[2] », confie Isabelle Balkany. Sarkozy, qui croit connaître sa femme mieux que personne, pense que le meilleur moyen de la faire revenir est d'exciter sa jalousie. Il lui fait savoir : « Tu rentres ce soir et je te jure, mon histoire avec elle, c'est fini ! »

Deuxième retour. Il croit avoir gagné. La journaliste est répudiée sur-le-champ. Avec une rare goujaterie. Tout paraît rentrer dans l'ordre. Afin que nul ne l'ignore, le couple se fait filmer et photographier à la terrasse de L'Esplanade, un restaurant branché des Invalides. Mais non ! C'était pour la galerie. Dès mars, Cécilia rejoint Attias à Manhattan. Cette fois, tout semble bien fini. Sarkozy ne s'avoue pas vaincu pour autant. Il la bombarde de SMS, la harcèle, la fait suivre jour et nuit par des policiers français. Rien n'y fait. Alors il part pour New York, joue ses dernières cartes, tente de la convaincre qu'il ne peut se passer d'elle. Troisième retour. Définitif celui-là. Au moins jusqu'à la présidentielle.

Pourquoi était-elle partie, elle qui disait : « Nicolas, je le suivrai où qu'il aille » ? Parce qu'elle supportait de plus en plus mal la violence de la politique. Ces critiques visant ses goûts dispendieux à Bercy ou son autoritarisme place Beauvau. Ces lettres anonymes l'informant que son mari la trompait, donnant des noms. Elle ne voulait pas le croire, mais elle s'est interrogée, forcément.

Déjà, en 1995, quand Nicolas entamait sa courte traversée du désert après l'échec de Balladur, elle lui avait dit qu'elle aspirait à une autre vie, plus tranquille, loin des projecteurs. Il avait exercé à nouveau son métier d'avocat, ils avaient voyagé, elle était heureuse. Et puis la politique avait repris Nicolas. C'était sa passion. Elle avait suivi. Mais elle a fini par en avoir assez de travailler

2. Anna Bitton, *Cécilia*, Flammarion, 2008, p. 77.

dans l'ombre de son mari. Assez qu'on lui rappelle qu'elle n'était que « femme de ». Sans autre légitimité que celle qu'il voulait bien lui accorder. Elle a eu soif d'exister par elle-même. Elle a compris que dans le monde politique, seule l'élection donne cette légitimité à laquelle elle aspire. Elle a tenté de l'acquérir. Dès 2002, elle affirme : « Je suis devenue une femme politique. » En 2004, son ami Roger Karoutchi l'encourage à se présenter aux régionales en Île-de-France, sur la liste de Copé. Elle avoue aujourd'hui : « L'envie politique, le désir de me présenter à une élection me sont venus[3]. » Mais elle affirme aussitôt : « Nicolas a voulu que je me présente. On a dit que c'était moi qui voulais, mais non, c'était lui. Mais j'ai refusé, pour mes enfants[4]. » Quand faut-il la croire ?

Beaucoup, dans l'entourage de Nicolas, ont le souvenir que c'est lui qui a mis son veto. Et qu'elle l'a très mal vécu ! À l'époque, elle confie d'ailleurs se préparer pour les municipales à Neuilly : « Je serai vraisemblablement candidate en 2008 et je réfléchis à un programme avec une petite équipe. Je veux être élue sur un programme, pas en tant que "femme de"[5]. » Ce qui prouve qu'elle n'a pas renoncé à s'émanciper ! Nicolas entretient d'autant plus l'illusion que l'objectif est lointain : « C'est une tâche que Cécilia remplira très bien[6]. » Mais elle le connaît trop pour ignorer qu'il n'y tient pas. Il la veut pour lui et pour lui seul. Toute à lui. Il a besoin de sa présence, il ne cesse de lui répéter qu'il l'aime. Mais au fond, il ne pense qu'à lui : « Il l'aimait comme on emprisonne [...]. Elle savait que ses incantations énamourées la prenaient en otage[7]. » Cécilia n'en peut plus. Leur rêve commun,

3. Cécilia Attias, *Une envie de vérité*, *op. cit.*, p. 168.
4. *Elle*, 4 octobre 2013.
5. Anna Bitton, *Cécilia*, *op. cit.*, p. 39.
6. *Le Figaro*, 29 septembre 2003.
7. Anna Bitton, *Cécilia*, *op. cit.*, p. 26.

accéder à l'Élysée, n'est plus son rêve à elle. Elle n'aime plus Nicolas, elle aime un autre homme. Après son divorce, elle confiera à la journaliste Anna Bitton : « Je suis partie parce que je suis tombée raide dingue d'un homme, tout simplement. »

Évoquant sa première rencontre avec Richard Attias, elle écrit : « Il dégageait une impression de sécurité qui le mettait totalement en accord avec lui-même. Il incarnait un monde opposé à celui que je voulais fuir et où régnait la superficialité trompeuse, les paroles lancées à la va-vite, les jugements à l'emporte-pièce, toute cette hâte épuisante dans laquelle je me trouvais prise depuis des années, et que, sans en avoir toujours conscience, j'éprouvais de plus en plus de mal à subir. Prise dans le tourbillon où Nicolas évoluait avec d'autant plus d'aisance qu'il en était souvent l'instigateur [...], j'avais soudain devant moi un homme solide, précis, posé, rassurant pour la personne inquiète que j'étais devenue[8]. » C'était en octobre 2004, à Bercy. Attias présentait à Sarkozy et à ses principaux collaborateurs son projet de mise en scène pour le sacre à la tête de l'UMP.

Ce portrait élogieux d'Attias en dessine un autre, en creux, celui, cruel, de Sarkozy. Cécilia précise encore : « J'ai été d'emblée fascinée par Richard [...]. Nous nous ressemblons tellement que c'en est caricatural. Richard est mon double masculin[9]. » Pas étonnant qu'elle évoque un « coup de foudre » réciproque !

Alors, pourquoi est-elle revenue ? « Par devoir », dit-elle. Pas pour tout recommencer, comme veut le croire Nicolas. Pour terminer leur histoire commune, pour l'aider à franchir la dernière marche. Sans elle, elle en est persuadée, il n'y arrivera pas. Elle sera responsable de son échec. Elle

8. Cécilia Attias, *Une envie de vérité, op. cit.*, p. 182-183.
9. *Ibid.*, p. 298.

vient finir le travail. Il a besoin de sa présence. À une amie, elle confie même: « C'est un enfant ! »

Depuis vingt ans, elle a tout été pour lui : sa maîtresse, sa femme, sa conseillère, son chef de cabinet, son égérie, sa muse. « Elle lui a fait grimper les marches, même si, par moments, il s'agissait moins des marches du palais que des marches des hôtels-casinos de Deauville ou de La Baule[10] », note Jean-François Probst, ex-collaborateur de Jacques Chirac. Pour Nicolas, elle organise dîners, soirées, réceptions, rencontres. Elle met son carnet d'adresses très jet-set à son service. Ses détracteurs affirment que le côté bling-bling de Sarkozy, qui lui a coûté si cher, c'est elle. Probst, cruel, écrit : « Contrairement aux présidents François Mitterrand et Jacques Chirac, qui avaient choisi d'emprunter les chemins du terroir, de la culture historique, de la géopolitique ou de la diplomatie, Nicolas Sarkozy, coaché par Cécilia et sa smala, arpente les allées fréquentées par la petite bourgeoisie parvenue, adorant visiblement la compagnie hétéroclite des expansifs à gourmette, des bandits manchots ou de la fine fleur people du PAF, le paysage audiovisuel français[11]. »

Ces deux-là se ressemblent. Mêmes origines qui se perdent dans le flou des migrations. Juifs apatrides venus des Carpates côté père, peut-être Marranes, Juifs convertis venus d'Espagne côté mère, arrière-petite-fille du compositeur Isaac Albéniz pour elle, qui affirme n'avoir pas une goutte de sang français dans les veines et considère l'espagnol comme sa langue maternelle. Petite noblesse venue des steppes hongroises côté père, Juifs d'Alexandrie côté mère pour lui qui se définit comme un « Français de sangs mêlés ». Même attirance pour l'argent,

10. Jean-François Probst, *Les Dames du président*, Éditions du Rocher, 2008, p. 27.

11. *Ibid.*, p. 27.

le pouvoir, la célébrité. Même soif de réussite. Mais, à la différence de Nicolas qui a détesté son enfance, vécue comme une somme d'humiliations, elle a aimé la sienne « paisible et heureuse », bercée par la musique, au sein d'une famille unie et aisée. Elle a grandi, rue Marbeuf, à deux pas des Champs-Élysées, fait, très jeune, la connaissance des amis prestigieux de son père, un fourreur réputé : Alexandre Lagoya, Arthur Rubinstein, Joseph Kessel et d'autres qui se retrouvaient dans la maison de campagne de Montchauvet, à 60 kilomètres à l'ouest de Paris. Cette enfance dorée, ensoleillée, dit-elle, Nicolas la lui envie, lui qui toute sa vie rêvera de revanche. La présence de Cécilia à son côté le rend plus fort, plus déterminé encore. Elle lui est indispensable. Main dans la main, inséparables, ils ont entamé la longue marche qui les a conduits à l'Élysée.

Avec Nicolas, Cécilia a tout connu. Les aspects grisants du pouvoir, qu'elle a aimés : cette vie hors normes où on est servi, protégé, reconnu, flatté, escorté. Et d'autres qui l'ont blessée : à Neuilly, les bourgeois bien-pensants la surnommaient « la pute du maire ». À Bercy, où elle se faisait appeler Mme Sarkozy alors que Nicolas n'était pas divorcé, elle avait le sentiment d'être méprisée. Place Beauvau, elle a dû se battre pour s'imposer dans un monde de machos. À Bercy, la seconde fois, elle a été critiquée pour ses caprices, sa folie des grandeurs. À l'UMP, où elle a peu occupé son bureau de chef de cabinet, elle a détesté la vie de parti, cette politique politicienne qu'elle connaissait mal, avec sa fausse camaraderie, ses vrais coups bas, sa veulerie.

Pour Nicolas, peu importent les raisons de son retour, l'essentiel est qu'elle soit là. À nouveau. Et qu'on le sache. Elle joue le jeu. Ils mettent leurs retrouvailles en scène. Comme ils ont mis leur vie d'avant. On les voit à Paris, rue du Faubourg-Saint-Honoré, sortant d'une boutique chic. À Venise – où Nicolas était peu de temps avant avec la journaliste ! –, à Londres. Philippe Warrin, qui les suit, est le photographe attitré de Cécilia. Les photos paraîtront dans *Paris Match*. Fin juin 2006, profitant d'un voyage officiel en Guyane, ils se font filmer sur une pirogue descendant le fleuve Maroni. Ils donnent l'image de deux amoureux. Comme au premier jour. Lui l'est toujours, malgré l'humiliation publique qu'elle lui a infligée. Il est prêt à tout pour la reconquérir. Elle, elle fait comme si. Attias lui manque. Elle n'est pas heureuse. En janvier 2005, quelques jours avant le congrès où son mari devient officiellement le candidat de l'UMP à la présidentielle, elle confiait : « Je suis mal dans ma peau. Mais je suis là. J'aiderai Nicolas. Je ne suis pas folle. J'ai beaucoup de choses… j'ai beaucoup de respect pour Nicolas […]. C'est vraiment quelqu'un de formidable, mais de mon côté il n'y a plus de flamme[12]. » Elle confirme dans son livre : « Le respect ne saurait suffire à l'amour[13]. »

Ceux qui l'avaient connue quatre ans plus tôt place Beauvau ne la reconnaissent pas. Elle était présente à toutes les réunions de cabinet importantes, accompagnait parfois Sarkozy dans sa tournée des commissariats, gérait son agenda, organisait ses déplacements, assurait le contact avec les syndicats policiers et, bien entendu, avec les journalistes. Pendant les conférences de presse, elle était toujours là, debout, au fond de la salle. Indispensable. Il la cherchait du regard, quêtant son approbation. Désormais, la vie du ministère ne l'intéresse plus. Elle ne poursuit plus qu'un seul et unique but : aider Nicolas à se faire élire.

On la voit peu, mais elle agit en coulisses. Elle ne conseille plus, elle ordonne. D'abord, elle fait le ménage,

12. Anna Bitton, *Cécilia*, *op. cit.*, p. 78.
13. Cécilia Attias, *Une envie de vérité*, *op. cit.*, p. 257.

écarte ceux qui ont entouré son mari pendant son absence. La presse les appelait « la Firme », elle traduit « la bande ». Ils ont sorti, distrait Nicolas, lui ont organisé des soirées karaoké – il adore ça – et des week-ends en joyeuse compagnie. Ils ont fait bonne grâce à la remplaçante. Après son départ, ils ont cherché à meubler la solitude de Nicolas, lui qui ne peut rester seul. Ils lui ont fait rencontrer Adriana Karembeu, Carole Bouquet, une autre journaliste, vedette de la télévision, celle-là, qui s'installera quelques semaines place Beauvau. Cécilia ne le leur pardonne pas. Exit Pierre Charon, Frédéric Lefebvre, Laurent Solly. Sarkozy laisse faire.

Elle impose David Martinon et surtout Rachida Dati. Elle lui sait gré de l'avoir informée, au jour le jour, pendant ses escapades américaines, des intrigues du palais et des frasques de Nicolas. « Quand je n'étais pas forcément à la mode, vous voyez ce que je veux dire, Rachida m'envoyait de longs messages. Des messages d'amour. C'est d'elle que sont venues les plus jolies choses qu'on m'ait jamais dites », a-t-elle confié à Agathe Logeart pour *Le Nouvel Observateur*. Brice Hortefeux lui-même, le plus ancien, le plus proche des collaborateurs de son mari, est tenu à distance. Cécilia obtient aussi la tête du publicitaire Frank Tapiro. Elle promeut Xavier Bertrand porte-parole du candidat, avec son amie Rachida Dati. Sarkozy acquiesce. Il est prêt à tout pour la garder.

Jamais elle n'a été aussi influente, quoi qu'elle en dise aujourd'hui. C'est elle qui choisit le QG du candidat, rue d'Enghien où elle a son bureau. Elle qui veille à la constitution de l'organigramme. Elle qui organise le congrès d'investiture du candidat, le 14 janvier 2007. « Je lis partout que c'est elle qui décide de tout. C'est vrai[14] », confie Hortefeux. Jamais elle n'a été aussi abrupte dans

14. Anna Bitton, *Cécilia*, *op. cit.*, p. 57.

ses jugements, aussi péremptoire, jamais elle ne s'est fait autant d'ennemis. Avec une belle inconscience, elle s'en étonne ! Elle retrouve avec plaisir l'atmosphère des meetings, bat les estrades avec Nicolas. Elle a parfois l'esprit ailleurs mais elle est physiquement très présente.

Subitement, à l'approche du premier tour, alors que les sondages donnent Sarkozy vainqueur, elle disparaît ou presque. Comme si la perspective, de plus en plus vraisemblable, de devenir Première dame la terrorisait. Comme si elle se sentait prise au piège. Aucune femme de président, dans aucun pays, n'a claqué la porte ! En aura-t-elle la force ? « Ce fut, écrira-t-elle, une période épouvantable. »

Le candidat Sarkozy ayant quitté le ministère de l'Intérieur, le couple a emménagé dans un appartement de location à Neuilly. Brusquement, Cécilia exige que son mari fasse ses valises et la laisse seule. Il est hébergé, discrètement, par son ami Dominique Desseigne, le patron du groupe Barrière, dans sa maison de la Villa Montmorency, un domaine privé du 16ᵉ arrondissement… où il habitera plus tard, chez Carla Bruni. Cécilia boude le meeting de l'entre-deux-tours à Bercy et le débat télévisé du 2 mai entre Sarkozy et Ségolène Royal. Aujourd'hui, elle dit regretter avoir été absente « alors qu'il s'agissait d'un des moments les plus importants de sa carrière ». Le soir de la victoire, le 6 mai, elle se terre chez elle. Ne veut voir personne. Elle n'est même pas allée voter, on le saura plus tard, joue l'Arlésienne au QG de campagne, rue d'Enghien, puis salle Gaveau où les cadres de l'UMP attendent le vainqueur. Une cinquantaine de *happy few* fêtent l'élection de Nicolas au Fouquet's, sur les Champs-Élysées, avec le nouveau président. Pendant la campagne de 2012, à la télévision, Sarkozy rejettera sur Cécilia la responsabilité de cette soirée qui lui a coûté si cher. À l'entendre, à écouter ses proches, c'est elle qui a tout organisé, elle qui a choisi le lieu, sélectionné les invités, des grands patrons, des vedettes du show-biz, la famille, quelques politiques, uniquement ceux qui trouvaient grâce à ses yeux. Dans son livre, elle assume le choix du Fouquet's, fait, dit-elle, « par Nicolas et moi ». Mais rien d'autre : « N'en déplaise à certains, je n'ai jamais établi de listes d'invités ni bloqué les entrées de quiconque [...]. Je restais chez moi, reculant sans cesse le moment de rejoindre la fête [...]. C'est son cabinet qui s'est occupé de ces listes comme du reste[15]... »

Nicolas l'attend. Elle n'est pas là. Tout l'après-midi et le soir, après l'annonce de sa victoire, il a guetté sur son portable un signe d'elle. Il n'a cessé de chercher à la joindre. Elle ne répond pas. On fait durer la réception du Fouquet's, on retarde la fête populaire place de la Concorde. Lorsque Nicolas s'y rend enfin, les filles de Cécilia sont à ses côtés dans la voiture présidentielle. Pas elle. Seule Jeanne-Marie réussira à la convaincre : « Maman, tu resteras en dehors après si tu veux, mais là, tes enfants sont là, ton mari est là, et tu as fait tant de sacrifices pour cette victoire, c'est un peu la tienne. Viens[16]. » Visage fermé, regard absent, elle finira par les rejoindre. A-t-elle eu peur, une peur panique du pouvoir, comme l'expliquera Nicolas ? Non ! Elle est revenue pour le porter à l'Élysée. Mission accomplie. Terminée. Sa peur, c'est de ne plus pouvoir partir.

Deux ans plus tôt, alors qu'elle ne cessait d'hésiter entre Paris et New York, entre Nicolas et Richard, elle avait déclaré à *Télé Star* : « *First lady*, ça me rase. Je ne suis pas politiquement correcte. Je me balade en jeans, en treillis ou en santiags. Je ne rentre pas dans le moule[17]. » Mais ce n'était encore qu'une lointaine perspective. Ce soir, alors que tout le monde exulte autour de Nicolas, elle se sent

15. Cécilia Attias, *Une envie de vérité*, *op. cit.*, p. 213.
16. *Elle*, 4 octobre 2013.
17. *Télé Star*, 7 mai 2005.

prisonnière. Elle a consacré vingt ans de sa vie à atteindre l'objectif que son mari s'était fixé : l'Élysée. Et maintenant, elle veut partir. Personne ne peut comprendre : « La totalité des femmes rêveraient d'être à ma place et moi je rêve de me tirer[18]. » Sarkozy, lui, continue d'espérer qu'elle va se reprendre. S'il avait prévu de se retirer quelques jours dans un monastère, comme il le confiera – « ça fait sérieux, un monastère ! » –, il y a déjà renoncé. Avant la passation de pouvoir, il avait décidé de s'enfermer avec ses principaux collaborateurs dans un hôtel de luxe, le Hameau des Baux, en Provence, dont toutes les chambres avaient été réservées. Travail et détente. Mais Cécilia viendra-t-elle ? Restera-t-elle ? Vincent Bolloré, au cours de la soirée du 6 mai, propose son yacht ancré à Malte. Est-ce elle qui accepte aussitôt, comme le laissera entendre Sarkozy cinq ans plus tard, lors de la campagne de 2012, rejetant ainsi sur Cécilia cet autre errement bling-bling ? C'est lui qui saute sur l'occasion, annule l'hôtel. Sur un bateau, Cécilia ne s'échappera pas. Une croisière de milliardaire au large de Malte, dans un cadre luxueux comme elle les aime, que rêver de mieux pour la reconquérir ! Au retour, elle paraît apaisée. Elle dit : « Je vais essayer. »

Elle essaye. Dans son esprit, il s'agit plus de reconstruire sa famille que son couple. Avant la prise de fonctions officielle de son mari, elle s'installe avec lui dans des bureaux provisoires, rue Saint-Dominique. Elle reçoit, pour constituer l'équipe qui entourera le président à l'Élysée. Elle maintient son veto pour ceux qui lui ont manqué pendant ses absences. Elle confie : « J'ai formé une équipe qui est top. Les gens seront simples et honnêtes comme nous. Des gens droits, bien, frais. Des gens à notre image. Des gens qui ne feront plus de pressions.

18. Anna Bitton, *Cécilia*, *op. cit.*, p. 101.

C'est fini tout ça[19]. » «J'ai formé»! Exagère-t-elle son influence? Non! Elle intervient même pour la nomination des ministres. Elle impose son amie Rachida Dati à la Justice. Choix ahurissant, ubuesque, qui sera perçu par toutes les professions judiciaires comme une preuve de mépris. Elle s'oppose à la nomination d'Hortefeux dans un grand ministère régalien, la Défense. Il devra se contenter de l'Immigration. Moins prestigieux et plus risqué! Nicolas acquiesce. Avant d'accéder à l'Élysée, il a affirmé à plusieurs reprises: «Si je suis élu, ma femme jouera un rôle.» C'est le meilleur moyen de la retenir, pense-t-il. Elle paraît transformée. La Cécilia du 6 mai était apparue tendue, tel un animal traqué, absente, même lorsqu'elle a fini par réapparaître. La Cécilia du 16 mai fait son entrée rayonnante dans la cour de l'Élysée. Elle justifiera ainsi cette métamorphose: «Il est des circonstances où chacun de nous s'inscrit dans une histoire plus vaste que sa propre vie. Et lorsqu'on a le privilège d'y être associé, les sentiments personnels doivent savoir, le temps de la parenthèse lumineuse, se tenir à distance[20].» Parenthèse, sentiments personnels, tenir à distance, les termes sont choisis pour justifier, *a posteriori*, le départ définitif quelques mois plus tard. Mais en attendant, elle va jouer pleinement son rôle.

Le jour de la cérémonie d'intronisation, c'est elle qui organise le déjeuner, triant parmi les invités en fonction de ce qu'elle appelle leur «utilité pour Nicolas». Lui paraissent «utiles» ceux qui lui ont été fidèles. Les autres sont tenus à l'écart. Même les compagnons de route, les vieux copains de Sarkozy. Il acquiesce encore. Elle choisit le photographe Philippe Warrin pour le portrait officiel du président. Parce qu'elle a aimé les photos qu'il avait faites

19. *Ibid.*, p. 62.
20. Cécilia Attias, *Une envie de vérité*, *op. cit.*, p. 214.

d'elle. Sarkozy approuve tout ce qu'elle fait ou ne fait pas. Tarde-t-elle à trouver ses marques à l'Élysée ? Il déclare, le 13 juin : « Cécilia réfléchit. Elle veut prendre le temps de se poser, de s'installer. Elle refuse de faire les choses dans l'urgence. Elle entend s'occuper en priorité de sa famille, qu'elle veut protéger. Elle attendra septembre pour se prononcer[21]. » Le 8 juillet, il précise, pour *Le Journal du dimanche* : « J'aime bien l'idée que ce statut se construise en fonction des personnalités de chacune, tranquillement, librement, sans pression ni cadre déterminé. »

À en croire Cécilia, les ors de l'Élysée, les lustres de cristal, les horloges grand siècle, les huissiers à chaînes, le décorum lui pèsent. Elle choisit de ne pas habiter le palais. Elle préfère l'appartement loué à Neuilly, donnant sur le bois de Boulogne. Sarkozy approuve toujours. Elle lui impose de plus en plus la compagnie de ses amies : Agnès Cromback, présidente de Tiffany France, et Mathilde Agostinelli, directrice de la communication du couturier Prada. Une manière d'éviter de trop fréquents tête-à-tête avec Nicolas. C'est avec elles que le couple présidentiel séjourne pour l'été dans la luxueuse maison du New Hampshire qu'elles ont louée. Avec elles qu'il passe des week-ends à Brégançon ou à la Lanterne, dans le parc de Versailles, le pavillon destiné jusqu'alors au Premier ministre et que Sarkozy s'est réservé. Avant même la passation de pouvoir, alors que François Fillon n'était pas encore nommé et que Dominique de Villepin faisait ses cartons, Sarkozy avait décidé de l'annexer. Encore une attention pour Cécilia qui avait beaucoup aimé les lieux lorsque Balladur, Premier ministre, les y invitait.

Cécilia finit par s'installer dans l'ancien bureau de Bernadette. Celui des Premières dames depuis

21. Denis Demonpion et Laurent Léger, *Cécilia, la face cachée de l'ex-Première dame*, Pygmalion, 2008, p. 262.

Anne-Aymone Giscard d'Estaing. Elle s'attache les services d'un chef de cabinet, le sous-préfet Serge Jacob, d'un diplomate et d'une assistante, Vanessa, qui l'a suivie depuis le ministère de l'Intérieur et dirige un service de trois collaborateurs. Va-t-elle se couler dans le moule ? Comme celles qui l'ont précédée, elle s'attelle à la fonction classique d'une femme de président : écouter, assister, être le recours de ceux qui, désemparés, s'adressent à elle. Elle dit avoir ressenti « comme un devoir impérieux » de répondre à chaque demande, évoque un « énorme travail », se décerne un satisfecit : « À voir la quantité de demandes reçues, je suppose que mes interlocuteurs ont rapidement compris l'attention que je leur portais[22]. » Mais ce rôle qui démontre, selon elle, que « la fonction de Première dame existe de manière bien réelle » ne lui suffit pas. Recevoir, consulter, conseiller, tirer les ficelles dans l'ombre ? Pas davantage. Elle en a trop vite fait le tour. Elle veut « bosser », dit-elle. Elle est à l'Élysée, là où tout se décide. Elle est l'épouse d'un président omnipotent et, elle qui rêve depuis des années de faire de la politique, comme Ségolène Royal qu'elle admire, estime n'avoir aucun réel pouvoir. Sarkozy pourtant lui passe tout. Lorsqu'elle lui lance, devant ses collaborateurs : « Tu te rends compte de la connerie que tu viens de dire ! », il ne bronche pas. Il cède à tous ses caprices. Mais Cécilia estime qu'il ne lui laisse pas assez d'espace. Lui seul est au pouvoir. Elle n'est que spectatrice. Lorsqu'elle apprend que Claude Guéant, le secrétaire général de l'Élysée, va se rendre à Tripoli pour négocier la libération des infirmières bulgares, elle demande à partir avec lui. Nicolas, qui sait à quel point elle se morfond à l'Élysée, donne son feu vert. Le 12 juillet, elle s'envole en grand secret pour la Libye à bord de l'avion présidentiel. Au cours d'un

22. Cécilia Attias, *Une envie de vérité*, *op. cit.*, p. 216-217.

bref entretien avec Kadhafi, elle obtient l'autorisation de rencontrer les infirmières, puis elle a un second tête-à-tête avec le chef de l'État libyen. Dix jours plus tard, la Première dame repart pour Tripoli, toujours avec Guéant, et réussit à rapatrier les infirmières en Bulgarie. À Sofia, elle est acclamée. À Paris, Sarkozy tient une conférence de presse pour la féliciter publiquement : « Cécilia a fait un travail remarquable. » Elle est fière. Fière d'avoir sauvé des vies. Fière d'avoir réussi une mission qui paraissait impossible. Fière d'avoir joué un rôle, enfin.

Mais, très vite, on s'interroge. Paris a-t-il signé un contrat de vente d'armes, comme l'affirme l'un des fils de Kadhafi ? A-t-on versé une rançon, contrairement à ce que soutient Sarkozy ? Les socialistes dénoncent l'« opacité » de l'opération et obtiennent la création d'une commission d'enquête. Cécilia viendra-t-elle témoigner ? Sarkozy s'y oppose. Elle n'a pas de comptes à rendre. Il craint qu'elle ne tienne pas le choc sous le feu des questions, qu'elle craque. Il veut la protéger. A-t-elle été meurtrie, comme on l'a dit, ou au contraire soulagée ? En tout cas, elle veut raconter son histoire. Être responsable de son action jusqu'au bout. Le 4 septembre, elle donne une interview à *L'Est républicain* : « J'ai négocié sans relâche, pendant cinquante heures, avec tous les dirigeants libyens concernés par le dossier [...]. À mon niveau, il ne s'est agi que de contreparties d'ordre médical [...]. Je suis arrivée sur place en tant que femme, en tant que mère, sans forcément m'attarder sur la complexité des relations internationales. » L'interview a été relue. Chaque mot a été pesé. S'il y a eu rançon ou contrat d'armement, ce n'était pas « à son niveau ». S'il y a eu des négociations avant son voyage, elle ne veut pas le savoir.

Beaucoup plus intéressant est le récit exalté qu'elle fait de son aventure à Anna Bitton. « C'est un roman, mon truc ! [...]. Je suis arrivée, je les ai prises [les infirmières], je suis partie, j'ai fait le plus grand casse du siècle : Kadhafi n'avait aucune intention de libérer ces filles [...]. C'est moi qui ai mené les négociations avec Kadhafi, j'ai senti que j'avais un pouvoir sur lui [...]. Il fallait piger qui était Kadhafi. Il n'y a qu'une femme pour cela ! » À l'écouter, on mesure à quel point l'épisode libyen l'a transcendée : « C'est la chose la plus dure que j'ai faite dans ma vie. J'avais une trouille ! C'est un autre monde quand même ! [...] J'ai vu le moment où on se faisait descendre[23]. » Que l'on raille ses exploits de James Bond de Neuilly, que l'on prétende que tout avait été réglé avant son intervention, alors qu'elle juge, elle, son action déterminante, elle s'en moque : « Je me dis que je ne suis pas passée sur terre pour rien. J'ai sauvé, seule, six vies humaines. Il n'y a pas beaucoup de gens qui peuvent en dire autant. » Six ans après, elle consacrera un chapitre de son livre *Une envie de vérité*, vingt-six pages, à ce qu'elle considère comme « l'événement le plus fort » de sa vie, à « ces heures dramatiques » où elle a côtoyé « des réalités terrifiantes et négocié avec un grand malade[24] ».

Depuis l'adolescence, elle se considère comme un personnage romanesque. Cette fois, le roman a pris une dimension épique. Elle en a été l'héroïne. Elle n'oubliera jamais ce qui s'est passé dans l'avion : « Tout le monde m'a applaudie, les infirmières, l'équipage, tout le monde. » Encore moins l'appel de Richard, dont elle n'avait plus de nouvelles : « Ce que tu viens de faire est formidable. Ta place est définitivement là où tu es. »

Le retour sur terre est difficile. Et si Richard avait raison ? Si son devoir était de rester ? Au cours des semaines qui suivent, elle est plus déchirée que jamais : « Si j'étais parvenue à un résultat que les autres n'avaient

23. Anna Bitton, *Cécilia*, *op. cit.*, p. 143-148.
24. Cécilia Attias, *Une envie de vérité*, *op. cit.*, p. 250.

pas réussi à obtenir, c'est que je possédais un vrai pouvoir de conviction et pouvais faire bouger les lignes, ce que ma place me permettait. J'avais eu écho de projets sur la scène internationale où, à la suite de l'épisode libyen, certains sollicitaient mon intervention[25]. » Mais doit-elle renoncer à Richard, peut-elle continuer avec Nicolas ? Dans son livre, elle explique : « Au fil des années, parce que j'étais toujours là, Nicolas m'avait en quelque sorte oubliée [...]. Il me voulait à ses côtés alors que, d'une certaine manière, lui n'était plus aux miens. » Ses déclarations d'amour publiques ne l'horripilent que davantage. Elle confiera à une amie proche que c'est le 14 juillet, après qu'il a lancé publiquement : « Elle est pas belle ma femme ! » qu'elle a décidé de partir. Mais elle garde encore son secret pour elle.

Vu de l'extérieur, son comportement devient de plus en plus incompréhensible. Le 13 août, elle refuse d'accompagner son mari dans la maison de famille des Bush, à Kennebunkport. Sarkozy fait tout pour la convaincre. Elle ne peut pas lui faire ça ! Il est le président français. Ils sont attendus par le président américain. Elle ne veut rien savoir. Quand elle lui lance : « Ce qui m'intéresse, ce sont les Clinton, pas les Bush », il comprend qu'il ne sert à rien d'insister. Il arrivera avec trois quarts d'heure de retard. Seul, expliquant qu'elle souffre d'une angine. Le lendemain elle est photographiée, apparemment en pleine forme, faisant du shopping avec ses copines. Le 6 juin, au G8 d'Heiligendamm, en Allemagne, elle était déjà partie sans assister au « déjeuner des conjoints » offert par le mari d'Angela Merkel.

Le 4 octobre, elle refuse de se rendre à Sofia où les autorités bulgares ont organisé une cérémonie en son

---

25. *Ibid.*, p. 251.

honneur pour la remercier de son rôle éminent dans la libération des infirmières. C'est Nicolas Sarkozy qui reçoit les cadeaux qui lui étaient destinés. Il tente de justifier son absence: «Elle a été blessée par les polémiques qui ont suivi, en France. Elle a choisi d'être la plus discrète possible. C'est un choix éminemment respectable.» Cette fois, il a compris que tout est fini. Lui qui se croit capable de retourner n'importe quelle situation, même la plus compromise, baisse les bras.

Le 18 octobre 2007, l'Élysée transmet un communiqué à l'AFP: «Nicolas et Cécilia Sarkozy se séparent.» Quelques minutes plus tard, un deuxième communiqué précise: «Cécilia et Nicolas Sarkozy annoncent leur séparation par consentement mutuel. Ils ne feront aucun commentaire.» Deux heures après, l'Élysée corrige: «Par séparation, il faut entendre divorce.» Ce mot, que Nicolas ne voulait pas entendre, Cécilia a imposé qu'il soit rendu public. En fait, le divorce a été prononcé trois jours plus tôt.

La phrase «ils ne feront aucun commentaire» du communiqué a été imposée par Nicolas Sarkozy. Elle n'engage que lui. Ce divorce, elle va le mettre en scène, dire sa vérité. Dès le 11 octobre, une semaine avant son annonce, elle s'est livrée à une séance photos avec son ami Philippe Warrin. Le 18, le jour même où la rupture devient officielle, son visage est présent en bonne place dans les kiosques. Il s'étale en couverture de *Paris Match* sous le titre CÉCILIA SARKOZY AU GRAND JOUR. En pages intérieures, les photos prises par Warrin, dans le décor dépouillé de l'hôtel Pershing Hall, à l'angle de la rue Pierre-Charron et de la rue François-Ier, et un long texte, «Cécilia, une femme sereine». Il décline sur le thème «déconcertante Cécilia» le thème de la Première dame qui n'est jamais là où on l'attend, du Fouquet's où on l'a attendue à la Libye où on ne l'attendait pas. Le 19 octobre, *L'Est républicain* publie une interview réalisée quelques jours plus tôt et dont elle est convenue avec la direction du quotidien qu'elle serait publiée le lendemain de l'annonce du divorce. Elle y affirme : « Je me dois d'expliquer la raison de mon choix aux Français qui se posent des questions. » Si elle est partie, c'est qu'elle est « quelqu'un qui aime l'ombre, la sérénité, la tranquillité ». Elle ajoute : « Je n'aime pas vivre dans les décombres. La page se tourne, c'est très difficile et c'est normal, vu le contexte et les enjeux. Mais je ne regrette jamais mes décisions. » Trois jours plus tard paraît le long entretien qu'elle a accordé à Valérie Toranian, directrice de la rédaction de *Elle* : « Je ne pouvais plus vivre dans les faux-semblants [...]. J'ai un respect immense pour Nicolas [...]. Je lui ai consacré vingt ans de ma vie, vingt ans qui n'ont pas toujours été faciles, loin de là. Vingt ans où je me suis dévouée dans l'ombre pour lui [...]. Je me suis entièrement donnée à mes enfants et à mon mari et je ne le regrette pas. Mais durant toutes ces années, je me suis mise entre parenthèses. Nous étions un couple ordinaire dans une fonction extraordinaire, soumis à une pression extraordinaire et nous n'y avons pas résisté [...]. Je veux être dans l'honnêteté vis-à-vis des autres. Divorcer est un acte d'honnêteté [...]. Je suis une femme qui n'était pas faite pour la lumière. Mon destin m'y a poussée, m'y a entraînée, je rétablis ma vérité. » Avant le divorce, elle avait confié à Anna Bitton : « Je me sens différente des autres. Le fric, le pouvoir, je m'en fous [...]. Je suis quelqu'un de secret, de discret. Je ne suis pas une icône de mode, il y a trop de paillettes là-dedans[26]. » Comme elle a dû être malheureuse ! Les paillettes, le fric, le pouvoir, c'est sa vie. Elle quitte certes un des hommes les plus puissants de la planète et un palais où l'on est mieux servi

26. Anna Bitton, *Cécilia*, *op. cit.*, p. 151.

que dans le meilleur palace du monde, dira Carla qui les a fréquentés. Mais c'est pour rejoindre Attias qui est riche et qui dispose d'un réseau relationnel exceptionnel dans le monde entier !

Les biographes de Cécilia, Denis Demonpion et Laurent Léger, montrent à quel point elle a toujours été attirée par ce qui brille. Son premier amour, étudiant en droit à Assas, comme elle, n'est autre que le fils du propriétaire – de l'époque – du Fouquet's. Elle a 18 ans, elle ne résiste pas à ce flambeur qui roule en Porsche. Lorsque la romance se termine, elle choisit le mannequinat : mannequin boutique chez Schiaparelli, puis pour son père André Ciganer, un fourreur de luxe. Elle fait quelques photos de mode pour des magazines, un défilé à Acapulco, un autre à Munich. Elle fréquente les rallyes, les soirées au Polo de Paris, les night-clubs : celui de Régine, la reine de la nuit parisienne notamment. C'est dans ce milieu branché qu'elle rencontre le deuxième homme de sa vie. Elle a 20 ans. Il en a treize de plus. C'est un avocat play-boy, mondain et distingué. Passionné de vitesse lui aussi, ce joueur de polo lui fait découvrir un monde qui l'éblouit, celui des soirées de gala, des cercles privés, des clubs réservés à une élite fortunée. La rupture sera douloureuse pour elle.

Puis elle s'éprend d'un photographe de mode qui a le double de son âge. Il roule en Bentley, possède un hôtel particulier dans le 17ᵉ arrondissement de Paris. Il l'introduit dans le milieu de la mode, de la chanson, du cinéma, l'emmène partout, à Venise, en Tunisie, à la Barbade, à Panama. La grande vie, le grand amour. Ils se fiancent, décident de se marier. Tout est prêt, les bans sont publiés, six cents cartons d'invitation envoyés, mais au dernier moment, la cérémonie qui devait avoir lieu en septembre 1980 est annulée. Ses parents, écrira-t-elle, lui ont « fait découvrir [son] erreur, moins sur l'autre que sur elle-même[27] ».

Trois ans plus tard, Cécilia fait la connaissance de Jacques Martin, la vedette de la télévision. Elle a 26 ans, il en a 50. Il pourrait être son père. Il vient de se séparer de la comédienne Danièle Évenou et vit seul dans un bel appartement de 300 mètres carrés, avenue de Madrid, en face de la mairie, à Neuilly. Elle est subjuguée par son intelligence, sa culture, son esprit. À ses copines, elle dit : « Je vais épouser l'homme le plus célèbre de France ! » Mariage civil. C'est le jeune maire, Nicolas Sarkozy, qui officie. Il dira plus tard avoir pensé, la voyant pour la première fois : « Pourquoi je marie cette femme à un autre ? Je l'aime, elle est pour moi. » On connaît la suite. Le divorce de Cécilia après le vaudeville de Megève. Celui de Nicolas plus de dix ans après. Le mariage enfin. Pour la première fois, Cécilia choisit un homme de son âge qui n'a pas de fortune et ne fait pas encore partie de la jet-set. Par amour.

Vingt ans après, l'amour est mort. Lorsque Cécilia affirme dans l'interview donnée à *Elle* juste après le divorce, qu'elle est « morte de trouille », qu'elle « saute dans le vide », lorsqu'elle précise : « Aujourd'hui je ne pars pour rien ni pour personne », elle est sincère. Elle se retrouve seule pour la première fois de sa vie. Elle a toujours dépendu d'un homme – son père, ses amants, ses maris – qui la protégeait. Elle n'a jamais été financièrement autonome. Elle veut travailler. Mais que faire !

Il est vrai qu'elle ne court pas rejoindre l'homme qu'elle aime. Lorsqu'elle est repartie pour Paris, en 2006, Attias s'est senti humilié. Et lorsqu'elle est devenue Première dame, il a cru l'avoir perdue pour toujours. Séducteur-né, il s'est vite consolé dans les bras de l'actrice Mathilda May.

---

27. Cécilia Attias, *Une envie de vérité*, *op. cit.*, p. 79.

Cécilia ne lui en veut pas. Elle a conscience de s'être mal comportée avec lui, d'avoir été « moche », comme elle dit. Mais elle est convaincue qu'elle va le reconquérir. Elle qui, à 20 ans, faisait tourner les tables, elle qui a partagé la passion de Jacques Martin pour l'astrologie et l'ésotérisme, croit qu'une espèce de force invisible et irrésistible la pousse vers lui. Elle se persuade, sans être sûre de rien : « C'est l'homme de ma vie, je suis la femme de sa vie[28]. »

Rapidement, en effet, le lien avec Attias est renoué. En janvier, on les voit, main dans la main, à Paris. Le 23 mars, radieuse, l'éphémère Première dame tire un trait définitif sur son passé. Elle se marie au 65e étage du Rockefeller Center, dans le ciel de New York. Loin de Paris, d'un passé récent qu'elle veut oublier. Et pourtant, il lui colle à la peau. Attias, qui avait déjà dû quitter Publicis, perd le Forum de Davos qu'il produisait depuis quinze ans. Les portes parisiennes se ferment une à une. Sarkozy a-t-il fait pression sur les clients de ce rival qu'il exècre ou ces derniers ont-ils pris les devants pour ne pas lui déplaire ? Toujours est-il que Cécilia doit s'expatrier à Dubaï où Richard prend en charge l'image du pays. Puis, la crise touchant à son tour les Émirats, ils reviennent à New York. Attias repart de zéro, devient conseiller de chefs d'État, crée des événements internationaux, sur le modèle de Davos, réunissant, chaque année, décisionnaires économiques et politiques, le New York Forum, le New York Forum Africa au Gabon, le Doha Goals au Qatar. Cécilia travaille à son côté, lance la fondation Cécilia Attias pour les femmes, qui sert de relais à d'autres en collectant des fonds pour les ONG et les associations et en leur apportant, sur le terrain, une aide logistique. Bien sûr, elle bénéficie de l'expérience et des relations de Richard. Mais elle n'a pas le sentiment d'être à son

28. Anna Bitton, *Cécilia*, *op. cit.*, p. 167.

service. Il la laisse exister, la respecte. Elle dit se sentir utile, trouver son équilibre, s'épanouir. Être heureuse.

Alors, pourquoi publier un livre racontant sa vie, six ans après avoir quitté Sarkozy et la France ? Est-ce pour régler des comptes comme le laisse entendre le titre de son ouvrage, *Une envie de vérité* ? C'est plutôt l'inverse ! Elle corrige les propos fracassants tenus devant Anna Bitton avant le divorce et rendus publics après, en janvier 2008, à la sortie du livre de la journaliste. Que disait-elle alors de Sarkozy ? « Je ne l'aime plus, quand je le regarde aujourd'hui, je me demande comment j'ai pu [...]. De quel amour l'ai-je aimé ? Je ne savais pas ce qu'aimer veut dire[29]. » La passion, la vraie, elle l'a découverte dans les bras d'Attias ! D'un trait, elle rayait vingt ans de vie commune avec Nicolas qu'elle accablait : « Nicolas est pingre », « Nicolas est un sauteur », « Nicolas est un homme qui n'aime personne, même pas ses enfants », « Nicolas n'a pas d'amis », « Nicolas ne fait pas président de la République ». Lorsqu'elle a découvert le livre, Cécilia a tenté d'en faire interdire la publication. Elle s'est estimée trahie. Mais elle n'a pas nié avoir tenu les propos qui lui étaient prêtés. Comment l'aurait-elle pu ? La journaliste les avait enregistrés !

Est-ce une prudence imposée désormais par les clauses du divorce ? Est-ce une volonté d'apaisement dans l'intérêt de son fils Louis ? Les défauts de Sarkozy qu'elle recense aujourd'hui dans son propre livre, « élans maladroits », « inquiétante impulsivité », « agitation », « terribles colères » paraissent bien anodins comparés à ceux dénoncés hier. Reste l'éloge de Richard Attias paré de « dons exceptionnels » et de toutes ces qualités qui manquent à Nicolas. Elle décrit un homme calme, maître de lui, attentif aux

29. *Ibid.*, p. 73.

autres, jamais impulsif, jamais aveuglé par le goût immodéré du risque…

Cécilia a-t-elle voulu faire parler d'elle, à nouveau, se rappeler au souvenir de ses compatriotes, se retrouver dans cette lumière qu'elle dit détester ? Les médias qu'elle accuse de l'avoir maltraitée se prêtent volontiers à la promotion de son livre. Elle enchaîne les interviews à la radio et à la télévision, fait la *cover* de *Elle*, visiblement ravie de son *come-back*.

A-t-elle posé les jalons d'un retour là où on ne l'attend pas ? « Je crois à un destin, et rien ne saurait paralyser mon action, ni m'empêcher de sauter les obstacles », écrit-elle. Elle précise même : « J'ai si longtemps appris la politique auprès d'un homme [Nicolas], je la sens presque d'instinct […]. Faut-il sauter le pas ? […] Cette hypothèse qui me semblait irréelle fait son chemin. » Elle n'en dit pas plus. Envisage-t-elle un « destin » national ou international, elle qui, désormais, court la planète au service des femmes en difficulté ? Elle avait projeté d'écrire sur un autre sujet qu'elle-même, de livrer sa vision sur la marche du monde ! Déjà, elle n'hésite plus à faire la leçon à son ex-mari qui, pendant la campagne de 2012, est allé « chercher les électeurs aux extrêmes », alors que les élections se gagnent au centre. Et à livrer son diagnostic sur l'état de son pays : « On a l'impression que la France a éteint la lumière. »

Cécilia se définit ainsi dès la première ligne de son livre : « Je suis une femme simple qui a eu une vie compliquée. » N'est-elle pas, au contraire, une femme complexe, ambivalente, contradictoire, fragile et forte, timide et autoritaire, tenaillée sans cesse par le doute et l'insatisfaction, déchirée entre son amour, bien réel, de la solitude et de la famille, et son attirance, quoi qu'elle en dise, pour ce qui brille, pour un monde fasciné par l'argent ?

Quel que soit son avenir, Cécilia, la première qui a dit non et imposé le divorce à un chef de l'État, aura marqué l'histoire de la République. Elle n'aura été Première dame qu'un peu plus de cinq mois. Cent cinquante-neuf jours ! La trajectoire la plus fulgurante, la plus transgressive. La plus romanesque aussi. Elle avait déjà innové en étant, à l'Élysée, la première femme divorcée, en bousculant le protocole lors de la passation de pouvoir, en snobant les cérémonies officielles, en acquérant auprès de son mari une autorité et un pouvoir sans précédent chez ses devancières. Elle frappe encore plus fort en claquant la porte de l'Élysée. En renonçant volontairement à être « femme de », fût-ce du président de la République. En mettant l'amour au-dessus de son statut, de ses privilèges, de son influence. Au-dessus de tout.

Carla Bruni-Sarkozy

> « C'est une aventure extraordinaire, ma vie a pris une autre dimension » (30 mars 2012).
>
> « Je n'en peux plus de cette vie » (15 mai 2012).

Carla Bruni est arrivée dix mois après la bataille. Elle devient Première dame le samedi 2 février 2008, jour de son mariage avec Nicolas Sarkozy. Elle est la première qui épouse un président en exercice. La première qui n'a participé, ni de près ni de loin, à sa longue marche vers l'Élysée. La première qui n'a connu ni la liesse de la victoire, ni l'émotion de la passation de pouvoir, ni les premiers pas au palais. Et pour cause ! Lorsque Nicolas est devenu président, Mme Sarkozy se prénommait Cécilia. Elle sera la première aussi à donner un enfant à un président de la Ve République pendant son mandat.

Carla, héritière d'une famille italienne richissime, mais culturellement de gauche, qui déteste Berlusconi, l'ami de Sarkozy, n'avait jamais rencontré le président français. Elle fréquentait des artistes, des fêtards qui ont le cœur à gauche, des « droits-de-l'hommistes » qui défendent les immigrés, les sans-papiers. Bref, ces belles âmes que

Sarkozy déteste et qui le lui rendent bien. Entre les deux tours de la présidentielle, Carla a déclaré au *Sunday Herald* que, si elle avait été française, si elle votait en France, ce serait pour Ségolène Royal, bien « qu'elle ne l'aime guère ». À cause de sa voix. Un jugement d'artiste. Avec ses amis, elle est quand même allée à Charléty où la candidate socialiste tenait son dernier meeting. Tout sauf Sarkozy, le réac ! Après l'élection, elle a participé à la soirée de Touche pas à mon ADN, au Zénith de Paris, a signé la pétition contre ces tests que Sarkozy voulait imposer aux candidats à l'immigration. « Mon indignation a été immédiate », disait-elle alors. Et elle ajoutait : « Que me serait-il arrivé si on avait imposé à mes parents des tests ADN ? »

Par quel miracle l'ex-star des podiums, devenue chanteuse à succès, se retrouve-t-elle quelques mois plus tard à l'Élysée ? C'est un roman d'aujourd'hui, une belle histoire, comme dit la chanson. La star et le président. Kennedy épousant Marilyn. Un conte de fées pour presse people, un *soap opera* pour midinettes. La rencontre a lieu le 14 novembre 2007, au cours d'un dîner chez le publicitaire Jacques Séguéla, l'ex-communicant de François Mitterrand, rallié à Sarkozy. Séguéla se défend d'avoir joué les marieuses : « J'ai une agence de publicité, pas une agence matrimoniale. » N'empêche ! Carla et Nicolas savaient qu'ils allaient se rencontrer chez lui. Ils s'y sont préparés. Elle a chaussé des ballerines pour ne pas accuser plus encore la différence de taille. Il a appris ses fiches sur la chanteuse, écouté ses disques.

Apparemment tout les sépare. Elle possède ce qui lui manque : la beauté, la prestance, l'élégance, la distinction, la culture, la richesse. Mais ce dîner va montrer ce qu'ils ont en commun : un culot monstre, le goût de la provocation, de la transgression.

Le récit que Jacques Séguéla fait de leur rencontre[1] est ahurissant, si l'on veut bien se souvenir que l'un des deux protagonistes est président de la République, le lointain successeur de Charles de Gaulle et de François Mitterrand. Séguéla en a-t-il conscience, lui qui sublime la rencontre de « deux personnages shakespeariens », « deux fauves, chacun, tour à tour, marquant son territoire en titillant l'autre », deux stars « emportées par une attraction les dépassant, comme guidées par un aimant géant » ? L'impudeur puérile des propos échangés semble échapper à un hôte « sous le charme », heureux d'avoir été l'instigateur de « ce moment d'exception », où « l'amour était dans l'air, palpable, envahissant l'espace ». Les dialogues qu'il rapporte ne sont pas à la hauteur du moment de grâce qu'il décrit. Qu'on en juge ! Le téléphone du président sonne. Carla : « L'amour ? » Lui : « Non, le boulot. » On croirait du Audiard ! Il se plaint des paparazzis qui l'espionnent à Brégançon, explique qu'il se réfugie sur le toit du fort d'où il peut tout voir sans être vu. Elle, dont la maison du cap Nègre est en face : « Mais alors, vous m'espionnez ? » Lui : « Vous me prenez pour Chirac ! » Elle : « Non, je fais la différence. »

L'entrée desservie, Sarkozy s'excuse auprès de Sophie Séguéla : « Pardonne-moi un instant. J'ai deux mots à dire à ma voisine. » L'instant durera toute la soirée. « Comme attiré par un aimant, il orienta sa chaise vers Carla [...]. Ils étaient seuls au monde », se souvient Séguéla. Sa femme ne verra plus que le dos du président. Les autres convives, le philosophe et ancien ministre Luc Ferry, un ex de Carla, et sa femme, l'animatrice de télévision Péri Cochin et son mari, sont réduits au rôle de spectateurs d'une scène surréaliste. Les deux « personnages shakespeariens » se tutoient déjà.

---

1. Jacques Séguéla, *Autobiographie non autorisée*, Plon, 2009, p. 262-271.

Lui : « Tu sais, Carla, je suis pas un cadeau. » Et d'expliquer que celles qu'il fréquente sont harcelées par les paparazzis, encore eux !

Elle : « En matière de peopolisation, tu es un amateur. Ma rencontre avec Mick [Jagger] a duré huit ans de clandestinité. Nous avons traversé toutes les capitales du monde et jamais un photographe ne nous a surpris. »

Lui : « Mais comment as-tu pu rester huit ans avec un homme qui a des mollets aussi ridicules ? »

Il reçoit un nouvel appel. Le boulot, toujours ! Elle en profite pour regarder ses textos.

Lui : « Qui est-ce ? »

Elle lui lit : « Comment se passe la soirée ? Intéressant ? R. » R, c'est Raphaël Enthoven, son ex.

Lui : « Un peu plat pour un philosophe, j'aurais trouvé mieux. Et j'aurais signé : PR. »

Plus tard dans la soirée. Elle : « J'ai le sentiment d'être ta *blind date*, ce soir, mais ne t'y fie pas, ta réputation te sert d'épouvantail. »

Lui : « Ma réputation vaut la tienne [...]. J'ai tout compris de toi. Dans tes chansons, tu joues les dures parce que tu es tendre, tu fais l'amour parce qu'on ne te la fait pas. Tu joues les jolis cœurs parce que tu as l'âme belle. Je sais tout de toi parce que je suis tellement toi [...]. Le 1er juin, tu vas chanter au Casino de Paris. Ce soir-là, je serai au premier rang et nous annoncerons nos fiançailles. Tu verras, nous ferons mieux que Marilyn et Kennedy. »

Elle : « Des fiançailles ? Jamais ! Je ne vivrai désormais avec un homme que s'il me fait un enfant. »

Lui : « Question enfants, j'en ai déjà élevé cinq. Pourquoi pas six ? »

Plus tard encore. Le président – car c'est bien un président qui parle ! – susurre à l'oreille de la chanteuse : « Carla, es-tu cap à cet instant de m'embrasser sur la bouche ? » Il attendra. Quelques heures.

Ce récit, écrit par un anti sarkoziste, n'aurait pas été crédible. Trop caricatural, ce comportement d'adolescents, fonceurs, impudiques, qu'aucune barrière ne retient.

Séguéla, extasié, y voit au contraire «le pouvoir de la fascination exercée par Sarkozy»: «Aucun homme avant Nicolas n'avait osé demander Carla en mariage. Peur de l'affront, peur du refus, peur de ne pas être à la hauteur, peur de n'être que le mari de la star. Lui va l'épouser en un dîner.»

Enfin, presque. Quarante-huit heures plus tard, le président se rend au domicile de Marisa, la mère de Carla, et lui demande la main de sa fille. «Il était là, dans le fauteuil où vous êtes assise. C'est bien la première fois qu'un homme sollicitait une autorisation pour Carla[2] !» s'amuse la belle-mère, devant la journaliste Sophie des Déserts.

Le mariage a lieu le 2 février 2008 à l'Élysée, à peine quatre mois après leur rencontre, dans une salle du premier étage donnant sur le parc. Pour éviter les paparazzis, une dispense de publication des bans a été accordée et les rideaux ont été tirés. Une vingtaine d'invités sont présents, essentiellement les deux familles: la mère, le père, les deux frères et les trois fils du président; la mère, le père, le fils et la sœur de la mariée, l'actrice Valeria Bruni Tedeschi. Les quatre témoins sont Nicolas Bazire, ex-directeur de la campagne d'Édouard Balladur, et Mathilde Agostinelli, ex-amie de Cécilia, pour lui; Bertrand de Labbey, son agent, et l'acteur Vincent Perez, l'un de ses ex, pour elle. C'est François Lebel, le maire UMP du 8e arrondissement, qui officie. Carla, vêtue d'une robe Hermès blanche, se marie pour la première fois, Nicolas pour la troisième. En quelques minutes, la belle Italienne devient la septième Première dame de France.

2. *Le Nouvel Observateur*, 2 avril 2010.

Nicolas Sarkozy qui, depuis l'adolescence, est obsédé par l'argent, épouse une femme en or. Carla possède la luxueuse maison du cap Nègre, à la pointe de la presqu'île du Lavandou. Elle a gagné beaucoup d'argent sur les podiums et avec la vente de ses disques, sans compter sa part des 18,5 millions d'euros, prix de vente d'une partie du mobilier du château de Castagneto Po, près de Turin, où elle a vécu enfant. Un contrat de mariage est signé, qui garantit les biens de l'épouse… au cas où.

Ce mariage hors norme peut-il durer? Tout est allé si vite. Lorsqu'on s'en étonne devant Carla, elle répond qu'entre elle et le président, ce ne fut pas rapide, mais «immédiat». Elle l'admet: «On ne se serait pas marié si j'avais réfléchi!» Quelques années plus tôt, la belle avait expliqué: «Je crois qu'il y a deux discours dans la séduction. D'une part, le charme de la parole reliée à la pensée, l'intelligence, la culture. D'autre part, un discours en dessous lié aux phéromones. C'est celui qui m'intéresse.» Pour elle, qui disait aussi: «Je préfère faire l'amour qu'être amoureuse», le coup de foudre relève d'abord du «désir brûlant» dont elle affirmait qu'il ne durait pas plus «de deux à trois semaines». Ne se lassera-t-elle pas de cette nouvelle aventure, ne fera-t-elle pas vite le tour de ce nouveau rôle, elle qui n'est jamais restée longtemps avec un seul et même partenaire?

Pour lui, «l'homme humilié, cocufié, bafoué[3]» devant la France entière, *dixit* l'écrivain Denis Tillinac, épouser Carla, n'est-ce pas la plus spectaculaire des revanches sur son ex-femme et sur tous ceux qui l'ont moqué? Carla a dix ans de moins que lui et il l'a conquise. «Une belle prise!» comme dit élégamment un des proches du président. La preuve est faite qu'il peut encore séduire.

---

3. Besma Lahouri, *Carla, une vie secrète*, Flammarion, 2010, p. 58.

Mais ne se lassera-t-il pas de cette fille qui vient d'un monde si différent, qui ne pense pas, ne vit pas comme lui?

Bref, on spécule déjà sur une séparation rapide. D'autant que le comportement du président fait naître une interrogation : ne cherche-t-il pas, avec Carla, à perpétuer l'image de Cécilia ? N'adresse-t-il pas des messages subliminaux à son ex-épouse qui veulent tous dire « reviens » ? La ressemblance entre les deux femmes est frappante. Grandes, minces, prestance et taille de mannequin, brunes aux yeux clairs, visage ovale, pommettes saillantes. Même élégance lorsqu'elles sont habillées par les grands couturiers. Même look décontracté : jeans, débardeurs, santiags, Ray Ban lorsqu'elles ne sont pas en représentation. Toutes deux ont assidûment fréquenté, jeunes, les boîtes de nuit. Toutes deux aspiraient alors à la notoriété. Toutes deux sont devenues des princesses pour magazines people. « Carla, c'est Cécilia en plus jeune[4] », traduit le couturier Jean-Paul Gaultier. Un jugement que ni l'une ni l'autre n'ont dû apprécier.

Curieusement, après la rencontre chez Séguéla, Nicolas revisite avec Carla les chemins empruntés avec Cécilia. Pour leur première sortie publique, le 15 décembre, il choisit Disneyland, lieu magique pour enfants et midinettes, où il venait avec son ex-femme et son jeune fils Louis. Un peu *cheap* pour Carla ! Mais l'essentiel est ailleurs. Nul n'ignorera désormais l'idylle naissante. Vincent Bolloré avait prêté son yacht pour la croisière avec Cécilia au lendemain de l'élection, il prête son avion pour un séjour avec Carla à Louxor et Charm el-Cheikh, en Égypte. Et le couple se rend à Pétra où Cécilia avait été vue, pour la première fois, avec Richard Attias. Même manière désarmante d'impudeur d'attirer l'attention sur ses compagnes. Le 14 juillet 2007, il avait pris les invités de la *garden-party* à témoin : « Elle est pas belle, ma

4. *Ibid.*, p. 65.

femme ? » Six mois plus tard, devant plusieurs centaines de journalistes réunis à l'Élysée pour une conférence de presse, il fanfaronne : « Avec Carla, c'est du sérieux ! » Comme un gosse qui rêve éveillé. Même la bague offerte à Carla est l'exacte réplique de celle offerte à Cécilia ! Et pourtant, ce couple improbable va durer. Parce que chacun est arrivé à un tournant de sa vie.

Nicolas, sonné par le départ de Cécilia, n'est plus que l'ombre de lui-même. Il déprime. Il ne sait pas vivre sans une femme à son côté. Il dit : « J'en crève d'être seul ! » Carla, la reine des podiums, l'icône sur papier glacé, la séductrice qui a multiplié les conquêtes, la chanteuse dont le premier album s'est vendu à près de deux millions d'exemplaires, a cessé d'intéresser les magazines. Pour la première fois, la solitude lui pèse, elle qui disait l'aimer. Pour la première fois, elle éprouve un sentiment de vulnérabilité, elle que l'on croyait si forte. Pour la première fois, elle qui affirmait : « Je ne me sens jamais à l'aise en couple », elle qui confiait : « Je m'ennuie follement dans la monogamie », a besoin d'être rassurée par un homme. « Quittée par Raphaël Enthoven, son cadet de dix ans, elle a été prise du vertige de la quarantaine », explique son ami Jacques Séguéla. Inconsciemment, elle cherchait un mari. Encore fallait-il en trouver un suffisamment fort pour n'être intimidé ni par sa beauté ni par sa richesse, suffisamment sûr de lui pour ne pas être rebuté par sa réputation de croqueuse d'hommes. Vivre avec le président de la République française, l'un des hommes les plus puissants de la planète, était certes, pour cette habituée des défis, une aventure excitante, une expérience sans égale, l'assurance de retrouver la lumière des projecteurs qui lui manquait tant. Mais on n'a pas mesuré à quel point, à ce moment de sa vie, elle était d'abord en quête d'un refuge !

C'est peu dire que la septième Première dame est atypique. Avec elle, on entre dans une ère nouvelle, un nouveau monde. Celles qui l'ont précédée à l'Élysée ont toutes accédé à la notoriété dans le sillage de leur mari. Aucune n'a exercé un métier. Aucune n'était connue du grand public avant de devenir « femme de ». Carla n'a pas attendu de gravir les marches du palais pour attirer les regards. Son nom, son visage, son corps sont célèbres. Elle est une femme libre – puissamment libre, dit-elle – qui a mené sa vie à sa guise. Ses liaisons ont défrayé la chronique. Elles ont été nombreuses et souvent très médiatiques. Des rock stars : Eric Clapton, puis Mick Jagger, son grand amour, l'homme de sa vie. Des chanteurs : Jean-Jacques Goldman, Louis Bertignac, Florent Pagny. Des acteurs : Kevin Costner, Charles Berling, Vincent Perez, Guillaume Canet. Le réalisateur Leos Carax, l'avocat Arno Klarsfeld, le philosophe Luc Ferry, l'éditeur Jean-Paul Enthoven, puis son fils Raphaël dont elle aura un garçon, Aurélien. La belle Italienne aime ceux qui réussissent. Elle est fascinée par les stars, par leur aura, leur pouvoir. La liste de ses conquêtes, loin d'être exhaustive, donne le tournis. Bien peu ont résisté lorsqu'elle a décidé de séduire. Jean-Louis Murat est l'exception, qui lui a dit : « Ma chère Carla, vous êtes un prédateur, mais, sur moi, il n'y a pas marqué "lapin de garenne"[5]. » À son tableau de chasse, elle comptait déjà un président de l'Assemblée nationale, il ne lui manquait guère qu'un chef d'État !

Cette vie de Don Juane, non seulement elle ne s'en est jamais cachée, elle ne l'a jamais reniée, mais elle l'a toujours affichée. D'où la réputation sulfureuse qui la précède. Elle n'a pas froid aux yeux, Carla ! L'une de ses biographes, Carole Stern, qui était présidente de l'association des parents d'élèves à Janson-de-Sailly lorsque Carla y était lycéenne, a relevé ce qu'elle appelle ses « phrases culte », extraites d'entretiens et d'interviews donnés à

5. *Ibid.*, p. 140.

la presse écrite, à la radio ou à la télévision, françaises et anglaises. Elles disent sa liberté de ton, de mœurs, son goût de la provocation aussi. Florilège : « J'avais une grande curiosité pour les garçons, pour la musique, pour l'art et pour les expériences en général, des voyages aux drogues diverses » ; « Je suis monogame de temps en temps, mais je préfère la polygamie ou la polyandrie » ; « Très agréable, le sexe. C'est un des avantages de vieillir : c'est mieux. J'ai 39 ans et l'âge augmente la sensualité et le plaisir » ; « Ma devise : il n'y a pas de plaisir superflu » ; « Je me mets plus facilement nue qu'à nu. » Et ces dernières phrases qui font référence, sans complexe, à son style de vie : « Normalement, on ne peut pas collectionner les hommes. Maintenant, non seulement on peut, mais, en plus, on se permet de le dire. » Et encore « Si tu as deux cent cinquante gonzesses, tu es un charmant Don Juan. Mais si moi, je me permets d'avoir cinquante mecs, je suis une pute, qui ne se fait pas payer certes, mais voilà[6]... »

Voilà une Première dame qui a dit tranquillement : Oui, j'aime le sexe, oui j'aime faire l'amour et changer souvent de partenaire. Yvonne de Gaulle, qui rayait les divorcés des listes des invités à l'Élysée, doit se retourner dans sa tombe. C'était une autre époque, dira-t-on. N'empêche ! Près de quarante ans plus tard, la présence d'une femme de président aussi libre, aussi égocentrique, aussi narcissique, qui incarne la jet-set, le show-biz et la liberté des mœurs reste incongrue. Sans remonter à Tante Yvonne, Carla est consciente d'incarner une rupture : « Ma simple présence, après des femmes comme Danielle Mitterrand et Bernadette Chirac, constitue une révolution en soi. Je suis tellement différente ! » Elle précise même : « Rien de

6. Carole Stern, *Carla Bruni, la légende dorée de l'épouse du président*, Éditions Exclusif, 2011, p. 182-186.

ce qui tient au rôle traditionnel de Première dame ne me correspond. » Belle lucidité !

Différente, elle l'est, en effet. Pas seulement parce qu'elle a eu une vie – et quelle vie ! – avant l'Élysée. Mais parce qu'elle vient d'ailleurs. Elle n'a pas de racines françaises. Elle est née, elle a été élevée au sein d'une famille turinoise richissime et très originale. Elle est restée de culture italienne, même si elle a vécu en France à partir de l'âge de 6 ans. Son grand-père, Virginio, a fait de la prospère firme de câbles électriques, la CEAT, la deuxième entreprise turinoise derrière la Fiat des Agnelli. D'origine juive, obsédé par la peur des persécutions, il s'est converti au catholicisme. Il est même devenu antisémite. Père tyrannique et mari volage, il a collectionné les conquêtes : aristocrates, bourgeoises, ouvrières. Son appétit sexuel n'avait d'égal que sa passion pour la musique. Son fils, Alberto, est moins porté sur le sexe, mais plus encore sur la musique. Dès l'âge de 12 ans, il compose et n'arrêtera qu'à sa mort. Son ami, le romancier Gian Piero Bona, qui lui a consacré une biographie, écrit : « Ce n'était pas un séducteur, mais il était comme un pacha qui avait besoin de régner sur un harem. Il savait qu'il pouvait avoir toutes les femmes, mais après le premier rapport, il s'en désintéressait. Au fond, il n'a jamais aimé que lui-même. La beauté ne lui suffisait pas, il fallait qu'une femme incarne autre chose : la musique[7]. » En 1958, à 43 ans, il fait la connaissance de Marisa Borini. Elle est fanco-italienne, elle a 28 ans, elle est belle et pianiste. Ils se marieront en 1959. « Il l'épousa, mais il ne se sentit jamais marié. Plus qu'un mari, il voulait être un célibataire uni à une femme[8] », écrit Bona. Alberto continue de faire de nombreuses et éphémères conquêtes. Marisa

7. *Ibid.*, p. 13.
8. *Ibid.*, p. 15.

prend des amants auxquels elle s'attache, notamment le guitariste Maurizio Remmert et le pianiste Arturo Benedetti Michelangeli. La musique, toujours ! Le couple aura trois enfants : Virginio, Valeria et Carla, élevés par des nurses. Le père ne s'occupe pas d'eux, la mère, concertiste, est très souvent en tournée. Quand elle est là, elle ne peut cacher à ses filles une passion quasi exclusive pour son fils.

En 1973, la famille, craignant un enlèvement par les Brigades rouges, quitte son prestigieux château turinois et s'installe à Paris. Le train de vie des Bruni Tedeschi ne change pas. En attendant d'emménager, ils vivent au Ritz. Puis ils acquièrent un vaste appartement dans le 16e arrondissement et la demeure des Vanneries, à Rambouillet. La petite Carla se sent toujours aussi seule. D'autant que sa nourrice, Teresa Bello, sa mère de substitution, qui a suivi les Bruni Tedeschi en France, décide, assez vite, de repartir pour l'Italie. Cette enfance solitaire a marqué Carla : « Je n'ai confiance qu'en moi ! » Elle évoquera ses jeunes années dans une interview aux *Inrocks* en 2003 : « C'était une époque et un milieu où on n'élevait pas vraiment ses enfants. Moi, j'ai été élevée par Valeria. La seule douleur que j'aie de mon enfance, c'est ça, et le seul bonheur que j'aie de mon enfance : c'est elle[9]. » Cette sœur de trois ans son aînée, dont elle disait un an plus tôt dans une autre interview : « Elle est la personne que j'aime et que je déteste le plus au monde[10]. »

Dans cette drôle de famille aussi, Carla s'est sentie différente. Sans savoir pourquoi. Elle comprendra enfin, à l'âge de 30 ans, après la mort de son père, quand elle apprendra qu'il n'était pas son père. Alberto l'a confié à sa sœur Valeria qui mettra un an à lui révéler qu'elle

9. *Ibid.*, p. 27.
10. Besma Lahouri, *Carla, une vie secrète*, *op. cit.*, p. 268.

est la fille de Maurizio Remmert, le guitariste devenu un riche entrepreneur au Brésil. Carla qui, dit-elle, avait pressenti « quelque chose de tordu dans son histoire », avait commencé sa psychanalyse un an avant cette révélation qui la soulagera.

Différente, elle l'est toujours restée. Dans le mannequinat, elle était déjà singulière. Les photographes, les journalistes de mode l'adoraient. On la surnommait le « Top pensant » ou le « Top bavard ». Elle était la plus intelligente, la plus cultivée, celle qui avait la meilleure éducation, celle que l'on préférait interviewer parce qu'elle s'exprimait le mieux, parce qu'elle avait de la tchatche, de l'humour, de la repartie. Tout paraissait facile pour elle qui, contrairement à ses consœurs, n'avait pas besoin de gagner sa vie. Elle semblait s'amuser là où les autres se battaient pour exister.

Différente, elle le sera plus encore à l'Élysée. Aucune de celles qui l'ont précédée n'a connu une telle enfance, une telle éducation, aucune n'a grandi au sein d'une « famille d'énergumènes », comme elle dit. Aucune n'a vécu une telle jeunesse. À l'âge où Yvonne, Anne-Aymone, Bernadette et les autres étaient déjà épouses et mères, Carla courait le monde, de podium en podium, d'un pays à l'autre, d'un palace à l'autre, d'un amant à l'autre.

Son adaptation à la fonction de représentation de la Première dame est quasi naturelle. Toute sa vie antérieure l'y a préparée. Les ors de l'Élysée ? Ils ne l'impressionnent pas. Elle est née, elle a passé ses premières années dans le château de Castagneto Po. Avec ses quarante pièces, ses toiles de maître, ses meubles signés, ses objets d'art, il a peu à envier au palais présidentiel. Les réceptions ? Elle connaît : ses parents invitaient des artistes, des créateurs de renom international venus du monde entier. Les robes de grands couturiers ? Elle les a portées, professionnellement, pendant dix ans sur tous les continents. Les flashs des photographes ? Elle sait mieux que personne prendre la pose, se tenir, sourire, marcher sous l'œil des objectifs. La presse ? Elle a donné des centaines d'interviews. Elle est connue pour son bagou, son sens de la formule. La communication ? C'est une professionnelle, une manipulatrice experte en l'art de séduire, d'envoûter, de dominer. Dominer ! Elle a toujours voulu être la plus belle, la meilleure, la plus admirée, la plus désirée. Son arme, c'est la séduction, l'affectif, l'empathie. Ni Danielle Mitterrand, ni Bernadette Chirac, ni Cécilia Sarkozy n'avaient joué de ce registre-là.

En revanche, elle est la seule qui ne connaisse rien, absolument rien, au monde politique. Les autres Premières dames ont acquis une culture politique au fil des années, même lorsqu'elles détestaient le milieu. Carla, elle, a été brutalement plongée dans un univers qui n'est pas le sien et dont elle ignore tout. Elle est perdue, se sent « très isolée ». Elle doit, selon son expression, « supplier pour qu'on l'instruise ». À la demande de Sarkozy, Pierre Charon devient son poisson-pilote, son mentor. Drôle de professeur, expert en coups tordus. Il lui explique les institutions de la Ve République, le rôle du gouvernement, des assemblées, des partis politiques et surtout qui est qui.

Pour les magazines people, Carla est l'atout charme du président. Pour Sarkozy aussi. Avant même le mariage. De retour de Jordanie, il s'était enthousiasmé en découvrant la couverture de *Paris Match*. Il l'avait montrée à ses conseillers et à quelques journalistes : « Vous avez vu, toutes les couvertures qu'on a faites ! Cette une avec Carla et moi s'est vendue à 800 000 exemplaires, vous vous rendez compte[11] ! » Carla est flattée, elle aussi. Les Français, eux, n'apprécient pas. Est-ce le profil atypique de la future Première dame ? Est-ce le déluge de photos et d'articles en France, en Italie, mais aussi dans toute l'Europe, aux États-Unis, en Inde, rappelant son passé

11. *Ibid.*, p. 70.

sulfureux? Sont-ce les virées paparazziées à Disneyland ou à Pétra? Est-ce l'incongruité de l'annonce faite par Sarkozy en pleine conférence de presse devant six cents journalistes: «Avec Carla, c'est du sérieux!» Toujours est-il qu'entre la visite chez Mickey, le 15 décembre 2007, et le mariage, le 2 février 2008, Sarkozy perd une vingtaine de points dans les sondages. Il ne les récupérera jamais.

L'irruption d'une jet-setteuse, ex-star des podiums, collectionneuse d'amants, dans la vie du président de la République ne pouvait être que déflagratoire. Elle est perçue comme une rechute présidentielle, un nouvel accès de bling-bling. Carla accuse le coup. «Quand j'ai rencontré Nicolas, j'ai sous-estimé l'impact que la politique aurait dans notre vie privée. Je trouvais cela plutôt fascinant qu'il soit président de la République. Voilà tout[12]», confie-t-elle. Très vite, elle comprend qu'elle ne pourra pas vivre avec Nicolas «sans faire avec tout ce qui est lié à sa fonction». Avant même le mariage, elle a aussi pris conscience qu'elle devait dire adieu à sa liberté chérie. Elle est contrainte d'annuler les dix représentations prévues au Casino de Paris, là où Sarkozy, le soir de leur rencontre chez Séguéla, lui avait promis d'annoncer leurs fiançailles. «Ça m'a fait de la peine, mais je n'ai pas osé tant l'environnement était hostile, j'ai dû renoncer[13].» En 2008, l'une des chansons de son troisième album, *Tu es ma came*, qui définit ainsi l'amour passionnel – «Plus mortel que l'héroïne afghane, plus dangereux que la blanche colombienne» –, provoquera un vif incident diplomatique avec Bogotá. L'artiste va devoir s'effacer devant la Première dame.

12. Nicole Leibowitz et Élisabeth Schemla, *Pour le meilleur et pour le pire*, Flammarion, 2012, p. 133.

13. *Ibid.*, p. 157.

Carla l'effrontée, la délurée, la scandaleuse, dont les gestes, les propos, le style de vie exprimaient le mépris des conventions, va devenir la plus discrète, la plus prudente, la plus convenue des femmes de président. Elle surjoue la modestie, minimise son rôle. La plupart des interviews qu'elle donne sont d'une platitude absolue. Devant les micros et les caméras qu'elle connaît si bien, elle minaude, en rajoute dans le style nunuche. Elle joue volontairement à contre-emploi. Surtout ne pas commettre d'impair, ne pas gêner son mari. Se protéger aussi : « La posture classique et traditionnelle d'accompagnatrice, en retrait, me semble la plus sûre », dira-t-elle en octobre 2012.

Carla décide de ne pas habiter l'Élysée. Elle a écouté le conseil de Bernadette Chirac qui y a vécu douze ans. « N'y allez pas ! C'est un palais de glace, tout se sait. » Elle préfère les 2 000 mètres carrés de l'hôtel particulier loué Villa Montmorency, un havre de verdure pour fortunés, dans le 16e arrondissement de Paris, là où Sarkozy s'était réfugié, chez Dominique Desseigne, quand Cécilia l'avait mis à la porte. Sa maison, c'est sa thébaïde. Elle y a aménagé son studio d'enregistrement. Elle aime par-dessus tout la solitude. « Ce que je préfère au monde, c'est être seule à écrire. Je vis *in utero*, très solitaire, je m'isole à un point excessif », dit-elle. Ou encore : « Je suis quelqu'un de l'intérieur, au réel comme au figuré. »

Agoraphobe, Carla peut rester des jours sans sortir. Elle s'enferme chez elle, comme elle s'enferme dans son nouveau rôle. L'artiste enjouée, drôle, culottée se fige devant les caméras, en Première dame, visage immobile, imperméable à toute expression, à toute émotion, constamment sous contrôle. Une pose, un sourire, une image. Elle avance à petits pas, prudemment. « Je débute dans le métier », déclare-t-elle à *Paris Match*. Organisée, professionnelle comme elle l'était sur les podiums, elle prend ses marques. Et son temps : « Je ne suis pas encore entrée dans le rôle de Première dame », avoue-t-elle en juillet 2008. Au cours de ses premiers mois d'apprentissage, elle rencontre quelques journalistes en qui elle a confiance. Son but, c'est de tenter d'améliorer l'image de son mari, cassée, confie-t-elle, par Cécilia. Elle explique inlassablement que Nicolas n'est pas celui qu'on croit. Elle vante sa souplesse d'esprit, son absence de dogmatisme, sa tolérance, son côté rassurant. Il n'est pas nerveux, au contraire, il reste en toutes circonstances entièrement maître de lui. Bref, elle « vend », sans grand succès, un Sarkozy qu'elle seule connaît.

Carla, la non-conformiste, ne sera ni une rebelle comme Danielle Mitterrand, ni une politique comme Bernadette Chirac, ni une femme de pouvoir comme Cécilia Sarkozy. Carla, l'indomptable, se mue en « femme de ». Elle résumera, en 2012, sa conception de son rôle : « Moi, femme de président, je ne peux me soustraire à la tradition, à cette fonction de représentation de mon pays, ce qui est un honneur bien sûr, mais aussi une responsabilité[14]. » Comme Claude Pompidou, mieux qu'elle, elle sera d'abord l'ambassadrice de la haute couture française. Elle est plus professionnelle – elle a défilé pendant dix ans sous les flashs des photographes –, plus glamour, elle collectionne bien davantage les *covers* des magazines people. « À côté de Mme Pompidou, avec mon expérience des médias, je suis Lady Gaga[15] », dira-t-elle drôlement.

Si, en France, l'atout Carla se transforme en handicap, il joue gagnant à l'étranger, lors des voyages officiels. La « présidente » fait sensation. En Grande-Bretagne, le 26 mars 2008, la presse la couvre d'éloges. Ce n'était pourtant pas gagné d'avance. Les tabloïds s'étaient fait l'écho des craintes de la famille royale que le protocole de Buckingham soit utilisé par le président français comme

14. *Ibid.*, p. 153.
15. *Le Nouvel Observateur*, 5 avril 2012.

un nouvel épisode de son *soap opera*[16]. Et le matin même de l'arrivée du couple présidentiel à Londres, le *Daily Mail* publiait la photo du corps nu de Carla, prise en 1993. Mais l'élégance et la tenue de la *First lady* française font tout oublier à une presse versatile qui la compare, selon les cas, à Audrey Hepburn, Lady Di ou Jackie Kennedy. De fait, c'est la ressemblance, recherchée, avec cette dernière, qui frappe : tailleurs, robes de mousseline signés Dior, et même l'adorable bibi. Tout au long du quinquennat, partout où le couple se rendra, la présence de Carla illuminera les voyages présidentiels qui deviendront aussi *fashion* que politiques. C'est à elle que la presse chinoise ou indienne consacre le plus d'articles. C'est elle qu'on attend, elle qu'on photographie le plus. Sarkozy est aux anges, fier comme un adolescent, d'être accompagnée d'une femme aussi belle qui jouit d'une telle notoriété. Lorsqu'il dit : « Je suis le mari de Carla », on croit entendre John F. Kennedy : « Je suis le mari de Jackie. » Toujours le fantasme kennedyen, comme Giscard !

Ces voyages, qui la mettent en vedette, Carla n'en raffole pas. Elle les trouve trop courts et déteste leur rythme qu'elle juge effréné. Elle menace : « Si ce n'est pas plus long, je ne viens pas[17]. » Elle va obtenir un droit de regard sur leur préparation et leur rythme. Elle veut protéger son mari : « Ils vont me le tuer. » Et s'accorder avec lui du temps libre, hors protocole.

Dès avril 2008, pour son premier voyage en Tunisie, elle impose des plages de détente avec les invités du président. En juin, à Jérusalem, elle explose : « Ça suffit, je veux aller à mon rythme. J'ai épousé Nicolas Sarkozy,

16. Carole Stern, *Carla Bruni, la légende dorée de l'épouse du président*, *op. cit.*, p. 127.

17. Michaël Darmon et Yves Derai, *Carla et les ambitieux*, Archipoche, 2011, p. 60.

pas la France[18]. » Elle avait imaginé une visite des Lieux saints, une balade à Tel-Aviv. Impossible, pour des raisons de sécurité. Dans la voiture, elle dit à Sarkozy : « Si ça continue comme ça, je descends au carrefour pour me promener seule ! » Il aura toutes les peines du monde à l'en dissuader. Tsvia Peres, la fille de Shimon, qui l'accompagne pendant son séjour, constate : « Carla découvre que le pouvoir est une cage, et la plus belle des cages ne plaît jamais à l'oiseau[19]. »

Le 10 juillet 2009, au G8, à L'Aquila, la cité dévastée par le tremblement de terre qui a fait plus de trois cents victimes, elle ne participe pas à la visite de Rome organisée pour les femmes de chefs d'État ou de gouvernement, mais annonce à la presse que la France versera 3,5 millions d'euros pour la reconstruction de l'église Santa Maria del Suffragio et qu'elle, Carla, fera un don personnel à l'hôpital de la ville. *Il Giornale*, dirigé par le frère de Berlusconi, l'accuse de « goujaterie ». Il dénonce sa charité qui « pue », en raison de sa volonté « à vouloir occuper le devant de la scène ». Contrairement à d'autres, cette attaque-là, venant de la famille Berlusconi qu'elle exècre, la laisse de marbre.

En revanche, elle supporte mal l'acharnement d'une certaine presse française qui se complaît à la comparer à Cécilia. C'est à qui en fera le plus : la Bruni contre la Ciganer, l'Italienne contre l'Espagnole, l'ex-top-modèle contre l'ex-mannequin cabine, l'actuelle Première dame contre l'ancienne. *Closer* compare même les mensurations des deux femmes, comme on le fait pour deux boxeurs avant le combat. Au début de l'été 2009, le groupe Prisma, qui édite *Gala*, *VSD* et *Voici*, consacre trois *covers* à ce duel de dames. Furieux, Sarkozy fait convoquer le PDG,

18. *Ibid.*, p. 57.
19. *Ibid.*, p. 58.

Fabrice Boé, par son conseiller Pierre Charon : « Elles ne sont en rien comparables [...], trois unes consacrées à Carla et Cécilia, c'est trop ! Tu sais que Nicolas est là pour quelques années encore. Si tu veux que tes journaux puissent travailler en bonne intelligence avec nous, tu arrêtes ça tout de suite [...]. Ça veut dire quoi, tous ces matchs[20] ? » Mais la machine médiatique est lancée. Les deux épouses de Sarkozy ont d'ailleurs leur part de responsabilité. Est-ce un hasard si, on l'a vu, Cécilia annonce son mariage avec Richard Attias au moment même où son ex épouse Carla ? Si Carla fait savoir, le 1er décembre 2008, qu'elle devient ambassadrice du Fonds mondial de lutte contre le sida, la tuberculose et le paludisme quelques semaines après que Cécilia a lancé sa fondation sur un plateau de télévision à Los Angeles ?

Cette guerre des deux va même connaître un épisode américain qui frise le ridicule. Le 22 septembre 2009, Carla, porteuse d'une plaquette indiquant les grandes lignes du projet de sa fondation, prononce un petit discours au siège de l'ONU où Nicolas participe à une assemblée générale. Dans les couloirs, un numéro de *France-Amérique*, qui publie en une une interview de Cécilia, est distribué. Un membre de la délégation française confiera à Besma Lahouri, l'une des biographes de Carla : « Les Américains étaient hilares. En plein débat sur l'Iran, ce combat entre l'ex et la nouvelle épouse était surréaliste[21]. » *Le Monde* participera involontairement à ce duel, qui titre à la une CÉCILIA BRUNI SARKOZY. Coquille révélatrice, comme on le dit d'un lapsus.

Cette présence de Cécilia, malgré son éloignement, exaspère Carla. Elle enrage que l'ex, lorsqu'elle revient en France, se comporte comme si elle était toujours la

20. Besma Lahouri, *Carla, une vie secrète*, *op. cit.*, p. 73.
21. *Ibid.*, p. 75.

Première dame, continuant d'utiliser les services de l'Élysée. Louis, le fils du président, bénéficie en effet, à New York comme à Paris, d'une protection officielle que Cécilia utilise à ses propres fins, selon Carla. Michaël Darmon et Yves Derai, auteurs de *Carla et les ambitieux*, rapportent un vif échange entre l'ex et la nouvelle. Cécilia : « Quand je donne des ordres à l'Élysée, on ne m'écoute pas. Nicolas a donné des instructions pour qu'on ne m'écoute plus. Cela veut dire qu'il n'a pas tourné la page. » Carla : « Pourquoi voulez-vous donner des ordres à l'Élysée ? Moi je ne donne pas d'ordres chez vous à vos gens. En effet, il n'a pas tourné la page, il a changé de livre. Et vous êtes la seule personne sur terre qui ne s'en est pas rendu compte[22]. »

La douce Carla devient tigresse lorsqu'on la compare à celle qu'elle appelle « la Ciganer ». Au cours d'une émission spéciale, « Carla Bruni en liberté », la Première dame, évoquant sa marionnette des Guignols, trouve qu'elle lui rappelle trop celle de Ségolène Royal. Le couturier Christian Lacroix estime, lui, qu'elle ressemble plus à celle de Cécilia. Carla le foudroie du regard : « J'espère pas. » Les téléspectateurs n'auront pas droit à cet échange qui en dit long. Il sera coupé au montage.

Et pourtant, lorsqu'elle aura le sentiment que Nicolas a fait définitivement son deuil de Cécilia, c'est elle, la voleuse de mari, que Justine Lévy, la femme de Raphaël Enthoven, a surnommée « Terminator », qui va jouer les Casques bleus familiaux. Elle qui prend l'initiative d'une rencontre à quatre pour apaiser les tensions. Il fallait oser ! Le 23 septembre 2009, Carla et Nicolas Sarkozy rendent discrètement visite à Cécilia et Richard Attias qui habitent avec Louis, le fils du président, un hôtel particulier dans

22. Michaël Darmon et Yves Derai, *Carla et les ambitieux*, *op. cit.*, p. 73.

la 71e Rue, un quartier chic de Manhattan. Darmon et Derai racontent la scène. Atmosphère glaciale, on s'en doute. Carla a eu, on l'a vu, des conversations téléphoniques tendues avec Cécilia. Sarkozy se retrouve face à l'homme qui lui a pris sa femme. Il s'est vengé en le faisant virer du Forum de Davos. Lourd contentieux ! Seule Carla paraît détendue. Elle fait la conversation, comme on dit. Suivent un échange de banalités, une visite des lieux, une présentation des employés de la fondation de Cécilia qui occupent le dernier étage de l'hôtel particulier. Carla propose même à Cécilia une action commune pour leurs fondations. Cette dernière, sur la réserve, ne donnera pas suite.

Carla va prendre une seconde initiative, fin mars 2010 : recevoir les Attias au Carlyle, le palace où elle descend avec Nicolas. Cette fois, l'ambiance est moins crispée. Sarkozy, décidément imprévisible, propose même à Richard, qui organise le New York Forum, de l'aider à monter un Paris Forum ! Carla peut se féliciter d'avoir réconcilié le père et la mère de Louis. Mais elle fait mieux. Consciente des tensions familiales provoquées par le caractère de son mari, elle le rapproche de sa mère, Dadu, avec qui il était en froid parce qu'elle ne supportait pas Cécilia, de son père, que Nicolas enfant a détesté, de son frère, François, avec qui il était fâché. Et même de Marie-Dominique, sa première femme, mère de Jean et de Pierre, à nouveau invitée aux fêtes familiales. Mieux qu'avec Cécilia qu'elle juge très nerveuse, c'est avec Marie-Dominique que Carla entretient les meilleurs rapports. Lorsque Jean aura son premier enfant, elle lui glisse en riant : « C'est toi la grand-mère, moi je suis la meuf du grand-père ! »

Carla, devenue Première dame, paraît métamorphosée. La femme à hommes, qui ne voulait pas entendre parler du mariage, n'a plus qu'un mot à la bouche, « mon mari ». Elle est réellement amoureuse de Nicolas. Avec des mots simples et des accents de sincérité, elle s'est confiée aux journalistes Nicole Leibowitz et Élisabeth Schemla : « Je suis tombée amoureuse de lui et j'ai eu, pour la première fois de ma vie, l'impression immédiate d'un compagnonnage. Je suis une solitaire, lui est un anxieux. On se fait du bien [...], il s'occupe de moi, de toute la famille, il prend tout en main, il est très rapide alors que je suis lente, il a un avis tranché alors que je suis en nuances. Je ne voulais pas me marier pour des raisons superficielles ou bien un peu infantiles [...]. Mais voilà, j'étais prête pour cette rencontre. Je ne me serais pas engagée avec un tel homme à 25 ans et sans doute lui ne m'aurait pas aimé tout jeune homme. Nicolas est un homme sécurisant qui a besoin lui-même de sécurité[23]. » Elle précise encore : « Moi, je suis une affectueuse. Les hommes que j'ai aimés avant Nicolas étaient souvent un peu comme des frères. Nicolas, lui, est très masculin, au sens classique du terme. C'est un homme qui assure, un homme de famille. Avec lui, j'ai vraiment le sentiment que quelqu'un me protège. C'est un peu le même genre d'homme que mon père[24]. » Dans toutes les interviews où elle parlera de « son homme », Carla insistera sur ce sentiment de sécurité que lui procure Nicolas. Ainsi, dans le *Madame Figaro* du 27 mars, dont elle est la rédactrice en chef : « Pour moi, en tant que femme, c'est une rencontre importante, unique, inespérée en termes de tendresse, de confiance, de discussions, d'échanges, de compréhension. C'est la première fois que je me sens comprise et soutenue, accompagnée. C'est la première fois que je comprends et que je soutiens. C'est la première fois que je donne et que je reçois autant. » Bref, grâce à Sarko, elle découvre la vie de couple. Avec ses orages : « Nicolas et moi, on pique parfois de grosses colères. Ça pète, mais

23. Nicole Leibowitz et Élisabeth Schemla, *Pour le meilleur et pour le pire*, *op. cit.*, p. 134.
24. *Ibid.*, p. 137.

ça ne laisse pas de traces. » Elle ajoute, curieusement : « On s'apaise mutuellement. » Lorsqu'elle se laisse aller à la confidence, Carla invoque aussi des raisons plus intimes : « Entre nous, c'est électrique. Il est poilant, très viril et aussi très sentimental. » Une journaliste qui s'étonnait de ses élans pour « son homme » s'entendit répondre : « Je te souhaite que ton mari te fasse aussi bien et aussi souvent l'amour. » Selon Jonathan Alter, éditorialiste de *Newsweek*, Carla se serait vantée auprès de Michelle Obama d'avoir fait attendre une personnalité politique de premier plan alors qu'elle faisait l'amour avec son mari. Cette personnalité n'était autre que la reine d'Angleterre !

Désormais femme d'un seul homme, Carla vit très mal l'épisode de la rumeur qui risque de ternir, aux yeux des Français, sa belle histoire. Le 9 mars 2010, un blog hébergé par leJDD.fr, accréditant les bruits qui circulent sur la toile depuis plusieurs semaines, annonce que « le couple présidentiel serait sur le point de voler en éclats ». Carla Bruni serait tombée amoureuse du chanteur Benjamin Biolay, élu artiste masculin aux Victoires de la musique, et Nicolas Sarkozy aurait une liaison avec la secrétaire d'État à l'écologie, Chantal Jouanno. Publiée par le site d'un grand journal dont le propriétaire n'est autre qu'Arnaud Lagardère, qui appelle Sarkozy « mon frère », la rumeur, jusque-là circonscrite au petit milieu médiatique, part comme une traînée de poudre, relayée par la presse étrangère qui se déchaîne. Cette rumeur est d'autant plus crédible que Nicolas a la réputation d'avoir séduit plusieurs de ses ministres femmes ou collaboratrices de l'UMP, et que Carla ne s'est jamais cachée d'avoir collectionné les amants. « Les Français ne croient pas totalement à ce couple[25] », selon l'expression de Jean-François Kahn qui décrit « un duo anxiogène ».

25. Besma Lahouri, *Carla, une vie secrète*, *op. cit.*, p. 283.

Carla est furieuse. Vexée qu'on la renvoie à son image de séductrice, elle qui s'est donné tant de mal, depuis son mariage, pour expliquer qu'elle avait changé, qu'elle était désormais la femme d'un seul homme. Mortifiée plus encore d'être présentée comme une femme trompée, elle qui disait : « Les maris ne se volent guère, on sait les garder ou pas. Arrêtez de dire que les femmes piquent vos hommes, apprenez à les retenir. » Darmon et Derai racontent comment, à la lecture des rapports de la DCRI, la Direction centrale du renseignement intérieur à qui Nicolas Sarkozy a demandé d'enquêter sur les origines de la rumeur, Carla acquiert la conviction que Rachida Dati et Sophie Douzal, l'ex-belle-sœur du président, sont à la manœuvre, qu'elles ont ourdi un complot pour l'écarter et faire revenir Cécilia dans la perspective de 2012. Très en colère, la Première dame appelle Sophie Douzal : « Je sais tout. J'ai vu de mes yeux les rapports de police, qui sont sans appel. » La jeune femme tente de se défendre. Carla : « Je ne discute pas avec toi, je te dis que j'ai le dossier sous les yeux ! Tu t'entends respirer. Sache que tu mens comme tu respires[26] ! » Puis elle joint Cécilia à New York, qu'elle suspecte de complicité amicale avec les deux « comploteuses » : « Madame, je dois vous dire que deux personnes avec qui vous êtes en contact ont un comportement inqualifiable à notre égard [...]. Cécilia, je ne vous informe pas de soupçons ou de ragots. J'ai un dossier de police que je tiens à votre disposition et qui montre que ces deux femmes complotent contre nous et donc, de fait, contre la présidence [...]. Je sais que vous n'avez rien à voir avec elles, vous êtes une princesse. Mais je vous recommande de vous tenir à l'écart[27]. »

26. Michaël Darmon et Yves Derai, *Carla et les ambitieux*, *op. cit.*, p. 37-38.

27. *Ibid.*, p. 38-39.

Le 30 mars, au cours d'un déjeuner réunissant les élus UMP de Paris, Pierre Charon désigne la responsable de la rumeur : Rachida Dati. Le nom de l'ancienne garde des Sceaux apparaît dans la presse. D'autant que *Le Canard enchaîné* a publié les propos de Claude Guéant, le secrétaire général de l'Élysée, affirmant que « le président ne voulait plus voir Rachida Dati ». Le 5 avril, au micro de RTL, maître Thierry Herzog, l'avocat de Nicolas Sarkozy, dénonce « une machination » pour « tenter de déstabiliser le président de la République et son épouse ». Rien de moins ! Il évoque une « enquête actuellement en cours ». Rachida Dati riposte. Le 7 avril, invitée de Jean-Michel Aphatie, toujours sur RTL, elle menace : « Je ne peux imaginer qu'on utilise des écoutes, on est dans un État de droit… Je n'ai peur de rien. »

La contre-attaque des Sarkozy tourne au fiasco. Ils font machine arrière. Le couple présidentiel contre l'ex-ministre de la Justice, icône de la diversité, on frôle l'affaire d'État. Carla décide d'intervenir. Une première fois, avant la visite officielle de Nicolas Sarkozy à Londres, elle avait tenté, en vain, de désamorcer la bombe en suscitant une interview sur la chaîne de télévision britannique Sky News. Interrogée sur les infidélités présumées de son mari, elle avait répondu, sûre d'elle : « Il ne peut être infidèle. Avez-vous des photos prouvant le contraire ? » En privé, elle dit avec humour : « S'il me trompait, avec le travail qu'il a et l'amour qu'il me donne, ce serait un surhomme ! »

Le 7 avril, au micro d'Europe 1, Carla change de stratégie. Avec un bel aplomb, elle dément tout en bloc. Le complot évoqué par Thierry Herzog ? Il n'y en a jamais eu ! Les rapports de police, qu'elle disait avoir « lus de ses yeux » ? Il n'y en a jamais eu ! « On ne fait pas une enquête sur des commérages… C'est inimaginable de dire des choses pareilles ! » Les accusations portées par Pierre Charon ? « Il a pris trop à cœur cette affaire ridicule. Il a parlé avec l'emportement de l'amitié.» Rachida Dati, qu'elle déteste et dont elle jugeait le comportement «inqualifiable» lors de son coup de fil à Cécilia? Elle ne l'a jamais accusée de colporter des ragots. D'ailleurs, «elle reste tout à fait notre amie». Le message est clair: «Ces rumeurs sont insignifiantes.» Elles n'ont «aucune importance à ses yeux et à ceux de son mari». Ils n'ont «jamais essayé de les combattre». Ils ne se sont jamais considérés comme «victimes d'un complot». Carla pense avoir réussi son exercice de langue de bois. «Voilà, c'est fait, c'était pas plus compliqué que cela[28]», dit-elle, visiblement soulagée. Mais, deux heures plus tard, Bernard Squarcini, le patron de la DCRI, lui oppose un cinglant démenti. Dans un communiqué, il affirme que ses services ont bien enquêté sur la rumeur, à la demande du directeur général de la police, Frédéric Péchenard. Le coup est d'autant plus rude pour Carla que Squarcini et Péchenard, deux grands flics, sont des proches de Sarkozy. Des dizaines de policiers ayant travaillé jour et nuit, sur leur ordre, ils ont été contraints de contredire Carla.

La sortie, en septembre 2010, du livre de Darmon et Derai qui révèle la teneur des appels téléphoniques de Carla aux comploteuses confirme que la Première dame a bel et bien menti. Elle aura appris à ses dépens que sa belle voix rauque d'Italienne, ses sourires enjôleurs et son sens de la repartie qui séduisaient la presse lorsqu'elle était mannequin ou chanteuse sont inopérants pour la communication de crise d'une femme de président. Désormais, elle se gardera, le plus possible, de s'aventurer sur le terrain médiatico-politique. Elle surjouera même son incompétence, dira volontiers son peu de goût pour les affaires publiques. Dans une interview donnée en mars 2012 à *Elle*, elle déclare: «Je ne demande pas

28. *Ibid.*, p. 53.

à mon mari son avis sur une ligne de guitare. Je ne lui donne pas le mien sur sa politique. » Et, le 5 avril, au *Nouvel Observateur* : « Souvent, quand Nicolas me dit : "Je vais annoncer cela, qu'est-ce que tu en penses ?", je suis incapable de donner un avis. Je le plains, il est tombé sur l'animal le plus apolitique qui soit ! » Elle déteste le monde médiatico-politique, qu'elle juge « absolument violent », « injuste et assez incompétent ». Elle n'aime pas davantage le pouvoir : « Il ne m'intéresse pas, il m'est très indifférent, je dirais même qu'il m'encombre[29]. » Le rôle de représentation où elle excelle ne la satisfait pas pleinement. Elle le confie à l'hebdomadaire féminin *Elle*, en novembre 2009 : « C'est très intéressant d'accompagner mon mari lors des visites officielles, mais ce n'est qu'un accompagnement. C'est un honneur de représenter un pays, mais ce n'est que de la représentation ! » Utiliser sa position, sa notoriété pour une action caritative lui paraît autrement valorisant. En cela, au moins, elle s'inscrit dans la tradition des Premières dames.

Yvonne de Gaulle, mère d'une petite trisomique, avait créé une fondation destinée aux jeunes handicapées mentales issues de familles pauvres, Bernadette Chirac, mère d'une fille victime d'anorexie mentale, a lancé la sienne pour améliorer les conditions de vie et d'accueil des adolescents à l'hôpital, Carla Bruni-Sarkozy, dont le frère Virginio est mort du sida en 2006, choisit, on l'a vu, la lutte contre cette maladie pour son premier engagement humanitaire. Être ambassadrice du Fonds mondial de lutte contre le sida, la tuberculose et le paludisme ne lui suffit pas. Elle veut sa propre fondation qui voit le jour le 23 avril 2009. Elle se donne pour mission de lutter contre l'illettrisme et les inégalités sociales

29. *Le Figaro Madame*, numéro spécial du 27 mars 2010 dont elle est la rédactrice en chef.

dans les quartiers difficiles. Le sujet est digne d'intérêt et Carla pleine de bonne volonté. Mais elle connaît mal le milieu associatif, si loin de son univers. On la voit peu sur le terrain où elle n'est pas à l'aise. En revanche, elle se dépense sans compter pour recueillir des fonds. Elle organise des dîners avec des personnalités très fortunées qu'elle tente de sensibiliser à son projet. Lorsqu'on compare son approche à celle de Bernadette Chirac, à ses spectaculaires opérations Pièces jaunes et ses populaires parrains, le judoka David Douillet et le sélectionneur des champions du monde de football Aimé Jacquet, elle répond qu'elle veut faire « plus d'argent avec moins de gens ». Mais la simple lecture du site internet de la fondation témoigne de l'activité réduite de sa présidente qui ne trouvera jamais vraiment ses marques. Après son départ de l'Élysée, Carla affirmera que sa fondation « a distribué près de 8 millions d'euros d'aide sur le terrain en faveur des plus démunis ». Sans autre précision. Sans que l'on ne sache rien des résultats, difficilement quantifiables il est vrai, obtenus dans les quartiers difficiles. On mesure là toute la différence avec Bernadette Chirac, la politique, dont l'opération Pièces jaunes a su créer l'empathie avec les Français et soigner sa propre popularité. Carla, elle, reste une artiste, égarée dans l'humanitaire comme elle l'est dans la politique.

A-t-elle eu une influence ? Elle s'en est toujours défendue : « Je n'en avais pas et je ne voulais pas en avoir. » Parce qu'elle était culturellement de gauche, certains commentateurs en ont conclu qu'elle n'était pas étrangère à l'ouverture pratiquée par Nicolas Sarkozy. C'était oublier que ce dernier avait décidé de débaucher des socialistes bien avant d'accéder à l'Élysée, bien avant de la connaître. Parce qu'elle a été proche de SOS Racisme, parce qu'elle a dit s'intéresser au sort des jeunes des quartiers, on a suggéré qu'elle avait soufflé à Nicolas le nom de Fadela Amara, la présidente de Ni putes ni soumises, qui va entrer au gouvernement. Sarkozy n'avait pas besoin de sa femme pour s'assurer cette « prise ». Fadela cherchera d'ailleurs, en vain, à se rapprocher de la Première dame à qui elle proposera de l'accompagner en banlieue. Carla préférera s'y rendre avec Yazid Sabeg, un ami venu, lui, du centre droit.

Sans doute a-t-elle joué un rôle lors de la nomination de Frédéric Mitterrand, son ami Fredo, au ministère de la Culture. Carla lui savait gré d'avoir organisé à Rome, où il dirigeait la Villa Médicis, une exposition à la mémoire de son frère Virginio. Si Sarkozy n'y a pas pensé lui-même, il n'a pas été difficile à convaincre ! Un Mitterrand dans son gouvernement ! Il ne pouvait rêver meilleur symbole.

Sans doute a-t-elle aidé à l'arrivée de Jean-Luc Hess à la tête de Radio France, à celle de Philippe Val, l'ancien patron de *Charlie Hebdo*, à la direction de France Inter. Sans doute a-t-elle poussé à l'adoption de la loi Hadopi imaginée par un de ses ex, Denis Olivennes, alors patron de la FNAC, pour contrer le piratage Internet. Elle a aussi infléchi quelques décisions de son mari. Interrogé avant de connaître Carla sur les tests ADN pour le regroupement familial, Sarkozy affirmait : « Si vous me posez la question de savoir si ça me choque, la réponse est non ! » Deux ans plus tard, le même Sarkozy : « Les tests ADN, ça ne sert à rien, c'est stupide. » De même, Carla, poussée par sa sœur Valeria, l'a convaincu de revenir sur sa décision d'extrader l'ex-terroriste italienne Marina Petrella, seize ans après sa condamnation. Bref, Carla n'est intervenue que sur des sujets qui lui tenaient personnellement à cœur ou pour rendre service à des amis. Pour la politique avec un grand P, les relations internationales, les rapports de force, la vie du gouvernement, de l'UMP, elle a fait confiance à « mon mari ».

Ce n'est pas son monde à elle. Ce n'est pas Sarkozy qui est sous l'influence de Carla, c'est Carla qui est sous l'influence de Sarkozy. Il suffit d'entendre cette dernière se situer sur l'échiquier politique au fil du quinquennat. En juin 2008, quand Sarkozy pratique l'ouverture, elle déclare à *Libération* : «Je suis épidermiquement de gauche.» En septembre, au *Journal du dimanche* : «Je suis encore de gauche.» Quatre mois plus tard : «Je suis de gauche, mais je ne le revendique pas.» Le 31 janvier 2011 : «Je ne me sens plus vraiment de gauche.» Le 2 mai, au *Parisien*, quand Sarkozy met le cap à droite toute : «Je suis ultra-sarkozyste, plus du tout de gauche.»

Ultra-sarkozyste ! En effet. Rien, apparemment ne la choque. Ni l'influence de Patrick Buisson, ancien directeur de *Minute*, qui a suggéré à son mari la création d'un ministère de l'Immigration et de l'Identité nationale, puis le flirt appuyé avec les idées d'extrême droite pendant la campagne présidentielle. Ni cette manière anxiogène de dresser les Français les uns contre les autres, de susciter des pulsions primitives que Cécilia condamnera. Elle approuve tout, elle gobe tout. Béatement. Nicolas est « merveilleux », Nicolas a « tout fait bien »... « Ses idées sont fabuleuses. »

Carla se met au service de Nicolas, devient son agent électoral. Elle mêle avec beaucoup d'intelligence ses états d'âme, bien réels, et la stratégie de son mari. Au début de l'année 2011, lorsque le président ménage le suspense, feignant d'hésiter à se présenter, elle déclare au *Parisien* : « Si je suis égoïste, je dis : un mandat, ça suffit. Revenons à une vie normale. » Comment mieux souligner que la tâche de Nicolas est écrasante, que la vie à l'Élysée est tout, sauf une sinécure ? Mais elle ajoute aussitôt : « Si je pense à mon pays, à la France, je dis que ce serait mieux qu'il continue. Deux mandats, ce serait bien. C'est lui qu'il faut, avec son énergie, son dévouement, sa force. En plus, contrairement à ce qu'on croit, il a un sang-froid fantastique. Il n'est pas nerveux, il est vivant. » Comment mieux suggérer que s'il se représente, ce ne sera pas par ambition personnelle ou par confort, mais bien par devoir, pour ne pas dire par esprit de sacrifice. « S'il devait être réélu, comment ne serais-je pas honorée et fière pour lui ? » tient-elle à préciser. Comme pour se rassurer, elle dit sa conviction qu'un second mandat est comme un second mariage, plus apaisé : « Je pourrais espérer retrouver mon métier, tout en continuant à m'occuper de ma fondation, avec le bonheur de sortir un album [...] sans être placée sans cesse sous la mitraille des regards inquisiteurs[30]. » En privé, plus prosaïque, elle affirme : « Je préfère me taper un second quinquennat plutôt qu'un homme malheureux. »

Il va sans dire qu'elle « roulera pour lui » : « Je peux l'accompagner sur le terrain, écouter les gens, aider ceux qui le demandent, peut-être participer plus à la vie politique[31]... » Elle assistera à une dizaine de meetings. À Marseille, le 19 janvier, assise au premier rang, entre Fillon et Copé, on la voit applaudissant sagement son mari. Présence muette, silhouette un peu gauche, un peu empruntée, agitant mécaniquement les bras pour saluer la foule. Présence discrète. Dans les coulisses des grandes émissions, elle parle peu. Dans la loge de France 2, le 6 mars, elle ne peut s'empêcher de lancer : « Les journalistes sont tous des Pinocchio. » Et de s'interroger à propos de David Pujadas qui dirige les débats : « De temps en temps, il donne la parole à des intervieweurs de droite ? » Son mari étant attaqué, une fois de plus, sur la fameuse soirée du Fouquet's, elle assène : « Nous sommes des gens modestes. » Énorme maladresse ? Elle s'en défend dans *Le Nouvel Observateur*, tout en corrigeant : « Je ne parlais pas de notre train de vie. J'ai conscience d'avoir une vie

30. Nicole Leibowitz et Élisabeth Schemla, *Pour le meilleur et pour le pire*, *op. cit.*, p. 165.

31. *Le Parisien*, 2 mai 2011.

pleine de privilèges [...]. Je regardais mon mari à l'écran, j'ai sans doute dit qu'il était modeste dans son attitude... » Décidément, elle voit Nicolas avec les yeux de l'amour.

Elle croyait l'avoir changé. Elle le disait avec ses mots : « Sans doute mon monde est-il entré dans le sien, c'est la base de l'amour, le transfert[32] ! » Son monde à elle, ce sont ses amis artistes, écrivains, philosophes, qu'elle lui a fait connaître, si différents de ceux de Nicolas, les Jean-Marie Bigard, Didier Barbelivien, Johnny Hallyday, Christian Clavier, les Balkany. Son monde à elle, ce sont ses écrivains préférés qu'elle lui fait lire : Stendhal, Balzac, Rilke, Joyce et même Proust. Les cinéastes Buster Keaton, Chaplin, Hitchcock, Visconti notamment, qu'elle lui fait découvrir. « Avec Carla, on a vu deux cents films cette année », dit Nicolas, tout fier, en janvier 2010. Son monde à elle, auquel « elle essaye de l'ouvrir », c'est « celui de l'introspection, de la rêverie, qui est lié à l'art et à la création. Chacun a un monde intérieur qu'il doit découvrir »... Elle a confié à Derai qu'elle faisait même raconter ses rêves à son mari, qu'elle les interprétait avec lui.

Son monde à elle, ce sont ses ex qui, pour la plupart, sont restés des amis. Elle les invite au cap Nègre, ou dans son hôtel particulier parisien, à l'Élysée aussi. Sarkozy, pourtant très jaloux, accepte leur présence. Il a dit non, une seule fois, lorsque Carla a voulu acheter, près du Bon Marché, le duplex de 700 mètres carrés où vécut jusqu'à sa mort Yves Saint Laurent. L'appartement avait, à ses yeux, un défaut rédhibitoire qui n'était pas le prix – près de 10 millions d'euros –, mais la présence, deux étages au-dessus, de Mick Jagger !

Carla l'ambivalente – « J'ai toujours nagé entre deux eaux, entre deux pays, entre deux métiers, entre deux rêves, entre deux pères aussi » –, structurée par des années

32. *Elle*, 26 octobre 2012.

de psychanalyse, revendiquant sa schizophrénie, a tenté d'aider son mari à lutter contre ses démons intérieurs, contre ce feu qui le dévore, né des complexes d'une enfance qu'il a détestée. Elle pensait avoir en partie réussi : « Avant il était bagarreur, maintenant il est plus ouvert, il a gagné en calme, en sagesse. » Même si elle était encore témoin de ses impatiences, de sa nervosité, de ses colères, elle avait le sentiment de l'avoir apaisé. Elle était sincère lorsqu'elle affirmait avant la défaite que Nicolas n'était pas accroché au pouvoir, que s'il perdait il tirerait un trait définitif sur la politique : «Je suis persuadée qu'il se relèverait assez vite d'avoir été si mal compris [...]. Je crois qu'il ne retournerait plus en politique tant il n'est pas un homme de demi-mesure. Il est avocat, capable de manager beaucoup de choses, et j'ai la conviction qu'il serait demandé dans le monde entier[33]. » Elle pensait que, comme elle, il avait compris que le pouvoir est « inhumain », que « c'est un enfer », que, comme elle, il rêvait d'une autre vie, des voyages qu'ils n'avaient pas pu faire, de cette existence à deux sans stress, loin des intrigues, des projecteurs, près de leur petite Giulia. Elle en était d'autant plus convaincue qu'apprenant sa défaite, le 6 mai dans l'après-midi, il avait, selon son expression, « fermé la porte à trente-sept ans de vie politique » et confié à Edouard Balladur : « Le recours, ça n'existe pas. Je n'y crois pas. Et puis alors, ça vous fout la vie en l'air[34]. » Était-il sincère, sous le coup de l'émotion ? Elle l'a cru. Aussi va-t-elle tomber de haut ! Non seulement, comme elle l'avait prévu, « elle se tape un homme malheureux », mais un homme plus nerveux, plus vindicatif, plus revanchard que jamais. Loin de s'éloigner de la politique, il

33. Nicole Leibowitz et Élisabeth Schemla, *Pour le meilleur et pour le pire*, *op. cit.*, p. 164.

34. Farida Khelfa (ex-mannequin et amie de Carla), « Campagne intime », D8, 5 novembre 2012.

brûle de revenir au pouvoir, manœuvre pour rendre son retour possible en 2017. C'est sa « came » à lui, comme elle dirait. Son obsession. Carla, qui n'aime pas perdre la face, mettra du temps à admettre qu'elle s'est trompée. En mars 2013, dans une longue interview au quotidien espagnol *El País*, elle affirme : « Il ne reviendra pas. » Mais elle ajoute, devenue prudente : « Personne ne peut être sûr de rien dans la vie. » Surtout avec Nicolas !

Ils ne sont plus à l'Élysée, mais ils sont toujours sur la sellette. Ce pouvoir dont elle disait qu'il l'encombrait va continuer de lui empoisonner la vie, même après l'avoir quitté. Elle enrage que son mari soit mis en cause dans plusieurs affaires par plusieurs juges, que ses téléphones aient été mis sur écoute, que ses agendas aient été saisis. Comment la justice peut-elle le persécuter ainsi, lui qui « a tout fait bien » ! Et Patrick Buisson, le gourou de son « chouchou », qui a osé le piéger en enregistrant ses conversations, même les plus privées, même celles où elle se plaint, en plaisantant bien sûr, de devoir entretenir un mari qui gagne si peu d'argent ! Elle souffre plus encore d'être elle-même l'objet d'une polémique à propos de son site carlabrunisarkozy.org consacré à ses activités de Première dame, mais qui se confondait avec celui de sa fondation contre l'illettrisme, et celui lié à son action d'ambassadrice du Fonds mondial contre le sida. La présidence de la République, selon un rapport de la Cour des comptes, a dépensé 410 000 euros entre le 1er janvier 2011 et le 15 mai 2012. Répondant à une question d'un député UMP qui s'interrogeait sur le coût des collaborateurs affectés à Valérie Trierweiler, le Premier ministre, Jean-Marc Ayrault, a révélé qu'en janvier 2012 Carla Bruni disposait de huit collaborateurs pour une rémunération mensuelle globale de 36 448 euros. Si l'on ajoute les 25 714 euros facturés par deux prestataires de services extérieurs assurant la gestion de son site, on en arrive à un coût mensuel de 60 000 euros. Trois fois plus que Valérie Trierweiler ! Mais moins que Bernadette Chirac qui pouvait s'appuyer, selon René Dosière, le député socialiste spécialiste scrupuleux du train de vie de l'État, sur vingt et un collaborateurs, soit un coût de 80 000 euros par mois !

Carla pensait en avoir fini avec la politique et ses polémiques. La voilà contrainte de dénoncer des amalgames « qui insultent la rigueur et le sérieux du travail effectué » par sa fondation, et d'affirmer que « tous les contenus visibles sur [son] site ont été intégralement financés par la fondation et non par l'État ».

N'empêche ! Loin de l'Élysée, alors que Nicolas ronge son frein, elle revit. Elle se trouvait grosse et surtout laide. Elle a perdu dix-huit kilos, retrouvé sa forme physique, sa beauté, sa liberté. Elle prête son visage à une publicité pour un casque audio, puis pour Bulgari. Elle peut à nouveau exercer son métier de chanteuse. En avril, après quatre ans de silence, elle publie son quatrième album. Des chansons écrites pour la plupart en 2010, alors qu'elle était Première dame, mais qu'elle s'était interdit de rendre publiques. Le succès n'est pas au rendez-vous. En septembre, 60 000 exemplaires seulement sont vendus. Qu'importe ! Elle va, à nouveau, aller à la rencontre de son public, se produire sur scène. Carla l'artiste est de retour. Sarkozy en profite. À chacun de ses concerts, il est là. C'est lui que l'on vient voir plus qu'on ne vient l'entendre elle. Lui qui attire les photographes.

Va-t-elle laisser tomber son mari maintenant qu'il n'est plus président ? À la journaliste de *Vanity Fair* qui lui pose la question en juin 2012, elle répond : « C'est une folie de penser ça, le contraire est vrai. » La défaite l'a encore rapprochée de son homme et il n'a jamais eu autant besoin d'elle. Voilà sa vérité. Dans cette interview elle confie qu'elle continue « plus que jamais » à aller chez son psy : « Je pense que je serai en analyse jusqu'à ma mort. » Cette thérapie entreprise peu avant la disparition de celui qu'elle croyait être son père lui a apporté, dit-elle, la lucidité. Son ambition désormais est d'accéder « à la sagesse ». Sera-t-elle longtemps compatible avec celle de Nicolas qui brûle de revenir au pouvoir ?

Valérie Trierweiler

> «Il faudra s'habituer à moi [...]. Je ne serai pas une potiche.»

L'événement, ce jour-là, est passé presque inaperçu. Et pourtant, c'en était un. Inédit. Hautement symbolique. Une passation de témoin, sinon de pouvoir, entre deux Premières dames. Impensable avant Carla Bruni-Sarkozy, l'ex-star des podiums, et Valérie Trierweiler, la journaliste ! On n'imagine pas une seconde une telle rencontre entre Anne-Aymone Giscard d'Estaing et Danielle Mitterrand, ou entre cette dernière et Bernadette Chirac. Aucune d'entre elles n'y aurait songé. L'auraient-elles envisagé, leurs maris présidents auraient aussitôt balayé cette idée saugrenue.

C'est Valérie Trierweiler qui a pris l'initiative de ce rendez-vous singulier, le 15 mai 2012. Ce matin-là, elle foule le tapis rouge de la cour d'honneur, quelques minutes avant François Hollande, vêtue d'un manteau blanc Tara Jarmon sur une robe en crêpe noir Apostrophe, les marques de son quotidien, et non pas, comme ses devancières, habillée par un grand couturier. Une manière à elle de dire sa différence. Valérie découvre une Carla méconnaissable, loin de l'image rayonnante affichée par les magazines people. Une Carla épuisée, déprimée, brisée, qui la reçoit dans le salon des Cartes, l'antichambre de son bureau, où elle a rarement mis les pieds. Une Carla qui parle, qui n'arrête pas de parler comme si elle était chez son psy. Comme si elle avait besoin de se libérer d'un poids trop lourd. Une Carla au bord des larmes qui dit : « Je n'en peux plus de cette vie. » Pendant plus de quatre ans, elle a donné le change, elle a pris la pose, elle a souri. Aujourd'hui, au moment de quitter l'Élysée, devant celle qui lui succède, elle ne joue plus. Elle a souffert, elle l'avoue. Elle met Valérie en garde contre ce qui l'attend. Ce sera « terrible », lui dit-elle.

La nouvelle Première dame aurait dû l'écouter. Mais non ! Elle est émue par tant de détresse, pas vraiment inquiète pour son propre avenir. Carla est une artiste égarée dans un monde dont elle ignorait tout. Pour elle, ce sera différent. Plus facile, elle en est persuadée. Vingt ans de journalisme politique lui ont appris à connaître le milieu et ses codes. Elle le pense si fort qu'elle ne peut s'empêcher de le dire. Carla confiera avoir bien ri, quelques semaines plus tard, quand Valérie sera clouée au pilori après son tweet de soutien à l'adversaire de Ségolène Royal !

Sur le perron, après la passation de pouvoir, la vraie, entre Nicolas Sarkozy et François Hollande, elle embrasse chaleureusement Carla alors que les deux présidents se battent froid. Dans la salle des fêtes, elle innove en emboîtant le pas de François Hollande et en serrant, après lui, les mains des représentants des corps constitués. Aucune Première dame ne s'était autorisé une telle entorse au protocole. Ce geste qu'on lui reprochera est symbolique. Il proclame sa volonté d'existence propre. Il signifie qu'elle ne sera pas une Première dame comme les autres. Il est évident qu'elle ne l'est pas. Elle est la seule qui a été et veut rester salariée, comme des millions de Françaises.

Divorcée comme Cécilia, mais deux fois, elle est aussi la seule qui n'est pas l'épouse du chef de l'État. N'en déplaise au député UMP de Paris Bernard Debré, qui lui demande de se taire sous prétexte qu'elle n'est que « la maîtresse du président », les Français ne lui en tiennent pas rigueur : seuls 13 % d'entre eux jugent choquant que Valérie Trierweiler et François Hollande ne soient pas mariés[1].

Valérie entre à l'Élysée avec l'idée très précise de ce qu'elle ne veut pas être. Pas question de se contenter du traditionnel rôle de représentation de la Première dame. Pas question non plus d'abandonner son métier de journaliste, de dépendre financièrement de son compagnon président, ni de vivre aux frais du contribuable. Elle résume d'une formule empruntée à Danielle Mitterrand son modèle : « Je ne serai pas une potiche. » Puis précise, un rien condescendante : « Je veux bien représenter l'image de la France, faire les sourires nécessaires, mais il faut que ça s'arrête là[2]. »

Répondant à sa consœur Christine Clerc qui lui conseillait, avant l'élection, d'assumer la fonction compassionnelle de la femme du président en créant une fondation, elle avait twitté : « N'oubliez pas que nous avons changé d'époque et de génération. » Elle est une femme de son temps, libre, indépendante. Le moment est venu, pense-t-elle, de réinventer le rôle.

On ne comprend rien à ce qui va se passer si l'on ne prend pas en compte le fait que, derrière le sourire assuré et les déclarations bravaches du style : « Il faudra s'habituer à moi », ou : « J'ai du caractère, on ne peut pas me brider », Valérie éprouve une double peur. Celle de perdre ses deux amours : son homme, François Hollande, dont elle est follement éprise, et son métier, le journalisme.

1. Sondage Harris Interactive.
2. *Times*, 9 mai 2012.

Sa carte de presse, numéro 63331, elle va s'y accrocher comme à une bouée. Elle est à la fois sa fierté, la preuve de son ascension sociale, de sa réussite, le garant de son autonomie. « Travailler est essentiel pour moi, vital [...]. Mon métier est constitutif de ce que je suis », explique-t-elle. Quand on vient d'une famille très modeste et provinciale, quand on est la cinquième des six enfants d'un père infirme et sans emploi, et d'une mère employée à la piscine municipale, devenir journaliste à *Paris Match*, le journal des stars, côtoyer les ténors de la politique, c'est la réalisation d'un rêve qui, enfant, lui paraissait presque inaccessible. Et auquel elle ne renoncera pas facilement.

La mort dans l'âme, elle a déjà dû cesser d'écrire sur la gauche, puis sur la politique. La direction de l'hebdomadaire, alertée sur sa liaison avec François Hollande par Ségolène Royal, puis par son mari Denis Trierweiler, lui en a intimé l'ordre. Mais elle a continué d'animer une émission politique sur D8 jusqu'à ce que François devienne officiellement candidat du PS à la présidentielle.

Hollande président, doit-elle aussi abandonner le journalisme culturel qu'elle a été contrainte d'accepter ? Doit-elle choisir entre son métier et son statut de Première dame ? Daniel Schneidermann, animateur de l'émission « Arrêt sur images », l'invite à renoncer à « faire la présidente » : « Quel éclatant symbole de normalité si elle tuait symboliquement la fonction rétrograde et potichisante de Première dame en proclamant qu'elle n'exercera aucune fonction[3]. » Le même jour, Serge July consacre, lui aussi, sa chronique à Valérie. Partant du constat qu'elle a décidé de rester journaliste, il affirme : « Elle doit aller jusqu'au bout de son choix. Elle ne devrait plus mettre les pieds à l'Élysée, sauf en de rares occasions[4]. »

3. www.arrêtsurimages.net, 5 juin 2012.
4. RTL, 5 juin 2012.

Valérie ne veut rien entendre. Ne plus être journaliste? Ce serait renoncer à son identité, à être elle-même! Ne plus «faire la présidente»? Ce serait s'éloigner de François. Déjà, pendant la campagne, elle a souffert de ne plus être constamment à son côté. Les proches de Hollande s'agaçaient de son omniprésence. Ils lui reprochaient de coller sans cesse à lui, de faire barrage entre eux et lui. Elle estimait, au contraire, que l'entourage lui volait les rares moments d'intimité qu'elle tentait de préserver avec son homme: «C'est le plus difficile dans cette campagne, le manque de moments à deux. Il faut accepter de partager l'essentiel de notre vie avec l'équipe, les élus, les gens[5].» Comme elles lui paraissaient loin les années 2009 et 2010, où François, en pleine traversée du désert, était tout à elle.

À l'Élysée, elle le sent, Hollande va lui échapper bien plus encore. Un président ne s'appartient plus. Comment pourrait-il lui appartenir? Elle le dira à sa manière: «François me trompe avec la France.» Alors, ne pas aller au Château, ce serait condamner son couple. Elle ne sait pas encore comment, mais elle se persuade qu'elle peut assumer tous ses rôles à la fois: mère de trois adolescents, journaliste et femme de président. Et elle rabroue tous ceux qui lui contestent cette faculté. À un membre du cabinet du président qui la prévient: «Ça va être compliqué pour vous», elle lance, furieuse: «Si vous voulez, je peux m'inscrire au Pôle emploi et demander des bourses pour mes enfants[6]!» François Hollande, qui juge déjà le rôle de la Première dame dépassé, ne souhaite pas sa venue à l'Élysée. Il lui suggère de travailler dans l'édition. Elle répond sèchement qu'elle n'en a aucune

5. Stéphane Ruet et Valérie Trierweiler, *François Hollande, président: 400 jours dans les coulisses d'une victoire*, Le Cherche Midi, 2012, p. 110.

6. Alix Bouilhaguet et Christophe Jakubyszyn, *La Frondeuse*, Éditions du Moment, 2012, p. 97.

envie. Elle est journaliste, elle restera journaliste. Manuel Valls exprime le sentiment général : « Valérie se maintient dans une forme d'illusion, mais elle sera prise dans des contradictions permanentes[7]. »

Elle négocie avec la direction de *Paris Match*. En position de force. Le magazine ne peut pas entrer en conflit avec la compagne du président. Elle conserve son salaire, donc son autonomie financière, et tiendra une chronique, « Le regard de Valérie », dans les pages culturelles. Deux à trois critiques de livres par mois. Pour s'exprimer, pour montrer qu'elle continue d'exister, elle décide de confier ses états d'âme à Twitter. Elle ne croit pas, comme Philippe Sollers, que le tweet est « un mode d'expression déculturé qui vient du désir de célébrité ». « C'est l'endroit où je n'abdique pas ma personnalité[8] », confiera-t-elle. Je twitte, donc je suis !

Ses premiers pas sont plutôt réussis. Au lendemain de la victoire du 6 mai, le nouveau président n'étant pas jugé assez photogénique, assez sexy, *Le Monde* et *Le Figaro* choisissent, pour leur une, de le montrer avec Valérie qui apporte une touche glamour. Elle peut croire, pendant quelques heures, à la formule que son journal a employée si souvent pour d'autres sacres de chefs d'État : « C'est un couple qui entre à l'Élysée. » Elle parle au *Monde*, à *Elle*, au *Figaro*, au micro des radios et des télés qui se tendent. Plutôt bien. Elle exprime son bonheur avec des mots simples : « C'était un immense moment, un peu vertigineux, je retenais mes larmes. L'élection, la découverte de la foule, je n'étais pas préparée à monter sur la scène, je ne savais pas que François m'y inviterait. » Elle

7. *Ibid.*, p. 117.

8. Anna Cabana et Anne Rosencher, *Entre deux feux*, Grasset, 2012, p. 160.

répète, comme François Mitterrand après son élection : « Quelle histoire ! »

Elle avoue ne pas réaliser ce qui lui arrive. Quelques jours après la passation de pouvoir, elle confiera : « Quand j'entends "le président de la République" à la radio, je n'ai pas encore intégré que c'était le mien ! Et quand j'entends "Première dame", je cherche Carla[9]. » Elle est bien placée pour savoir que, désormais, tout ce qu'elle va dire sera analysé, disséqué, interprété, caricaturé. Elle devrait se méfier. Mais non ! Elle continue de confier ses états d'âme à ses consœurs amies. Comme avant.

Elle répète qu'elle veut rester une Française comme les autres, une mère, une femme, une compagne comme les autres. Elle affirme avoir pris conscience des obligations de sa nouvelle situation, qui dit au *Monde* : « Première dame, c'est un second rôle et je dois veiller à ce que ça le reste. Ma parole ne doit pas se substituer à celle du président, elle ne doit pas gêner la parole du président. » Elle assure encore : « Je vais faire attention sur les tweets, la portée de mes propos a changé[10]. » Que ne s'est-elle tenue à cette sage intention !

Les premiers portraits de Valérie mettent l'accent sur sa beauté, sur son caractère difficile, sur sa volonté de rester journaliste. On la présente comme une rebelle, ce qui n'est pas pour lui déplaire. On lui trouve des allures hollywoodiennes, des airs de Lauren Bacall ou d'Audrey Hepburn, ce qui ne peut que la flatter. Ses maladresses sont épinglées. Par exemple, le jour de l'investiture, quand elle glisse au reporter de France 2 : « Je le laisse remonter les Champs-Élysées seul. » Ou lorsqu'elle affirme au micro de France Inter que l'appellation de « Première dame » lui

---

9. Alix Bouilhaguet et Christophe Jakubyszyn, *La Frondeuse*, *op. cit.*, p. 199.

10. *Le Monde*, 7 mai 2012.

paraissant désuète, elle préférerait celles suggérées par certains de ses correspondants, l'« atout cœur » – on ne fait pas plus ringard ! – ou, ce qui lui plaît mieux, « Première journaliste de France » – ce qui est carrément ridicule ! Sa première chronique pour *Paris Match*, une critique de la biographie d'Eleanor Roosevelt, fait sourire. Un livre qui tombe à pic, écrit-elle. Pour qui ? Pour elle, bien sûr ! S'il fallait une preuve supplémentaire de sa volonté de cumuler le journalisme et ses fonctions à l'Élysée, l'attaque de son papier l'apporte : « Tiens donc ! Une *First lady* journaliste n'est pas une nouveauté. Évidemment, il faut regarder de l'autre côté de l'Atlantique pour trouver ce cas unique et ne pas crier au scandale. » Les lignes qu'elle consacre à Eleanor sont une sorte de plaidoyer *pro domo*, le résumé de ce qu'elle veut devenir : « Cette *First lady* peu ordinaire, indispensable à son mari », qui sera « ses yeux et ses oreilles », « s'investit dans différents combats peu politiquement corrects » et qui « refuse d'être réduite au silence ». Patrice Biancone, son chef de cabinet, résume la pensée de sa patronne : « On dirait qu'Eleanor Roosevelt a existé pour justifier Valérie Trierweiler. » Cette dernière confiera à une consœur proche : « Pour moi, ça a été une vraie psychothérapie. Eleanor a raison : elle les emmerde. Et moi, c'est mon modèle[11]. » Valérie vit mal les commentaires ironiques qu'elle ne manque pas de susciter.

Sa première apparition sur la scène internationale, à Washington et à Chicago où François Hollande participe, du 19 au 22 mai, à son premier G8 puis à un sommet de l'Otan, est un succès. La *First girl friend* – la « première petite amie » – du président français, comme l'a surnommée CNN, séduit la presse américaine. Même la très conservatrice chaîne Fox News loue « son élégance

11. *Ibid.*, p. 22.

et son intelligence». Les journaux féminins et les sites féministes la félicitent d'avoir déclaré qu'elle «n'avait pas été élevée pour servir un mari». *The Shine* lui trouve beaucoup de points communs avec Michelle Obama, «deux femmes qui ont des carrières, mais qui ont fait des sacrifices pour leurs maris et qui ont manifestement sympathisé». La Première dame journaliste est reçue par la propriétaire de *Newsweek*, elle rencontre des confrères du *Washington Post* et de CNN. En compagnie des autres épouses des membres du G8, elle visite la Maison Blanche, la National Gallery of Art et le Jefferson Memorial. Elle est à la fois heureuse d'être là et frustrée. Elle aurait aimé être avec François dans le Bureau ovale. Impossible, bien sûr. Elle aurait voulu assister à la conférence de presse de Barack Obama et de François Hollande. Impossible aussi. Mais pourquoi? Très sollicitée par les journalistes, elle refuse de parler. Sauf pour faire l'éloge, à Chicago, de la *First lady*: «Michelle Obama est vraiment l'une des personnes qui m'a le plus impressionnée de toute ma vie. Elle a une présence incroyable, un charisme impressionnant. On se dit qu'elle pourrait faire, elle aussi, une carrière politique.» Et, regagnant Paris, elle twitte: «Merci à Michelle Obama pour son accueil chaleureux à la Maison Blanche et à Chicago, sa ville natale. Merci aussi pour ses précieux conseils.» Quels étaient-ils? Ne pas se précipiter, prendre son temps pour enfiler ses nouveaux habits. Elle lui a confié avoir personnellement mis une bonne année. Pourquoi Valérie ne l'a-t-elle pas écoutée?

Brillante avocate, Michelle Obama a abandonné son métier pour se consacrer exclusivement à sa fonction de *First lady*. Valérie, elle, a choisi d'être Première dame tout en restant journaliste. Elle s'installe à l'Élysée dans le bureau où Carla est peu venue. Pour la première fois de sa vie, elle possède son propre bureau, elle qui, à *Paris Match*, travaillait dans un *open space*. Un bureau à l'Élysée, au cœur du pouvoir, un rêve de journaliste ! Mais elle déchante vite, découvre les conséquences pratiques de la non-existence juridique de la Première dame. Elle ne dispose d'aucun budget. Elle qui ne voulait pas être « femme de » dépend entièrement du président qui, seul, décide du nombre de collaborateurs et des frais qu'elle pourra engager. Elle sera assistée d'un chef de cabinet, son ami le journaliste Patrice Biancone, qui aura sa propre collaboratrice, d'une chargée de mission et de deux secrétaires, tous rémunérés par l'Élysée. C'est moins, beaucoup moins, on le verra, que Bernadette Chirac ou Carla Bruni-Sarkozy.

Elle est un peu perdue, Valérie, piégée même. Elle pressent à la fois qu'elle ne compte pas beaucoup et qu'elle ne s'appartiendra plus. Elle confie : « Ce n'est pas le fait qu'on ne s'intéresse pas à moi. Mais c'est de me dire : à quoi je sers[12] ? » Elle fait étudier le comportement des principales Premières dames de la planète. Après tout, les épouses de Tony Blair, de Zapatero, de Schröder avaient conservé leur métier ! Pourquoi pas elle ? Elle ne veut pas voir qu'ils étaient chefs de gouvernement, pas chefs d'État, pas monarques républicains.

Tout bascule avec le fameux tweet. Elle avait prévenu : « Non, je ne demande pas l'autorisation avant de twitter ! » En avril 2012, elle affirmait avec humour : « François me fait totalement confiance, sauf pour mes tweets. » On le comprend ! Après certains d'entre eux qu'il jugeait peu judicieux, il lui demandait : « Qu'est-ce que tu as encore fait ? » C'était dit sur un ton amusé, pour ne pas la heurter, elle, si susceptible.

Devenu président, il n'avait pas imaginé un instant qu'elle se montrerait à ce point irresponsable, qu'elle n'hésiterait pas à provoquer la tempête en le défiant

12. *Ibid.*, p. 94.

publiquement. Un acte inouï, insensé, d'autant plus déflagratoire pour celui qui se voulait le président normal qu'il mélange vie publique et vie privée.

Le tweet dévastateur tombe le 12 juin 2012, à 11h56: «Courage à Olivier Falorni qui n'a pas démérité, qui se bat aux côtés des Rochelais depuis tant d'années dans un engagement désintéressé.» Cent trente-sept signes, signé: @valtrier, la signature de Valérie sur Twitter. La Première dame prend parti pour le socialiste dissident qui affronte Ségolène Royal à La Rochelle. La veille, l'ex-candidate à la présidentielle de 2007 a reçu un message de soutien de son ex-compagnon, père de ses quatre enfants: «Ségolène Royal est l'unique candidate de la majorité présidentielle qui peut se prévaloir de mon soutien et de mon appui.» C'est signé: François Hollande, président de la République. Ce message, dont elle prend connaissance le lendemain matin lorsqu'il est rendu public, rend Valérie folle de rage. Comment a-t-il osé! De son bureau de l'Élysée, elle l'appelle: «Tu as pris position en faveur de Ségolène Royal sans me le dire. Dans mon dos! Alors que tu m'avais dit que tu ne la soutiendrais pas[13]...» Elle s'estime trahie. Au profit de sa rivale qui a tout fait pendant des années pour la faire virer de *Paris Match*, pour lui empoisonner la vie. Elle croyait en avoir définitivement triomphé. Mais non! François ne l'oublie pas, qui la soutient! Si elle est élue, elle va devenir présidente de l'Assemblée nationale, le quatrième personnage de l'État. Elle accompagnera le président dans les cérémonies officielles. À nouveau présente, puissante, alors qu'elle, Valérie, n'a aucun statut, aucun pouvoir. Elle n'est même pas mariée! Elle enrage. Elle a peur de disparaître, alors que l'autre triomphera. Elle prévient François: «Tu vas

13. Anna Cabana et Anne Rosencher, *Entre deux feux*, *op. cit.*, p. 18.

voir de quoi je suis capable ! Tu la soutiens, moi je vais soutenir Olivier Falorni. » Hollande tente de la raisonner : « Ce n'est pas possible ! » Impensable en effet, tellement fou que lorsque le tweet tombe, personne ou presque n'y croit. « C'est un faux... », réagit Martine Aubry, venue, ce 12 juin, soutenir Ségolène Royal à La Rochelle. Valérie Pécresse, ex-porte-parole du gouvernement Fillon, réagit sur son compte Twitter : « Ne serait-ce pas un faux ? » Mais non ! Valérie Trierweiler confirme elle-même l'authenticité de son tweet à l'AFP.

À l'Élysée, les proches collaborateurs du président sont atterrés. Après avoir raccompagné Jospin, François Hollande, qui a été informé pendant son entretien avec l'ancien Premier ministre et n'a pas cillé, les rejoint dans le bureau du secrétaire général, Pierre-René Lemas. Il reste très calme, laisse seulement tomber : « Elle est irresponsable ! » Dans la bouche de cet homme rationnel, qui se contrôle en toutes circonstances, c'est à la fois une condamnation et la marque d'une incompréhension profonde. Devant ses proches, il ne laisse rien paraître. Mais il est sonné. Lui qui ne perd jamais son sang-froid, même dans les situations les plus difficiles, paraît totalement désemparé. « Bousillé psychologiquement », dit un intime. À un ami, il demande : « Que puis-je faire, que ferais-tu à ma place ? — Rien », répond l'autre. Hollande pense aux conséquences politiques. Il a compris qu'elles seront catastrophiques. Son autorité est mise à mal. Plus encore l'image qu'il voulait donner, celle d'un président qui ne confond pas, comme son prédécesseur – il le lui a assez reproché ! –, vie publique et vie privée. Le voilà au cœur d'un psychodrame politico-conjugal, pris entre son ex-femme qu'il soutient et la nouvelle qui la torpille. Thomas Hollande s'en mêle, qui commente : « Ça me fait de la peine pour mon père, il déteste tellement que l'on parle de sa vie privée. Ça détruit l'image normale qu'il avait construite. » Il enchaîne : « Je savais que quelque chose pouvait venir d'elle [Valérie] un jour, mais pas un si gros coup. C'est hallucinant [...]. C'est un facteur d'instabilité, soit elle est journaliste, soit elle a un cabinet à l'Élysée[14]. » François aurait préféré que son fils se taise, mais il aurait pu signer ce qu'il a dit.

Valérie, elle, n'a pas compris. Ou ne veut pas comprendre. Elle s'entête, n'en démord pas, persuadée qu'elle a moralement raison, qu'elle a réparé une injustice. Falorni est un des rares socialistes – une quinzaine ! – restés fidèles à Hollande quand il était au creux de la vague, quand on l'appelait avec mépris « Monsieur 3 % ». Comment a-t-il pu le lâcher ainsi ? A-t-il oublié que Falorni a abrité leurs amours clandestines à La Rochelle pendant des années ? Au lendemain du tweet, elle affirme au micro de RTL ne rien regretter. À plusieurs de ses copines journalistes, elle assure qu'elle ne se soumettra pas, qu'elle continuera de twitter. Indomptable Valérie ! Non seulement elle ne présente pas d'excuses, mais, selon Christian Gravel, le responsable de la communication du président, c'est elle qui fait la leçon à Hollande[15]. Elle lui dit qu'il a commis une faute politique en soutenant Ségolène Royal. D'abord, parce qu'il n'a soutenu aucun autre candidat. Ensuite, et surtout, parce qu'une grande majorité des socialistes souhaitent la défaite de l'ex-candidate dont le retour en fanfare aurait compliqué sa tâche. Hollande sait que, sur ce dernier point, Valérie n'a pas totalement tort. Il se reproche d'avoir cédé à la pression insistante de Ségolène. Mais il ne pardonne pas à sa compagne de l'avoir fragilisé, pour ne pas dire ridiculisé, en s'opposant à lui. Il ne supporte pas que, devant lui, elle joue la

14. *Le Point*, 12 juillet 2012.

15. Alix Bouilhaguet et Christophe Jakubyszyn, *La Frondeuse*, *op. cit.*, p. 140.

victime, demande, butée : au nom de quoi devrait-elle être « la seule femme de France à n'avoir jamais le droit de s'exprimer ». La réponse lui paraît pourtant évidente : elle est la seule et unique Première dame, ce qui lui confère une obligation de réserve. François Mitterrand avait fait la même à Danielle qui, elle aussi, feignait de ne pas comprendre pourquoi elle devait parfois se taire. Hollande somme Valérie de choisir. Un bureau et des collaborateurs à l'Élysée, ou bien le journalisme et la liberté d'expression. Elle obtempère. À sa manière ! Elle décide de rester Première dame, de renoncer à toute collaboration à la télévision, mais pas à sa chronique de *Paris Match.*

Le tweet provoque une forte tension au sein du couple. Valérie s'enferme dans leur trois pièces de la rue Cauchy, dans le 15e arrondissement, puis part pour sa maison de L'Isle-Adam. Lui dort à l'Élysée. Il ne réagit pas publiquement. Il pense, comme François Mitterrand, que plus les situations paraissent compliquées, plus il faut attendre, laisser décanter. Tandis que, c'est de bonne guerre, la droite se déchaîne, ironise sur ce « vaudeville », ce « Dallas » à l'Élysée, il laisse le soin à son Premier ministre, Jean-Marc Ayrault, et au président du groupe socialiste au Sénat, François Rebsamen, de recadrer publiquement Valérie. Il fait savoir qu'il les a félicités pour leur intervention. La Première dame est mortifiée.

Moins diplomate, Jean-Louis Bianco, proche de Ségolène Royal, dit haut et fort ce que tous ou presque pensent dans l'entourage du président et au PS : « Nous n'avons pas élu Valérie Trierweiler, nous avons élu François Hollande, donc je demande : de quoi se mêle-t-elle ? Je trouve ça purement et simplement indigne. » Indigne ! Valérie brûle de répondre, mais comprend que désormais elle a intérêt à se taire. Biancone l'exprime lorsqu'il affirme devant des journalistes : «Je suis scandalisé par tous ces discours machistes où la femme est considérée comme un sous-humain. Il faudrait quoi ? Lui mettre un bracelet électronique ? C'est vrai, ils [François et Valérie] ne sont pas sur la même position, mais ce n'est pas la première fois qu'une Première dame n'est pas d'accord avec son mari. Il y a des précédents[16]. » Biancone et Valérie pensent, bien sûr, à Danielle Mitterrand. La comparaison ne tient pas. Si, on l'a vu, certaines prises de position de la présidente de France Libertés sur la scène internationale ont mis l'Élysée et le Quai d'Orsay en porte-à-faux, elle n'a jamais critiqué publiquement un choix électoral ou une décision politique de son mari. Si ses déclarations contre les lois Pasqua ou son jugement sur l'action du Premier ministre, Jacques Chirac, ont pu gêner François Mitterrand, contraint de cohabiter avec la droite, il les approuvait sur le fond.

Rien de tel avec le « tweetweiler ». Il est dévastateur pour François Hollande parce que le différend sur le soutien électoral porte sur la personne de Ségolène, la mère de ses enfants, qui fut sa compagne pendant vingt ans. Valérie n'a pas exprimé un désaccord politique, elle a manifesté une jalousie maladive. Le tweet fait apparaître un président pris entre deux compagnes, l'ex et la nouvelle. Incapable de s'imposer. Les titres de la presse sont éloquents. François Hollande est décrit comme un faible cerné par deux femmes autoritaires. ET IL EST OÙ, LE PRÉSIDENT NORMAL ? ; BAL TRAGIQUE À L'ÉLYSÉE : UN MORT (*Marianne*) ; LA POLÉMIQUE TRIERWEILER, LE CASSE-TÊTE DU PRÉSIDENT (*Le Point*) ; « Qui est le chef ? » (*L'Express*) ; CES FEMMES QUI LUI GÂCHENT LA VIE (*L'Express*). « Les Guignols de l'info » de Canal + décrivent un homme martyrisé par deux mégères, deux harpies hystériques. VALÉRIE, FRANÇOIS ET SÉGOLÈNE, LES FEUX DE L'AMOUR À L'ÉLYSÉE, titre *VSD*. La presse étrangère n'est pas en reste. Le *New*

---

16. *Ibid.*, p. 134.

York Times ironise: «C'est une scène digne de Molière et de *MacBeth.*» Le *Washington Post* interroge: «Comment dites-vous, crêpage de chignon en français?» Cruel pour Hollande, le pudique, qui se voulait exemplaire.

Pour Valérie, c'est la curée. Jamais Première dame n'avait été à ce point éreintée. Certains vont jusqu'à comparer son tweet à la dépêche d'Ems, ce télégramme diplomatique qui conduira, le 19 juillet 1870, à la guerre contre la Prusse. Rien de moins! Elle est le «casse-tête» du président (*Le Point*), la «première gaffe de France» (*Libération*). Personne ne la soutient. Les féministes interrogées par l'hebdomadaire *Elle* la condamnent presque toutes... au nom du féminisme, regrettant amèrement que son attitude ait provoqué «des réactions d'une misogynie crasse», selon Catherine Breillat. L'écrivaine et réalisatrice rappelle: «La légitimité de parole de Valérie Trierweiler ne vient que du président. C'est le fait de la princesse. Elle n'est rien sans lui, nous ne l'avons pas élue [...]. On a envie de lui dire: "Sois belle et tais-toi."[17]» L'inverse de ce que Valérie recherchait! La politologue Mariette Sineau regrette qu'elle «n'ait fait que raviver les stéréotypes sexistes concernant les femmes politiques». Seule l'écrivaine Éliette Abécassis la défend: «Parce qu'elle est une femme, elle est forcément jalouse, forcément réduite à ses affects, forcément "hystérique" [...]. Parce qu'elle est "femme de", doit-elle être réduite au silence? Mais dans quel siècle vit-on? [...]. Je la trouve audacieuse: elle tente un nouveau style de Première dame. Il faut la soutenir et non pas la condamner[18].» Enfin un avocat de la défense! Mais combien de procureurs! Jusqu'au sein de l'entourage du président, on la qualifie de «bombe humaine», de «grenade dégoupillée», de «talon d'Achille

17. *Elle*, 22 juin 2012.
18. *Ibid.*

de Hollande». Avant son élection, François était déjà las des caprices, des sautes d'humeur, des scènes de sa volcanique campagne. Désormais, il la considère comme un danger.

L'opinion aussi la juge sévèrement : 69 % des Français, dont 81 % des électeurs de gauche, sa famille, désapprouvent son tweet[19]. Opinion confirmée une semaine plus tard par un autre sondage : Valérie Trierweiler a mal agi vis-à-vis de Ségolène Royal (62 %), et plus encore vis-à-vis de François Hollande (68 %)[20]. Et ce sont les femmes qui sont les plus critiques.

Valérie est abasourdie. Elle n'avait pas mesuré la portée de son tweet, pas imaginé une seule seconde qu'il aurait un tel effet déflagratoire. Elle se terre. Quelques jours après le tweet, elle écrit à une amie : «Je ne sais pas si je pourrai me relever. Je n'ai pas de carapace. Mais j'ai construit une bulle. Je n'ai rien lu, rien vu, sinon ce n'était pas possible[21].» Plus tard, elle confiera au *Sunday Times* : «Je n'osais même plus sortir, j'avais peur d'être lynchée ! J'aurais pu ne jamais revenir à l'Élysée.» En a-t-elle conscience ? Désormais, elle est en sursis.

Son geste paraît tellement fou que les journaux, pour tenter de comprendre, donnent la parole aux psychanalystes. Tous invoquent la jalousie et la difficulté à entrer dans ses nouveaux habits. Jacques-Alain Miller : «La jalousie de Valérie Trierweiler semble incontrôlable [...]. Il y a au côté du président un bateau ivre qui a largué les amarres [...]. Elle n'écoute personne car on voit, au-delà de la jalousie, qu'il y a une douleur intime. L'aura de Ségolène Royal lui fait éprouver un affect de "désêtre" dont il lui faut sortir à tout prix. Elle se débat avec l'énergie

19. Sondage BVA pour *Le Parisien*, 15 juin 2012.

20. Sondage Harris Interactive pour *Gala*, 22 juin 2012.

21. Anna Cabana et Anne Rosencher, *Entre deux feux*, *op. cit.*, p. 196.

du désespoir pour exister[22]. » Jean-Pierre Friedman : « Chez elle, l'affectivité ou le trop-plein irrationnel se manifeste indépendamment de l'intelligence[23]. » Serge Hefez : « On est dans quelque chose de très classique qui s'expose dans la vie privée : une rivalité entre une nouvelle conjointe et une ancienne [...]. Valérie Trierweiler est une femme qui est prise dans un étau et qui le dit : elle veut continuer à être elle-même, avec sa personnalité. Et en même temps, elle doit rentrer dans cet autre personnage, celui de la Première dame [...]. On assiste donc là à un véritable passage à l'acte de quelqu'un qui, comme on dit, pète les plombs et qui exprime ce malaise[24]. » C'est à qui expliquera le mieux le « complexe de Rebecca » fait par Valérie, celui de la seconde femme qui se heurte à la présence ineffaçable de la première.

Le fiasco est complet. Valérie voulait rester la compagne normale d'un président normal. Surtout ne pas imiter les Sarkozy. Et voilà que ses sentiments, son affect, ses états d'âme sont étalés sur la place publique. Elle cherchait, plus ou moins consciemment, à effacer Ségolène, à empêcher son retour. Et voilà que ses relations orageuses avec elle s'étalent à nouveau au grand jour. Elle voulait être l'« atout cœur » du président, elle devient la mal-aimée : 67 % des Français ont une mauvaise opinion d'elle, selon une enquête Harris Interactive. Elle est la plus impopulaire des Premières dames, pour ne pas dire la plus détestée. La méchante, celle qui a gagné, mais qui continue à poursuivre son ex-rivale de sa vindicte. D'autant que Ségolène, plus habile, joue les victimes, dénonce « la trahison », la rend responsable de sa défaite alors que ses chances de victoire après un premier tour catastrophique

22. *Elle*, 22 juin 2012.
23. *Ibid.*
24. *Libération*, 13 juin 2012.

étaient infimes. Le tweet n'était pas seulement insensé, il était inutile.

L'album de photos consacré aux coulisses de la campagne de François Hollande sort le 21 juin. Ce devait être un grand moment pour Valérie. Une sorte de consécration publique. La preuve en images de son rôle éminent auprès du futur président. C'est au contraire un objet de raillerie, la confirmation de sa volonté à la fois naïve et pathétique de se mettre en scène. On ne compte pas moins de cinquante photos d'elle sur les 146 pages du livre. « Ce n'est pas un livre sur moi, mais sur elle », lâche le président. Les remerciements, en dernière page, font sourire : « À François pour notre histoire d'amour et pour m'avoir embarquée, malgré moi, dans cette aventure extraordinaire. » Ses légendes de certaines photos plus encore. Notamment celles de Ségolène et de François à Rennes : « Ah, le meeting de Rennes ! Ou plutôt le meeting Hollande-Royal. Bref, les retrouvailles François-Ségolène [...]. Vont-ils s'embrasser, se tenir la main ? Voilà les questions cruciales que se posent mes confrères. Oui, l'homme que j'aime a eu une femme avant moi. Et il se trouve qu'elle a été candidate à l'élection présidentielle. Je fais avec. » Elle a beaucoup de mal, on l'a vu ! Ces « questions cruciales » dont elle feint de se moquer, elles l'intéressaient au point d'organiser, on le verra, toute une mise en scène pour qu'il n'y ait ni embrassade ni même poignée de main !

Le président choisit la traditionnelle interview télévisée du 14 Juillet pour tirer, devant les Français, les leçons du tweet : « Je suis pour une claire distinction entre vie publique et vie privée, et donc je considère que les affaires privées se règlent en privé, et je l'ai dit à mes proches pour qu'ils respectent scrupuleusement ce principe. » Mes proches ! Le président feint de tancer aussi son fils Thomas, mais c'est bien à Valérie qu'il s'adresse. D'ailleurs, pour qui en douterait, il précise : « Les Français sont, j'allais dire, comme moi, ils veulent que les choses soient claires, que l'État soit dirigé par celui qu'ils ont choisi et qu'il n'y ait aucune interférence.» Au journaliste Laurent Delahousse qui lui demande: «Ça ne se reproduira pas?» François Hollande répond d'un ton sec: «Non!» Plus de tweet donc. Il ajoute encore: «Valérie veut garder son activité professionnelle. Je le comprends. Elle sera à mes côtés lorsque le protocole l'exige, et ce n'est pas très fréquent.»

Publiquement rappelée à l'ordre, sommée de se taire désormais, Valérie est humiliée. Elle qui disait: «On ne peut pas me brider!» voit son rôle de Première dame réduit à sa conception la plus classique. Accompagner son mari dans quelques cérémonies protocolaires et quelques voyages officiels.

Hollande va plus loin encore. En privé, il exige d'elle un *mea culpa* public. Elle profite du 14 Juillet, où elle fait une réapparition timide, pour glisser: «Je tournerai sept fois mon pouce maintenant avant de twitter.» Formule astucieuse: elle reconnaît qu'elle n'aurait pas dû, mais elle ne présente pas d'excuses. Il faudra attendre début octobre pour qu'elle obtempère enfin. Son tweet? «C'est une erreur que je regrette. J'ai été maladroite puisque cela a été mal interprété. Je n'avais pas encore réalisé que je n'étais plus seulement une simple citoyenne. Cela ne se reproduira pas [...]. Je n'avais sans doute pas pris la mesure des exigences de cette tâche [Première dame].» Elle a choisi *Ouest-France* pour ce *mea culpa*. Dans la même interview, elle va plus loin, elle définit son rôle tel qu'elle le conçoit désormais: «Être au côté du président m'oblige à considérer les choses autrement, à avoir des préoccupations moins personnelles. Je reçois de nombreuses demandes d'associations, et d'autres, individuelles: le plus souvent de femmes dans des situations précaires. Je considère que c'est mon devoir d'y répondre. » Chaque mot a été pesé pour atténuer l'effet de ce qui a tout d'une capitulation sans conditions. C'est bien de cela qu'il s'agit. Elle voulait réinventer la fonction, elle se coule dans le moule. Elle revendiquait sa liberté de parole, elle admet être tenue à un devoir de réserve. Elle ne voulait pas être une Première dame de charité, elle est forcée d'admettre qu'il s'agit là, désormais, de l'essentiel de sa fonction. Comme il a dû lui en coûter, elle si fière !

Son acte de contrition va-t-il clore cette séquence calamiteuse pour elle et pour François ? Non, elle n'en a pas fini. Après le déluge d'articles, les livres. *La Favorite*, un pamphlet de Laurent Greilsamer, ancien journaliste du *Monde*, la campe en « compagne sûre d'elle et dominatrice », en « aimant qui attise l'impopularité autour du président ». *Entre deux feux*, d'Anna Cabana et Anne Rosencher, raconte l'histoire d'un président écartelé entre deux femmes, un psychodrame devenu affaire d'État. *La Frondeuse*, d'Alix Bouilhaguet et Christophe Jakubyszyn, première biographie de Valérie, décrit une « femme de feu » à « l'esprit tourmenté ». La Première dame fera condamner les deux auteurs qu'elle avait longuement reçus pour atteinte à la vie privée.

Ces ouvrages décrivent une femme têtue, prétentieuse, hautaine, cassante, éruptive. C'est ainsi, hélas pour elle, que les Français la voient. Loin de l'image dépeinte par ses amis, peu nombreux, mais fidèles, celle d'une fille impétueuse, certes, mais franche, sincère, loyale, courageuse et même « rigolote ». Ces livres reviennent sur les scènes, dont elle est jugée responsable, qui ont provoqué des psychodrames dans l'entourage du candidat et mis François Hollande mal à l'aise :

– Le film retraçant l'histoire des socialistes français, diffusé lors du meeting du Bourget. Un seul nom manque : celui de Ségolène Royal, la première femme qualifiée pour le second tour d'une élection présidentielle et qui a obtenu 17 millions de voix face à Sarkozy, en 2007. Valérie affirme qu'elle n'y est pour rien. Manuel Valls confirme, assumant la responsabilité de ce choix, puisque le film est consacré à ceux qui, de Jaurès à Mitterrand, en passant par Blum, ont gagné. Personne, ou presque, ne le croit. Si elle n'est pas intervenue directement, il a devancé ses désirs pour éviter une de ses réactions incontrôlables.

– Le meeting de Rennes, le 4 avril 2012. Ce devait être le moment d'émotion de la campagne. Le passage de témoin entre la candidate de 2007 et celui de 2012. Tout avait été négocié. Ségolène parlerait avant François qui la rejoindrait sur la scène. Cette photo des retrouvailles de l'ex-couple, symbole de l'unité des socialistes, les sympathisants l'attendaient. Valérie la redoutait. Au point de tenter d'empêcher qu'elle soit prise. Alors que le candidat pénètre par le fond de la salle, on fait descendre Ségolène au pied du podium. Lorsqu'il gravit les marches qui montent à la tribune, elle lui emboîte le pas. Un agent de sécurité tente de l'en empêcher. Elle force le passage. La voilà qui surgit dans le dos de Hollande qui ne s'y attendait pas. Tonnerre d'applaudissements des 15 000 supporters présents. François, gêné, salue la présence de son ex-compagne : « Ségolène est là comme symbole de l'unité, qui avait manqué en 2007, mais qui est là maintenant, puissante, irréversible. » Les caméras tournent, les flashs crépitent. Il ne l'embrasse pas, ne lui prend pas la main pour la lever en signe de victoire. Il reste à distance, ne la touche pas. Très vite, d'un signe de la main, il lui indique la sortie. Comme s'il avait peur de la réaction de Valérie, peur d'afficher la moindre complicité avec la mère de ses enfants. Ce soir-là, c'est encore Valls qui passe pour le bras armé de Valérie. Elle était à cran, ulcérée par la présence exceptionnellement massive des médias. Il a voulu, selon l'expression d'un de ses proches,

« protéger Valérie d'elle-même[25] », éviter qu'elle ne gâche la fête. L'essentiel est sauf. La photo de Ségolène et François, très largement diffusée en France et à l'étranger, fait l'événement.

L'autre photo de la soirée, Valérie serrant la main de Ségolène, ne sera guère publiée que par *VSD*. Elle aussi a été mise en scène. La journaliste, suivie de photographes rameutés pour la circonstance, a attendu que l'ex-candidate s'assoie au premier rang, au pied de la tribune, pour rejoindre sa propre place, saluant un à un les hiérarques socialistes. Arrivée à hauteur de Mme Royal, elle lui tend la main. Elle l'avait déjà fait au Bourget, mais l'ex lui avait tourné le dos. Cette fois, impossible de fuir. Ségolène dira qu'elle a été piégée, que « l'autre », comme elle l'appelle, a voulu lui voler la vedette. Valérie plaidera qu'il s'agissait d'un geste de réconciliation. Si telle était son intention, ce fut raté. L'ex parlera de « mascarade indigne de la responsable politique que je suis[26] ». Puis elle affirmera, dans *L'Express* : « Je ne suis pas une people, mais une personnalité politique de premier plan. C'était dégradant. » La réconciliation n'est pas pour demain.

– Le baiser de la Bastille. Le soir de la victoire, devant la foule des supporters, Hollande étreint chaleureusement Ségolène. Lorsqu'il rejoint Valérie, elle lui intime le désormais célèbre : « Embrasse-moi… sur la bouche. » Même dans l'euphorie de cet événement exceptionnel, elle tient à rappeler que la compagne, désormais, c'est elle, pas l'ex. Toujours cette angoisse obsessionnelle de ne pas être reconnue, cette incapacité à dépasser cette jalousie qui la ronge. Le baiser qu'elle exige veut dire : épouse-moi.

25. Anna Cabana et Anne Rosencher, *Entre deux feux*, *op. cit.*, p. 68.

26. Sylvain Courage, *L'Ex*, Éditions du Moment, 2012, p. 191.

– La passation de pouvoir. On la rend responsable de l'absence des enfants d'Hollande. Elle aurait voulu fouler, seule, le tapis rouge de la cour d'honneur de l'Élysée. En réalité, ce sont les fils et les filles de Ségolène et de François qui, pour ne pas imiter les Sarkozy, ne pas mêler vie publique et vie privée, ont décidé qu'ils ne viendraient pas. En revanche, c'est bien à cause de Valérie – à sa demande ou pour éviter une nouvelle scène ? – que Ségolène, présidente du Poitou-Charentes, n'a pas été conviée. Les présidents de région seront les victimes collatérales : aucun d'entre eux ne sera invité.

Jamais encore une Première dame n'avait subi un tel traitement éditorial. Jamais aucune n'avait été aussi sévèrement jugée. Jamais aucune, il est vrai, n'avait eu un comportement aussi erratique provoqué par une seule et même obsession : Ségolène Royal.

Valérie a-t-elle conscience que François la regarde désormais avec d'autres yeux, qu'il n'a plus confiance en elle, que quelque chose entre eux s'est brisé ? Elle veut croire que l'amour qui les unit, le grand amour, « celui qui emporte tout, qui rend la vie si douce, si extraordinaire », disait-elle, va résister à la tourmente. Il l'a aimée follement, c'est vrai, au point de tout supporter. Il n'en revenait pas d'avoir été choisi par une femme aussi belle, que politiques et journalistes dévoraient des yeux, et que beaucoup draguaient, lui qui disait : « En amour, c'est comme en anglais, je suis dans le groupe faible. » Il l'a aimée follement, au point de le lui déclarer par voie de presse – ce qu'il n'avait jamais fait pour Ségolène –, affichant ainsi publiquement sa liaison : « C'est une chance exceptionnelle de pouvoir réussir sa vie personnelle et de rencontrer la femme de sa vie. Cette chance, elle peut passer, moi je l'ai saisie. » Ceux qui le connaissent le mieux le croyaient incapable d'une telle « confidence », lui si pudique. Le choix du journal, le magazine people

Gala qui, le 13 octobre 2010, titre en couverture : VALÉRIE EST LA FEMME DE SA VIE, étonne lui aussi. On comprend mieux lorsqu'on sait que les propos de François Hollande ont été recueillis par Constance Vergara, une amie de Valérie. De là à penser que cette dernière a sollicité cette déclaration… d'une rare inélégance vis-à-vis de Ségolène et de ses enfants. François corrigera, quatre mois plus tard, devant les auteures de *Entre deux feux* : « La phrase était maladroite. J'aurais dû dire : "C'est la femme de ma vie d'aujourd'hui." Mais je ne regrette pas ce *coming out*. C'était très important de le dire. Il fallait montrer que j'étais dans une autre vie. Valérie en avait besoin[27]. »

En 2010, François a compris combien sa compagne avait souffert de vivre dans l'ombre alors que Ségolène, candidate à la présidentielle de 2007, était en pleine lumière. Souffert d'être condamnée au silence, de laisser sa rivale raconter l'histoire à sa manière, demander François en mariage en direct sur TF1, à l'automne 2005, puis confier aux journalistes qui l'accompagnaient à Rennes, en juin 2006, qu'elle envisageait un mariage avec François en Polynésie. Valérie a eu peur, une peur panique, que Ségolène soit élue, que François et elle se réconcilient au nom de la *realpolitik*. Elle était convaincue qu'alors l'autre aurait sa peau, qu'elle l'anéantirait. Voilà pourquoi en 2007 – elle le fera savoir plus tard – elle a voté Bayrou au premier tour et s'est abstenue au second, elle qui votait toujours à gauche.

À l'époque, François Hollande a eu conscience qu'il fallait rassurer Valérie, satisfaire son besoin de reconnaissance publique. Mais désormais, il ne la comprend plus. Ségolène a été battue à la présidentielle de 2007, étrillée à la primaire de 2012. Il est devenu président de

27. Anna Cabana et Anne Rosencher, *Entre deux feux*, *op. cit.*, p. 97.

la République. C'est elle, Valérie, qui a gagné, elle qui partage sa vie, elle qui est Première dame. Pourquoi éprouve-t-elle toujours cette nécessité impérieuse, irrationnelle, quasi vitale de réécrire l'histoire telle qu'elle l'a vécue? Quel besoin avait-elle, le 9 mai, trois jours après l'élection, de confier au *Times* qu'entre François Hollande et Ségolène Royal, «tout avait pris fin il y a sept ans», que tout était «bien terminé», qu'«il n'y avait plus d'histoire sentimentale entre eux»? Était-ce bien le moment, et quel intérêt pour les Français? Pour elle, c'était primordial. Dater sa liaison avec François, c'était dater la fin du couple Royal-Hollande, donner sa version des faits, gagner quelques années sur Ségolène, balayer les atermoiements de son compagnon qui l'avaient mortifiée, oublier qu'il avait fait la navette entre elle et l'autre, qu'il n'arrivait pas à rompre avec la mère de ses enfants, qu'il avait fallu que cette dernière le mette à la porte pour qu'il la rejoigne enfin définitivement.

Elle a gagné, mais elle se méfie toujours de Ségolène qu'elle sait imprévisible et capable de tout. Hollande, il est vrai, ne fait rien pour la rassurer. Elle souffre de ses silences. Pourquoi ne lui parle-t-il pas franchement de ses relations avec son ex-compagne? Elle avait très mal vécu d'apprendre par la presse qu'il avait passé un *deal* avec elle après le premier tour de la primaire socialiste: son désistement pour le second tour contre le perchoir. Elle avait aussitôt twitté: «Hommage à Ségolène Royal pour son ralliement sincère, désintéressé et sans ambiguïté.» Sa réaction furibarde en apprenant le soutien de François à Ségolène à La Rochelle tient aussi au fait, on l'a vu, qu'il a agi sans rien lui dire. Elle aime François Hollande, elle est persuadée qu'il l'aime encore, mais il est avec elle comme avec tous ses proches. Insaisissable. Elle ne sait jamais ce qu'il pense. «Personne ne peut dire qu'il connaît Hollande. Pas même moi», a-t-elle confié à l'écrivain Laurent Binet. Il l'insécurise. Elle est franche, directe, parfois brutale. Lui préfère contourner l'obstacle, éviter l'affrontement. Pour la calmer, la rassurer, il lui dit ce qu'elle veut entendre, lui promet ce qu'il sait ne pas pouvoir tenir, lui cache ce qu'elle découvrira nécessairement plus tard. Comme s'il cherchait à gagner du temps, à retarder le moment où la colère de Valérie explosera.

Pendant la campagne, elle jouait un rôle, se permettant même d'interdire la porte du QG hollandais à Julien Dray, pourtant proche de François. Elle était plus qu'un témoin privilégié, un acteur qui prodiguait des conseils pour la communication et même la stratégie. L'entourage la craignait. Le candidat Hollande feignait de l'écouter. Même s'il n'en faisait qu'à sa tête. Mais il tolérait les initiatives intempestives, les propos maladroits de sa compagne, même lorsqu'ils posaient problème avec ses proches, même lorsqu'ils le mettaient en porte-à-faux vis-à-vis de ses propres enfants. Après le tweet, le président ne met plus les formes. Valérie découvre qu'au palais, elle ne compte pas. *Le Canard enchaîné* ayant écrit qu'elle avait fait acheter quatorze cartons de coussins pour Brégançon, alors qu'ils avaient été commandés à son insu par un intendant, elle exige un démenti des services de l'Élysée. Sans résultat. *L'Express* ayant révélé qu'elle avait fait virer une commandante de sécurité de la présidence alors qu'elle affirme n'y être pour rien, elle entreprend la même démarche. Sans plus de succès. Dépitée, elle dit à une amie : « Ils ne me soutiennent pas... Ce sont eux qui la virent. Et c'est moi qui prends[28]. » Eux, ce sont les collaborateurs de François. Et François lui-même à qui elle reproche de ne pas la défendre. Sait-elle que le président s'entretient souvent au téléphone avec Ségolène, qu'il voit Julien Dray qu'elle déteste ?

---

28. Alix Bouilhaguet et Christophe Jakubyszyn, *La Frondeuse*, *op. cit.*, p. 203.

À sa place, d'autres auraient craqué. Pas elle. Elle tient bon, entreprend une discrète opération de reconstruction d'image, change de look, de couleur et de coupe de cheveux, ce qui adoucit son visage, perd plusieurs kilos, apparaît plus calme, plus sereine, plus modeste aussi. Mais elle manque trop de naturel, de spontanéité, de chaleur. L'opinion prend sa tentative de réhabilitation pour ce qu'elle est, une opération de communication. Valérie continue de faire l'objet d'un rejet si fort qu'il paraît irrationnel. Cette femme qui aborde François Hollande, le 3 mars 2013 à Dijon, et lui lance : « Ne l'épousez pas, on ne l'aime pas ! » exprime un avis quasi général.

Valérie se consacre désormais à plein temps à l'action humanitaire, qu'on appelait les bonnes œuvres du temps d'Yvonne de Gaulle. Ce que lui conseillait Christine Clerc dès son entrée à l'Élysée et qu'elle ne voulait pas entendre. Valérie a dû, bon gré mal gré, en convenir, le rôle de la Première dame a peu évolué. « Finalement, j'ai tourné la page, je suis revenue petit à petit », confie-t-elle. François l'a tournée, lui aussi, mais d'une autre manière et elle ne le sait pas. Il ne rompt pas. Il déteste les ruptures, que ce soit pour la politique ou pour sa vie intime. Mais sentimentalement il est déjà ailleurs. Elle l'ignore ou feint de l'ignorer.

Valérie ne réclame plus son indépendance, mais elle continue de revendiquer sa différence : « On attend de moi que j'organise la collecte des pièces jaunes comme Bernadette Chirac, ou que je prenne la pose comme Carla Bruni. Mais cela ne me correspond pas. Je n'ai pas eu d'éducation bourgeoise. J'ai grandi dans une ZUP d'Angers. Je suis de gauche[29] », explique-t-elle, le 8 juillet 2013, dans l'avion qui la ramène de l'Afrique des Grands Lacs. L'exemple d'Anne-Aymone Giscard d'Estaing qui s'est donné, elle aussi, pour mission la protection de l'enfance

29. *Le Nouvel Observateur*, 18 juillet 2012.

maltraitée ? Il ne lui « correspond pas non plus ». Celui de Cécilia Sarkozy qui, comme elle, ne limitait pas son action au territoire national ? Pas davantage. « Tout ce que je fais, je le fais moi-même », précise-t-elle, alors que Cécilia était l'envoyée spéciale de son mari en Libye pour la libération des infirmières bulgares. Non, le seul modèle de Valérie reste Danielle Mitterrand, de gauche elle aussi, et sa fondation France Libertés dont elle est devenue l'ambassadrice. Ses Kurdes à elle, ce sont les femmes et les enfants violés dans le Sud-Kivu, au Congo. Comme Danielle, elle apporte des médicaments et tente d'alerter l'opinion internationale sur les victimes des violences sexuelles. Le 30 mars 2013, à la tribune des Nations unis, à Genève, en marge du Conseil des droits de l'homme, elle s'écrie : « Le corps des femmes est le nouveau champ de bataille des groupes et des forces armés. Il s'agit de détruire leur appareil génital ! » Le 9 juillet, elle participe à la conférence des femmes de la région des Grands Lacs, organisée au Burundi sous le patronage de Mary Robinson, envoyée spéciale de l'ONU. Le 24 septembre, au nom de la fondation Danielle Mitterrand, elle dénonce, à New York, lors d'une session parallèle de l'ONU, « l'arme de guerre » des violences sexuelles. Ce qui ne l'empêche pas de visiter, en France, de nombreux foyers d'accueil d'enfants, de militer pour que l'enfance maltraitée devienne une cause nationale en 2014, d'épauler des associations caritatives, notamment le Secours populaire.

« Mon engagement ne fait que commencer, j'y travaille depuis mon arrivée à l'Élysée. Et je continuerai pendant quatre ans, et peut-être neuf ! » assure-t-elle au cours de l'été 2013. Une manière de s'inscrire dans le temps. De se rassurer. De faire taire la rumeur qui court le microcosme depuis un an, relayée par plusieurs sites : le président aurait une liaison avec l'actrice Julie Gayet.

Valérie se cabre. Elle lui fait des scènes. Comme ce soir où il rentre tard, rue Cauchy. Elle crie derrière la porte, refuse de lui ouvrir. Il doit rappeler son chauffeur, déjà reparti, pour qu'il le ramène à l'Élysée ! Elle le harcèle de questions. Il dément. Elle veut le croire. Après la rupture, elle confiera qu'entre François et elle « le détachement avait commencé[30] ». C'est peu dire ! Valérie est de plus en plus seule. François dort de moins en moins souvent rue Cauchy. Lorsqu'ils sont ensemble, dans les cérémonies ou les voyages officiels, la distance entre eux est palpable.

Dès février 2013, François Hollande s'affiche sur le tournage du film *Les Âmes de papier*. Julie Gayet y tient le rôle principal. Au cours de l'été, il ne rejoint pas Valérie en Grèce où elle est partie avec un de ses fils. Pendant qu'elle attend, on le voit dans le Gers où il est reçu dans le château de la famille Gayet. En septembre, il est à Mougins. Toujours avec Julie. Le couple présidentiel se désagrège, mais Valérie espère encore le sauver. Elle aime toujours François. Elle tient aussi, surtout peut-être, sans se l'avouer, à ce qu'elle appelle la « baguette magique de la Première dame ». Celle qui lui a permis de jouer, notamment en Afrique, la bonne fée caritative, d'être reçue partout comme quelqu'un qui compte parce qu'elle a les moyens d'aider. Difficile aussi de renoncer à « une séquence de vie extraordinaire » au sommet de l'État, à ces facilités que le pouvoir offre et auxquelles on s'habitue vite, même lorsqu'on affecte de les mépriser. À ces voyages officiels où l'on est traité comme une princesse, à la fréquentation des grands de ce monde.

Valérie est prête à tout pour récupérer François. Pour rester Première dame, elle fait taire son ego, s'impose une longue cure de silence. Jusqu'à ce 18 octobre 2013 où elle se rend dans son ancienne école primaire, à Angers. Interrogée à propos de l'expulsion de Leonarda, la jeune

30. *Paris Match*, 30 janvier 2014.

collégienne kosovare, elle répond: «On ne franchit pas certaines frontières et les portes de l'école en sont une.» On l'accuse aussitôt dans l'entourage du président d'avoir poussé ce dernier – calamiteuse initiative ! – à s'adresser à Leonarda à la télévision. C'est méconnaître que Valérie n'a plus aucune influence. Hollande est intervenu parce que ni Ayrault ni Valls ne voulaient le faire et parce qu'il redoutait que le mouvement des lycéens ne devienne incontrôlable. Les mêmes suspectent Valérie de faire du chantage lorsque le 22 novembre 2013, à l'occasion de la remise du prix Danielle-Mitterrand, elle termine son discours par un menaçant: «Je ne me tairai plus.» Diable ! Veut-elle à nouveau s'exprimer librement, quitte à contredire le président ? Fait-elle allusion à la *love story* de son compagnon avec Julie Gayet ? Elle est contrainte de corriger aussitôt: elle ne se taira plus... sur les scandales humanitaires. Ouf ! On respire.

Pour bien montrer qu'elle a vraiment changé, quelle meilleure preuve qu'une réconciliation publique avec Ségolène Royal ? Le 6 janvier, elle la convie à une projection privée du film *Yves Saint Laurent* qu'elle organise au palais de Chaillot. Ainsi les nombreuses personnalités présentes – politiques et people – seront témoins de la spectaculaire réconciliation. Cette tentative désespérée tourne au fiasco. Non seulement Ségolène décline l'invitation, comme c'était prévisible, mais Hollande ne vient pas !

Trois jours plus tard, lorsque François l'informe que *Closer* va rendre publique, le lendemain, sa liaison avec Julie Gayet, elle explose. Sa crise de nerfs est si violente qu'il faut la maîtriser, lui faire une piqûre pour la calmer. Avec son accord, elle est hospitalisée le lendemain. Les bruits les plus fous courent sur la toile. Elle aurait fait une tentative de suicide, elle aurait tout cassé dans le bureau du président, causant des millions d'euros de dégâts. En fait, elle n'a brisé qu'un petit vase, mais il est vrai que son état de fureur a pu faire craindre le pire. « On a sauvé le mobilier national », dira méchamment un collaborateur du président lorsqu'il apprendra qu'elle a été conduite à la Salpêtrière. Faut-il la croire lorsqu'elle dit, quelques jours plus tard : « Quand j'ai su, j'ai cru tomber d'un gratte-ciel » ? Était-elle à ce point dans le déni ? Est-ce l'humiliation de la révélation publique de son infortune ? Ou bien la manière dont François la lui a annoncée ? Elle a compris en un instant qu'il avait tiré un trait définitif sur leur vie commune. Que tout était fini. Elle tombe de haut, en effet.

Elle est choquée, très affaiblie, au point que sa tension chute à 6. Mais, rapidement, elle prend le dessus. Cette femme est forte, elle ne se laisse pas abattre longtemps. Dès lors, entre le président et celle qu'il faut déjà appeler son ex-compagne, s'engage une bataille de communication particulièrement serrée. Hollande veut acter leur séparation par un communiqué commun avant sa conférence de presse. Sinon, les médias vont se focaliser sur sa vie privée alors qu'il s'apprête à relancer son quinquennat avec l'annonce du pacte de compétitivité. Valérie refuse. De son lit d'hôpital, elle fait même savoir qu'elle est « prête à pardonner ». Donc, à continuer la vie commune. Trompée, elle réagit comme Anne-Aymone Giscard d'Estaing, Danielle Mitterrand ou Bernadette Chirac avant elle. Endurer pour mieux durer. Elle met doublement la pression sur François en faisant fuiter qu'elle envisage d'assister à sa conférence de presse. Panique à l'Élysée. En avait-elle réellement l'intention ? Les médecins le lui interdisent. C'est donc de sa chambre, devant son téléviseur, qu'elle entend le président répondre, sans jamais citer son nom : « Elle se repose, et je n'ai pas d'autre commentaire à faire. » Et préciser qu'il s'exprimerait, à son sujet, avant sa visite à Washington. Elle fait aussitôt savoir qu'elle est prête à l'accompagner chez les Obama, où le protocole a prévu sa présence. Elle dit aussi son souhait d'être au côté de François, le 18 janvier, à Tulle où il présente ses vœux aux Corréziens. Tulle, la ville qui a abrité leurs amours clandestines, où ils ont appris la victoire du 6 mai 2012. Mais le président l'informe que sa présence n'est pas désirée.

Lorsqu'elle quitte l'hôpital, le samedi, c'est pour se faire conduire à la Lanterne, à Versailles. Un choix qui dit sa volonté de se battre, de rester Première dame. Même si elle n'a plus guère d'illusions. Les proches de François Hollande s'inquiètent : Valérie fait de la résistance. François va-t-il céder ? Sa décision lui coûte, mais elle est prise, irréversible. S'il laisse un peu de temps à son ex-compagne, c'est pour ne pas l'humilier, pour rendre la séparation le moins cruelle possible.

Rien en effet n'est épargné à celle qui se voulait l'« atout cœur. » Alors qu'elle est à l'hôpital, *Gala*, *Elle* et *Paris Match*, son propre journal, font leur *cover* sur Julie Gayet. La jeune actrice est décrite comme une femme sympathique, discrète, douce, calme, spontanée, sûre d'elle. Le contraire ou presque de Valérie. Et qui plus est, elle est belle, intelligente, cultivée. Membre du comité de soutien de Ségolène Royal en 2002, et de François Hollande en 2007, c'est une militante de gauche. Le plus rageant pour Valérie est sans doute de voir réapparaître à la télévision une Ségolène Royal plus lumineuse que jamais qui, visiblement aux anges, lui donne le coup de grâce : « Il faut savoir tourner la page. » En privé, elle glisse, amusée : « Au lieu de me surveiller sans cesse, elle aurait mieux fait de se méfier de la suivante ! »

Désormais, Valérie sait à quoi s'en tenir. Les SMS échangés avec François, sa visite à la Salpêtrière six jours après son hospitalisation, la soirée passée avec lui à la Lanterne ne lui laissent aucun espoir. C'est bien fini. Le jeudi 23 janvier, alors que la presse s'interroge encore sur l'avenir du couple, maître Frédérique Giffard, l'avocate de Valérie, confie au site du *Figaro* que les deux parties sont en train de réfléchir à une solution négociée impliquant des « conséquences matérielles ». Valérie et François se sont en effet mis d'accord, le jour même, au cours d'un déjeuner, rue Cauchy, sur les modalités pécuniaires de la séparation. Dans la soirée, Valérie dément les propos de son avocate.

Le samedi 25 janvier, à 18 h 48, alors que Valérie vient de faire ses valises à l'Élysée, le couperet tombe. Une seule phrase, donnée par François Hollande à l'AFP : « Je fais savoir que j'ai mis fin à la vie commune que je partageais avec Valérie Trierweiler. » Elle n'est plus Première dame. Mais elle a refusé d'annuler son voyage en Inde, prévu de longue date. Et obtenu de haute lutte d'être accompagnée, pour la dernière fois, de son chef de cabinet et d'officiers de sécurité. Comme si elle était encore à l'Élysée. Dans l'avion qui l'emmène, le lendemain, à Bombay, l'ex-Première dame glisse à la journaliste du *Parisien* qui l'accompagne : « Dix-huit mots, presque un par mois passé ensemble depuis son élection. » Puis elle lui confie : « Il faut être deux pour s'aimer, mais il suffit d'un pour se quitter. » Comment mieux dire que c'est lui et lui seul qui a voulu la rupture. Elle n'emploie pas le mot « échec ». Elle n'évoque pas sa responsabilité. A-t-elle conscience que sa volonté de rester une femme libre, indépendante, qui refuse d'être réduite au silence, dont son tweet fut l'expression paroxysmique, était incompatible avec la fonction ? Qu'elle impliquait, à plus ou moins long terme, son départ ? Elle n'en dit rien. Elle préfère invoquer la malédiction du pouvoir : « À un moment, il n'y a plus de vie. Nous n'avons pas vécu le pouvoir de la même façon. Ça a cassé quelque chose. J'aurais préféré une vie normale, on serait peut-être ensemble aujourd'hui. Je sais qui je suis, je peux me regarder dans la glace. Je suis libre. »

LIBRE, c'est le titre de la une du *Parisien Magazine*, sous la photo de Valérie. Ce «libre» répond à celui de François. Depuis qu'il a acté la séparation, ses proches le décrivent ainsi, «libre», «libéré». En visite à Ankara tandis que Valérie est à Bombay, il est d'humeur si joyeuse que c'en est blessant pour son ex-compagne.

Que va-t-elle faire? Redevenir journaliste? Elle estime n'avoir jamais cessé de l'être puisqu'elle rédigeait ses critiques de livres. Mais elle sait qu'elle est passée de l'autre côté du miroir, et que le franchir en sens inverse est un exercice périlleux, rarement réussi. François Hollande s'est assuré, auprès de Denis Olivennes, le patron des médias chez Lagardère, qu'elle serait réintégrée dans de bonnes conditions. Mais ses confrères, qui ne lui pardonnent pas les pressions exercées lorsqu'elle était Première dame, ne l'accueilleront pas à bras ouverts. Elle veut aussi poursuivre ses combats humanitaires. «Ce n'est pas parce que je ne suis plus Première dame que la vie s'arrête, confie-t-elle dans le vol Paris-Bombay à l'envoyé spécial de son journal. Je continuerai avec le Secours populaire, avec Action contre la faim, avec la fondation Danielle Mitterrand. Avec ELA aussi, car ce sont les premiers à être venus me chercher quand j'étais Première dame, et au plus mal, après le tweet.» Mais, privée de sa «baguette magique», elle risque d'être moins sollicitée.

Même si elle dit y avoir découvert «un monde où la trahison est payante», elle affirme ne pas regretter ces dix-huit mois passés à l'Élysée qui l'ont «enrichie», lui faisant «découvrir une autre partie d'elle-même, moins égoïste, plus ouverte à ceux qui ont besoin d'aide».

À chaud, elle confie être «plus dans la déception que dans la colère». Maître Giffard, décidément en veine de confidences, a aussi affirmé, le 23 janvier: «Valérie reste une femme de gauche. Je ne pense pas qu'elle souhaite que les difficultés actuelles viennent ternir le quinquennat de François Hollande[31]. » Autrement dit, elle ne fera rien pour nuire à son camp, donc au chef de l'État. Valérie était bien dans cet état d'esprit au moment le plus cruel pour elle, celui de la rupture. Avec François, les ponts ne sont pas coupés. Les proches de Valérie affirment qu'il la bombarde de SMS et même que tout n'est pas fini entre eux. Ceux de François disent au contraire que c'est elle qui le harcèle. En tout cas, ils communiquent. A-t-elle changé d'avis ?

Mais Valérie se résigne mal à sa disparition médiatique. Le 2 avril 2014, au moment même où Ségolène Royal effectue un retour triomphal au gouvernement, elle met en scène un déjeuner avec Alain Delon, ce qui lui permet – consolation dérisoire ! – de partager la *cover* de VSD avec sa rivale. Huit jours plus tard, alors que l'avion de François Hollande vole vers le Mexique, elle rédige un tweet de soutien à Maud Versini qui accuse son ex-mari, proche du président mexicain, de violer son droit de visite à ses trois enfants. Valérie n'est plus Première dame, mais elle veut continuer de dénoncer les injustices, notamment celles dont les femmes sont victimes. Désormais, qui l'écoute ? Sa voix ne porte plus que faiblement et seulement si elle peut mettre Hollande en difficulté.

Elle n'en écarte pas moins l'idée d'écrire un livre. Après tout, Cécilia tenue, comme elle, à une certaine réserve par les clauses de la séparation, a bien publié le sien qui, sans trahir de secrets, a figuré au hit-parade des meilleures ventes. Pour Valérie, la mal-aimée, ce serait le moyen de faire à nouveau parler d'elle et, plus encore, de se justifier. Une ultime tentative de réhabilitation pour la plus impopulaire des Premières dames.

31. *Le Parisien*, 24 janvier 2014.

À quand le Premier homme ?

C'était le test. La première visite d'État sans Première dame. Aux États-Unis qui plus est ! Le pays où la *First lady* n'est pas une potiche. Dix-huit mois plus tôt, les photos de Michelle Obama et de Valérie Trierweiler, rivalisant de charme et d'élégance, avaient fait le bonheur de la presse des deux côtés de l'Atlantique. Celles de François Hollande, seul désormais, assis entre le président américain et son épouse lors du dîner de gala à la Maison Blanche, sont moins glamour. Et après ! Le président français n'en a pas moins été reçu avec plus d'égards que lors de sa première visite avec celle que CNN avait appelée la *First girl friend*. Au-delà des convergences politiques entre les deux présidents, l'humour du Français a séduit. Une visite dont le succès a été unanimement reconnu.

Pendant que Hollande faisait la démonstration qu'un président français peut se passer d'une Première dame, Valérie Trierweiler, pour qui le voyage aux États-Unis au tout début du quinquennat reste un des souvenirs les plus marquants, tentait d'oublier sur les plages de l'île Maurice, en compagnie de deux copines. Loin de ce que fut sa vie pendant dix-huit mois.

Faut-il enterrer la Première dame ? Les Français l'ont déjà condamnée. Une large majorité d'entre eux souhaite qu'elle ne joue plus aucun rôle, qu'aucun moyen financier ne lui soit attribué par la République[1]. Puisqu'elle n'a pas de statut, puisque la Constitution et l'organigramme de l'Élysée l'ignorent, de quel droit disposerait-elle d'un bureau à l'Élysée, de collaborateurs, d'une voiture de fonction, d'une protection policière, donc, de fait, d'un budget ? Faudrait-il, pour la sauver, lui donner une légitimité, l'intégrer dans l'équipe du pouvoir, comme la *First lady* ? Ce n'est pas dans notre tradition. En France, on élit un homme, pas un couple. Giscard, qui rêvait d'être le Kennedy français, a tenté de faire jouer un rôle politique à sa femme. Plutôt que l'affirmation d'un couple moderne, à l'américaine, les Français y ont vu une résurgence monarchique ! Cécilia a compris que le rôle de Première dame n'était pas réformable, qu'il fallait « tout prendre », accepter une dépendance d'un autre âge, n'être qu'une dame de charité, qu'une ambassadrice de la mode française et surtout ne jouer aucun rôle politique[2], ou bien tout refuser. Elle a choisi. Les partisans du *statu quo* – ils ne sont qu'une petite minorité – déplorent la disparition d'un personnage qui appartenait, selon eux, au patrimoine national. Ceux-là regrettent les chapeaux d'Yvonne, les tenues excentriques de Claude, la distinction d'Anne-Aymone, le courage têtu de Danielle, les pièces jaunes de Bernadette. Au premier rang des nostalgiques, les anciennes Premières dames elles-mêmes. Une

1. Selon un sondage BVA-*Le Parisien* réalisé le 22 janvier 2014, 54 % des Français souhaitent que la Première dame ne joue plus aucun rôle et que plus aucun moyen ne lui soit attribué par la République, 29 % que soit créé un véritable statut de conjoint(e) de président de la République, définissant officiellement son rôle, et 17 % seulement que « les choses restent comme elles sont aujourd'hui ».

2. Selon un sondage Ifop pour *Elle* réalisé les 24 et 25 mai 2007 après l'élection de Nicolas Sarkozy, 62 % des Français souhaitaient que Cécilia se consacre à une action caritative, 42 % à la représentation de la France à l'étranger et 15 % seulement qu'elle conseille son mari.

manière de ne pas renier ce qu'elles ont été. Si Bernadette Chirac affirme juger ce qualificatif de «Première dame» «ridicule», elle glorifie «cette mission difficile, mais excitante». Même Cécilia, pas à une contradiction près, dit regretter la disparition d'un rôle qu'elle s'était empressée d'abandonner.

Le tweet de Valérie et le scooter de François n'ont fait que précipiter une évolution inexorable. Le rôle créé par Yvonne de Gaulle était condamné, et d'abord par les femmes qui aspirent à l'égalité des sexes. Quel président osera braver une opinion qui dit désormais: plus aucun rôle, plus un euro pour la femme du chef de l'État? Sûrement pas Hollande. Et quelle femme d'aujourd'hui acceptera d'être la Première dame d'hier? Sûrement pas Julie Gayet, la nouvelle dame de cœur du président.

La deuxième mort d'une «femme de» à l'Élysée viendra plus tard. Elle sera autrement plus spectaculaire. Dans un avenir plus ou moins lointain, une femme sera élue à la tête du pays. Comme Angela Merkel l'est en Allemagne. Et beaucoup d'autres dans le monde. Comment appellera-t-on son compagnon? Le Premier homme? Mais la présidente, elle, sera alors réellement la Première dame de France.

Bibliographie

CHAVELET Élisabeth, *Leurs femmes… elles aussi ont du pouvoir*, Robert Laffont, 2003.

COIGNARD Sophie, *Michelle Obama, l'icône fragile*, Plon, 2012.

LEBRAS-CHOPARD Armelle, *Première dame, second rôle*, Seuil, 2009.

VERGARA Constance, *Valérie, Carla, Cécilia, Bernadette et les autres, en campagne*, Tallandier, 2012.

Yvonne de Gaulle

BOISSIEU Alain de, *Pour servir le Général*, Plon, 1982.

CLERC Christine, *Tigres et tigresses : histoire intime des couples présidentiels sous la Ve République*, Plon, 2008.

DULONG Claude, *La Vie quotidienne à l'Élysée au temps de Charles de Gaulle*, Hachette, 1974.

FOCCART Jacques, *Foccart parle*, entretiens avec Philippe Gaillard, 2 volumes, Fayard, 1995-1997.

—, *Le Général en mai*, Fayard, 1998.

GAULLE Charles de, *Mémoires d'espoir*, tome 1, *Le Renouveau*, Plon, 1970.

—, *Mémoires de guerre*, tome 3, *Le Salut*, Plon, 1989.

—, *Lettres, notes et carnets*, tome 1, Robert Laffont, coll. « Bouquins », 2010.

GAULLE Philippe de, *De Gaulle, mon père*, 2 tomes, Plon, 2003-2004.

—, *Mon père en images*, entretiens avec Michel Tauriac, Michel Lafon, 2006.

GUY Claude, *En écoutant de Gaulle*, Grasset, 1996.

JULLIAN Marcel, *Madame de Gaulle*, Stock, 1982.

LACOUTURE Jean, *De Gaulle*, tome 1, *Le Rebelle*, Seuil, 1984.

—, *De Gaulle*, tome 2, *Le Politique*, Seuil, 1985.

—, *De Gaulle*, tome 3, *Le Souverain*, Seuil, 1986.

MAURIAC Jean, *L'Après-de Gaulle*, Fayard, 2006.
NEAU-DUFOUR Frédérique, *Yvonne de Gaulle*, Fayard, 2010.
NORMAND Joël et DONCIEUX Pierre, *La Ve République aux fourneaux*, La Table Ronde, 2000.
TAURIAC Michel, *Vivre avec de Gaulle*, Plon, 2008.
TOURNOUX Jean-Raymond, *Jamais dit*, Plon, 1971.
VENDROUX Jacques, *Yvonne de Gaulle*, Plon, 1980.

Claude Pompidou

CLERC Christine, *Tigres et tigresses : histoire intime des couples présidentiels sous la Ve République*, Plon, 2008.
FRÈREJEAN Alain, *C'était Pompidou*, Fayard, 2007.
MEYER-STABLEY Bertrand, *Les Dames de l'Élysée*, Perrin, 1995.
POMPIDOU Alain, *Georges Pompidou : lettres, notes et portrait, 1928-1974*, Robert Laffont, 2012.
POMPIDOU Claude, *L'Élan du cœur*, Plon, 1997.
POMPIDOU Georges, *Pour rétablir une vérité*, Flammarion, 1982.
TERRAY Aude, *Claude Pompidou l'incomprise*, Éditions du Toucan, 2010.

Anne-Aymone Giscard d'Estaing

CLERC Christine, *Tigres et tigresses : histoire intime des couples présidentiels sous la Ve République*, Plon, 2008.
DUHAMEL Patrice et SANTAMARIA Jacques, *L'Élysée, coulisses et secrets d'un palais*, Plon, 2012.
GISCARD D'ESTAING Valéry, *Le Pouvoir et la Vie*, 3 tomes, Cie 12, 2004-2006.
MEYER-STABLEY Bertrand, *Les Dames de l'Élysée*, Perrin, 1995.
TODD Olivier, *La Marelle de Giscard*, Robert Laffont, 1977.
VALANCE Georges, *VGE, une vie*, Flammarion, 2011.

Danielle Mitterrand

MITTERRAND Danielle, *Le Livre de ma mémoire*, J.-C. Gawsewitch éditeur, 2007.
—, *En toutes libertés*, Ramsay, 1996.
—, *Le Printemps des insoumis*, Ramsay, 1998.
XENAKIS Françoise, *Danielle Mitterrand*, Ramsay, 2006.

Bernadette Chirac

CHIRAC Bernadette, avec Patrick de Carolis, *Conversation*, Plon, 2001.
CHIRAC Jacques, *Chaque pas doit être un but*, NIL éditions, 2009.
CLERC Christine, *Tigres et tigresses : histoire intime des couples présidentiels sous la Ve République*, Plon, 2008.

DIVE Bruno, *Le Dernier Chirac*, Éditions Jacob-Duvernet, 2011.
GIESBERT Franz-Olivier, *Jacques Chirac*, Seuil, 1987.
—, *La Tragédie du président*, Flammarion, 2006.
LAUMOND Jean-Claude, *Vingt-cinq ans avec lui*, Ramsay, 2011.
PIGOZZI Caroline, *Jacques et Bernadette en privé*, Robert Laffont, 2002.
TOURNIER Pascale, *La Reine mère*, Éditions du Moment, 2011.

Cécilia Sarkozy

ATTIAS Cécilia, *Une envie de vérité*, Flammarion, 2013.
BITTON Anna, *Cécilia*, Flammarion, 2008.
DEMONPION Denis et LÉGER Laurent, *Cécilia, la face cachée de l'ex-Première dame*, Pygmalion, 2008.
DERRIEN Caroline et NEDELEC Candice, *Sarkozy et les femmes*, Jean-Claude Gawsewitch éditeur, 2008.
PROBST Jean-François, *Les Dames du président*, Éditions du Rocher, 2008.

Carla Bruni-Sarkozy

DARMON Michaël et DERAI Yves, *Carla et les ambitieux*, Archipoche, 2011.
LAHOURI Besma, *Carla, une vie secrète*, Flammarion, 2010.
LEIBOWITZ Nicole et SCHEMLA Élisabeth, *Pour le meilleur et pour le pire*, Flammarion, 2012.
SÉGUÉLA Jacques, *Autobiographie non autorisée*, Plon, 2009.
STERN Carole, *Carla Bruni, la légende dorée de l'épouse du président*, Éditions Exclusif, 2011.

Valérie Trierweiler

BOUILHAGUET Alix et JAKUBYSZYN Christophe, *La Frondeuse*, Éditions du Moment, 2012.
CABANA Anna et ROSENCHER Anne, *Entre deux feux*, Grasset, 2012.
COURAGE Sylvain, *L'Ex*, Éditions du Moment, 2012.
GREILSAMER Laurent, *La Favorite*, Fayard, 2012.
RUET Stéphane et TRIERWEILER Valérie, *François Hollande, président : 400 jours dans les coulisses d'une victoire*, Le Cherche Midi, 2012

Documentaires

HUREL Pierre et FULDA Anne, « Le clan Chirac », France 2, 2013.
KHELFA Farida, « Campagne intime », D8, 5 novembre 2012.
L'ÉLÉOUET Erwan et DELAHOUSSE Laurent, « Un jour, un destin », France 2, 12 octobre 2010.
MACHADO Thierry, « Danielle Mitterrand, l'insoumise », Arte, 2008.

Remerciements

Le témoignage d'Anne-Aymone Giscard d'Estaing m'a été d'autant plus précieux qu'elle fut la plus discrète et reste aujourd'hui la plus méconnue des Premières dames. Qu'elle en soit remerciée.

Bernadette Chirac, Cécilia Attias, Carla Bruni-Sarkozy, Valérie Trierweiler n'ont pas donné suite à mes demandes d'entretien. Il est vrai que je n'ai pas insisté ! Contrairement à Mme Giscard d'Estaing, elles ont beaucoup parlé, se sont beaucoup mises en scène. Quarante ans de journalisme politique m'ont permis de connaître nombre de celles et de ceux qui, au fil des années et des épreuves, les ont côtoyées et ont recueilli leurs confidences. Ces témoignages-là, le plus souvent sous couvert d'anonymat, ceux aussi de mes consœurs, notamment Sophie des Déserts, Béatrice Gurrey, Anne Fulda, Carole Barjon, qui les ont souvent approchées, m'ont permis de mieux comprendre ces huit femmes, de mieux éclairer leurs personnalités, si différentes des clichés sur papier glacé et de l'image qu'elles ont cherché à donner d'elles-mêmes.

Je dois aussi beaucoup à Claire Marmot qui, à la fondation Charles de Gaulle, travaille depuis des années sur la famille du Général, à Alain Briottet, qui fut le plus proche collaborateur de Claude Pompidou, à Blandine Wagner, chargée, aux Archives nationales, des fonds Anne-Aymone Giscard d'Estaing et Danielle Mitterrand.

Je n'oublie pas celles et ceux sans qui ce livre ne serait pas ce qu'il est : Benoît Yvert et Séverine Courtaud qui en ont été les lecteurs éclairés, Marie-Claire Pelé qui en a assuré le secrétariat, ainsi que Nebia Bendjebbour et Marie-Laure Mas, du service de documentation du *Nouvel Observateur*.

Table

Cet ouvrage a été imprimé en France
par CPI Bussière
à Saint-Amand-Montrond (Cher)
en août 2014

Composition : SoftOffice
Dépôt légal : août 2014
N° d'impression : 2011416
K04064/01